KB043825

고민이 고민입니다

고민이 고민입니다

일상의 고민을 절반으로 줄이는
뇌과학과 심리학의 힘

하지현 지음

ㅁㄷㅅ블ㄹ

이 책이 세상에 나오고 다섯 해째다. 사람도 마찬가지지만 책도 자기 운명이 있다고 한다. 이 책은 좋은 운을 갖고 태어났는지 독자들의 과분한 사랑을 받았다. 책을 내고 난 후, 강의나 북토크를 통해 많은 사람들을 만나보았다. 여전히 고민이 너무 많아서 힘들다고 하소연을 하는 분들도 있었지만, "머리가 가벼워졌어요", "전보다 쉽게 결정을 내릴 수 있게 되었어요"라고 얘기하는 독자들도 있었다. 내가 《고민이 고민입니다》를 쓸 때 마음속으로 바랐던 반응이었다. 대부분의 사람들이 스스로 고민을 풀어낼 수 있지만, 방법을 잘 몰라서 어려워할 뿐이다.

《고민이 고민입니다》는 각자가 갖고 있는 고민을 모두 해결할 수 있는 만능키는 아니다. 그보다 고민이 무엇인지를 이해하고, 내 안의 감정의 움직임을 파악하며, 뇌의 작동원리를 알려주고 있다. 만일 우리가 고민의 무게에 짓눌리거나 휩쓸리지 않고, 뇌가 가동할 수 있는 충분한 공간을 확보한다면 누구나 고민을 잘해낼 수 있다고 생각한다. 비록 단번에 모든 문제를 해결할 수 없지만, 하나하나 차근차근 풀어가면 대부분 너끈히 해낼 능력을 이미 갖고 있기 때문이다. 그런데 너무 많은 고민들이 한꺼번에 몰려오거나, 종아리에 모래주머니를 찬 것처럼 결정에 대한 부담이 무겁게 얹히면, 고민도 하기 전에 미리 지쳐버린 나머지, 자신의 능력이 모자란다고 생각했던 것이다. 나는 독자들에게 그런 이야기를 들려주고 싶었다.

　나 역시 책에 쓴 대로 고민의 전략들을 실천하고 있다. 아침마다 오늘의 고민 시간을 짧게 갖는다. 오늘 바로 처리할 것들을 해결하고 그렇지 않은 것들을 분리한 다음, 머릿속을 가볍게 하고 하루를 시작한다. 욕심에서 비롯된 욕망과 안전을 확보하고 싶은 욕구를 구별하면서, 매일매일 쌓이는 문제들에 일희일비 하지 않게 되었다. 불확실성이 증가한 시기에 너무 먼 미래를 예측하려 하기보다 하루하루 주어진 일에 잘 대응하는 것을 목적으로 하면서 살아간다. 여전히 마음이 불안해질 때가 있고, 풀이 죽고 기분이 처지는 날도 있다. 그럼에도 전보다는 마음이 평온하고 뇌는 여유롭다. 이 정도면 충분하다고 여기면서 기분이 괜찮은 상태로 훨씬 많은 날들을 보내고 있다.

이번에 개정판을 내면서 초판의 부족한 부분을 수정하고, 한결 쉽게 읽을 수 있도록 재구성했다. 아무쪼록 이 책을 읽은 독자 여러분이 자신의 마음을, 넉넉한 공간이 있고 잘 정돈된 수납 장처럼 꾸준히 관리하여 삶의 전체적인 만족도를 올릴 수 있기를 바란다.

2023년 2월
하지현

고민에 지쳐
일상이 피곤한 이들에게

나는 타인의 고민을 듣고 함께 고민하는 일을 하는 사람이다. 정신과 의사라는 특성상 '진료'라고 이름 붙이기는 하지만, 기본적으로는 사람들이 고민거리를 스스로 해결하고 그 과정에서 지치지 않도록 돕는 일을 한다. 그러다 보니 환자들뿐만 아니라 사적인 자리에서도 은근슬쩍 고민을 털어놓으며 해답을 찾으려는 사람을 심심치 않게 만난다. 하지만 이렇게 고민을 꺼내는 사람들 대부분은 지금 닥친 문제에 대해 해답을 알고 있거나 스스로 해결할 능력을 충분히 갖고 있다. 실제로 내가 조언해주면 반 정도는 이 쉬운 걸 왜 몰랐지, 하는 표정이고, 나머지 반은 이미 알고 있지만 더 좋은 답이 없냐고 묻는다.

텔레비전만 틀어봐도 여러 채널에서 시시콜콜한 고민을 상담하고 함께 답을 찾는 프로그램이 많다. 이렇게 다양한 경로로 열심히 고민을 풀어내고 있는데도 이상하게 고민은 더 늘어나고 있는 것 같다. 각각의 고민마다 해답은 넘치고, 심지어 조언하는 사람마다 답이 다 다르다. 같은 고민이라도 상황에 따라 해결법이 다르고, 하나의 고민이 해결되면 또 다른 고민이 뒤를 잇는다. 아무리 해도 고민은 좀처럼 줄지 않는다. 왜 그런 걸까? 고민 해결의 방향이 잘못된 걸까?

세상에 고민거리는 점점 늘어날 수밖에 없다. 일은 많아지고, 더 잘해내고 싶고, 가능하면 제일 좋은 결정을 하고 싶다. 이럴 때 각각의 고민마다 최적의 정답을 많이 확보하는 것이 이상적인 것 같지만, 고민과 함께 짝이 되는 답까지 외워야 한다. 오히려 두 배로 에너지를 쓰게 되어 한정된 뇌의 용량이 꽉 차버린다. 내 경험상 사람들은 문제가 너무 어려워서 답을 못 찾아 고통받는 것이 아니다. 그보다는 문제를 마음 놓고 해결할 시간과 공간을 확보하지 못했거나, 두려움이나 불안과 같은 감정에 휘둘리거나, 가장 완벽한 해법을 원하기 때문에 선뜻 결정하지 못하고 마음속에서 고민의 공회전을 하는 것이다. 그렇다면 물고기를 얻기 위해서는 낚시질을 익히는 것이 문제 해결의 근본적인 방법이듯이, 고민을 잘하기 위해서는 고민을 잘하는 법을 익히는 것이 더 필요한 일이 아닐까?

이 책은 고민에 대해, 고민을 '잘' 하는 법에 대해 내가 오랫동안 생각해온 결과물이다. 지금까지 개별 고민을 주제로 그 내용을 풀어가는 방식이 일반적이었다면, 이 책에서는 '고민'이라는 큰 주제를 더 잘 풀 수 있는 보편적인 법칙을 찾았다. 마치 국어, 영어, 수학 등 각 과목의 성적을 올리는 비법이 아니라 공부를 잘하는 방법을 찾듯이, 소설 작법이나 에세이 작법이 아니라 글쓰기를 더 잘하는 방법을 배우듯이 말이다.

이 책은 총 다섯 장으로 구성되어 있다. 1장에서는 우리가 왜 고민에 파묻혀 살 수밖에 없는지, 고민을 잘한다는 것이 과연 무슨 의미인지 살펴본다. 경쟁이 치열해지는 만큼 고민 하나하나의 무게는 커지고 마음의 부담도 늘어날 수밖에 없다. 2장에서는 감정이 어떻게 고민을 방해하는지 설명한다. 고민할 여유를 없애고 고민거리를 부풀리는 불안, 우울, 후회나 자책과 같은 감정을 직시해야 제대로 된 고민이 가능하다. 3장은 뇌과학, 인지심리학적 측면에서 우리가 고민을 제대로 못하게 되는 이유를 알아보았다. 우리 뇌가 기대와 다르게 굉장히 게으르고 비효율을 싫어한다는 점을 이해하는 것만으로도 고민에 압도당하거나 왜곡된 결정을 내리지 않을 수 있다. 4장에서는 2장과 3장에서 다룬 내용을 바탕으로 감정에 짓눌리지 않고 뇌가 과부하가 되지 않게 고민할 수 있는 현실적이고 실용적인 방법들을 제안한다. 어떤 고민거리가 있더라도 여기에 소개된 방법들을 잘 이용하면 보다 합리적이고 현실적인 답을 얻게 될 것이다. 5장은 그럼에도 평생 고민거리를 안은 채 매일 고민하고 결정할 수밖에 없는 우리가 가져야 하는 마음의 태도에 대해 다루었다.

처음부터 차례대로 읽어나가는 것도 좋고, 구체적인 조언이 필요한 사람은 4장이나 5장을 먼저 읽어도 좋다. 필요한 부분만 골라서 읽더라도 전체를 이해하는 데에는 문제가 되지 않는다. 고민거리는 눈에 보이지 않지만 늘 작용하고 있는 중력처럼, 내가 숨 쉬고 있는 한 평생 나를 따라다닌다. 고민 없는 삶을 바라기보다 고민을 어떻게 안고 갈지 생각해보는 것이 어쩌면 더 현실적인 방법이다.

아무쪼록 이 책이 적절한 마음의 공간을 확보하고, 뇌를 제풀에 지치지 않게 하며, 세련된 방식으로 고민을 푸는 데 도움이 될 수 있었으면 한다. 그리고 그 바탕 위에서 단단한 일상을 회복하며 삶의 주도권을 쥐는 힘이 되기를 바란다.

1장

모든 고민의
프로세스는
같다

· · ·

몇 년 동안 우울증 치료를 받던 20대 여성 환자가 있었다. 이제
는 우울 증상이 호전돼 약간의 불면증만 남아 있는 상태였다. 어
느 날, 그 환자가 예약일이 아닌데도 진료실에 찾아왔다.

"교수님, 저 재발한 것 같아요."

가슴이 철렁 내려앉았다. 그는 우울증에서 회복되면서 작은 인
터넷 사업까지 시작해 꽤 잘해내고 있었고, 몇 달 전에는 남자친
구와 결혼하기로 날을 잡은 차였다. 차근차근 일상을 재건해가는
모습을 지켜보면서 무척 뿌듯하고 대견했는데, 돌연 재발이라니.

"자꾸 잊어버려요. 일을 할 때도 집중이 안 되고 기억을 못하겠
어요. 결혼 준비도 해야 하는데, 혼자 결정을 못 내리겠어요. 남자
친구와 전화로 다투는 일도 많아져요. 예민해지고요. 저, 재발 맞
지요?"

자세히 들어보니, 사업에 결혼 준비에 신경 쓸 일이 너무 많아진 것이 문제였다. 혼자 고민해서 결정할 일이 갑자기 두세 배로 늘어난 것이다. 결혼과 관련한 일이 마음의 한가운데 자리잡아 일과 관련한 자잘한 사안을 잊어버리곤 했고, 배송 실수가 두세 번 일어나면서 고객의 컴플레인까지 받고 보니 우울증이 재발했다는 나름의 확신을 하게 된 것이었다.

그렇지만 그건 우울증이 재발한 것이 아니었다. 고민해야 할 것이 갑자기 늘어나면서 과부화 상태가 된 것이다. 그러니 업무에 집중할 수 없고 새로운 고민들은 머릿속에 들어갈 자리가 없어 튕겨나가는 꼴이었다. 그때 며칠 전에 내가 겪은 일이 떠올랐다.

고민에 대한 고민을 시작하다

───────── 오전에 진료를 하다가 잠시 비는 시간에 휴대전화를 켜보니, 어머니에게 부재중 전화가 와 있었다. 낮에는 거의 전화를 하지 않으시는 분이어서 걱정스러운 마음이 들었다. 바로 전화해보니, 아파트 마루의 파이프가 터져서 아랫집 천장으로 물이 샜다는 것이었다. 심각한 상황이었다. 가재도구를 다 들어내고 바닥 시멘트를 뜯어서 수리를 해야 하는데 연로하신 어머니 혼자 그 모든 일을 할 수는 없었다. 놀라셨을 어머니가 걱정되기도 했고,

당장 오늘 저녁에 어디로 모셔야 할지, 공사를 어떻게 진행해야 할지도 막막했다.

일단 아내에게 이 소식을 알리고 자세히 알아봐달라고 부탁했다. 진료실에는 어느덧 대기 환자들이 기다리고 있었다. 심호흡을 한 번 하고 다시 진료를 시작했지만, 평소와 달리 환자들의 말이 머릿속에 잘 들어오지 않았다. 보통 때 같으면 환자들의 고통이나 고민에 공감하며 함께 생각하고 나름의 제안을 돌려줬을 텐데, 그 통화 이후 한 시간 동안은 그러기가 무척 힘들었다. 그냥 이야기를 듣고, 기계적으로 반응하고, 최소한의 것들을 해주는 것이 그날 할 수 있는 최선이었다.

겨우 오전 진료가 끝나자 여느 날들과 달리 많이 피로한 것을 느꼈다. 휴대전화의 전원을 켜고 아내와 어머니와 통화한 후 당장 급한 문제들을 결정하고 난 다음에야 비로소 마음이 놓였다. 그러나 여전히 머릿속은 복잡한 채 엉켜 있어서 다른 생각이나 결정을 할 공간이 없이 꽉 찬 느낌이었다. 오후가 되어 관련한 큰 문제들이 얼추 결정되고 난 다음에야 비로소 연구실에 앉아 한숨 돌릴 수 있었다. 터지기 직전의 풍선에 바람이 빠지듯이, 끓어 넘치기 직전에 냄비 물이 가라앉는 것처럼 내 안의 긴장과 불안이 스르르 빠져나갔다. 몇 시간 전의 나와 지금의 나는 같은 사람이었지만 전혀 다른 마음 상태였다.

예기치 않은 일이 벌어지자 내 마음 안의 용량이 꽉 차버려서 다른 것을 온전히 고민하거나 결정할 수 없는 순간이 와버린 것이다. 집의 배관이 고장 난 것처럼 골치 아픈 사건뿐 아니라, 앞서 본 환자의 결혼처럼 좋은 일도 마찬가지로 내 마음속 자리를 차지한다.

그날 이후 나는 고민이 인간의 마음에 미치는 영향에 대해 고민하기 시작했다. 한마디로 고민에 대한 고민, 고민 자체에 대한 고민을 시작한 것이다.

내가 정신건강의학과 의사로서 하는 일은 대부분 남의 고민을 듣고, 이해하고, 문제점을 찾아내고, 그 고민의 무게를 나눠 지는 것이다. 거기에 더해 내 관점에서 합리적인 해법을 제시하며 문제에서 벗어날 수 있도록 돕는다. 그 일환으로 신문에서 고민 상담 칼럼을 연재하거나 방송에 고정 게스트로 출연하기도 했고,《그렇다면 정상입니다》와 같은 고민 상담 책을 내기도 했다. 내 나름대로는 세상의 모든 고민이 될 만한 것에 대한 내 방식의 답을 갖고 있다고 자부해왔다. 그만큼의 경험과 자료를 갖고 있기 때문이다. 그런데 내 뇌와 마음이 어떤 식으로 작동했기에 이런 나조차도 머리의 작동이 멈춰버리고 내 일을 잘하지 못할 정도가 되었을까?

하루 종일 작동하는 마음의 셈법

──────── 내 어머니에게 일어난 일이나 교통사고 같은 예기치 않게 일어난 사건은 고민을 가중시키는 예외적인 경우일 수 있다. 창업이나 유학, 결혼 같은 삶의 중요한 결정, 애인과의 이별이나 반려견의 죽음 같은 스트레스성 사건들은 자주 일어나는 일이 아니므로 일상생활에서는 큰 영향이 없을 것이라고 생각할 수도 있다.

그러나 사실 우리는 이렇게 일상에 타격을 주는 큰 문제 말고도 하루에도 여러 번 수많은 고민의 연속선 위에 선다. 그 고민들이 자잘하고 자주 반복되는 일이어서 의식하지 못할 뿐이다. 평소 숨 쉬는 걸 의식하지 않듯이 말이다. 하지만 갑자기 큰 문제가 끼어들거나 자잘한 고민의 양이 너무 많아지면 그제야 의식이 되면서 곤란을 겪게 된다. 숨을 쉬는 게 의식이 되면 그 순간 꽤 불편해지는 것처럼 말이다.

10여 년 전 캐나다 연수를 갔을 때의 일이다. 가족과 1년을 보낼 예정이어서 가기 전에 미리 머물 집을 알아보고 계약하는 게 일반적 수순이었다. 그러나 '나는 어떻게든 되겠지' 하는 마음으로 일주일 머물 호텔만 예약하고 아내와 두 아이와 함께 토론토에 도착했다.

다음 날, 휴대전화를 개통하고 일주일 동안 렌터카를 계약한 후

집을 구하러 다니기 시작했다. 우여곡절 끝에 어렵사리 아파트를 임대하는 데 성공하고 중고차도 한 대 샀다. 아이들의 전학을 위해 교육청에 서류를 내는 일까지 모두 마치고 밤이 되어 한숨 돌리고 있는데, 뭔가 찜찜했다. 살펴보니 식구들의 여권과 비자, 아파트 계약서가 든 가방이 보이지 않았다. 식당에 두고 온 것이다. 세상에, 한참이 지나서야 중요한 가방을 식당에 놓고 온 것이 기억이 나다니, 도대체 내가 무슨 짓을 한 거지? 수만 번은 탔을 버스나 지하철에서도 한 번도 가방을 놓고 내린 적 없던 내가 말이다. 그 서류들이 몽땅 없어지면 어떻게 해결할지 걱정이 되어 잠이 오지 않았다.

다음 날 아침, 식당 앞에 서서 문이 열리기만을 기다리는데 가슴이 쿵쾅거리고 수많은 경우의 수를 생각하느라 머리가 터질 것만 같았다. 다행히 가방은 잘 보관되어 있었다. 그러나 한동안 벌렁거리는 가슴은 가라앉지 않았고, 나를 자책하는 마음은 쉽사리 없어지지 않았다.

엄청나게 중요한 결정을 하는 것도 아니었고 대단한 사건도 없었다. 하지만 처음 도착한 낯선 도시에서 일주일 동안 수많은 일들을 고민하고 결정하다 보니 어느덧 머릿속이 꽉 차버렸고, 깜빡 가방을 두고 나올 정도가 돼버렸던 것이다. 가랑비에 옷이 흠뻑 젖어버린 셈이다.

사람들은 흔히 "전 평범하게 살기 때문에 지금은 별다른 고민이 없어요"라고 말하곤 한다. 큰일만 고민이라고 착각하는 것이다. 사실은 그렇지 않다. 애를 써서 생각하고 결정을 내리는 일들은 모두 고민이다. 조금만 넓게 보면, 지금 의식 위에 올려놓고 결정을 저울질하는 모든 것들이 고민거리이다.

이렇게 자잘한 고민들이 마음 안에서 자리를 차지하고 있다면, 각각의 고민들의 해법을 찾는 것보다 고민의 문법을 이해하고 충분히 고민하여 더 좋은 결정을 내릴 수 있도록 마음의 환경을 만들어주는 것이 더 효과적이다. 고민은 인생의 큰 허들을 맞닥뜨려 넘어야 하는 사람만 하는 거창한 것이 아니다. 그보다는 매일매일 하루에도 몇십 번, 많게는 수백 번씩 90퍼센트는 무의식적으로, 10퍼센트는 의식적으로 하고 있는 마음의 셈법이 작동하는 것을 말한다. 세상이 복잡해지고 정보의 양이 많아질수록 고민거리도 늘어나고, 고민을 위해 고려해야 할 것들 역시 기하급수적으로 증가했다. 한 가지 일만 하는 직선적 삶에서 한 사람이 여러 가지 역할을 동시에 해야 하는 멀티태스킹의 세상이 되면서 특히 고민을 잘하는 것은 마음 경영의 핵심 과제가 되었다.

우리는 고민을 하느라 머릿속이 꽉 차버리기 일쑤다. 그러다 보니 진짜 중요한 문제는 놓치게 되거나, 혹은 차례로 밀고 들어오는 다음 고민에 자리를 내주기 위해 성급한 결정을 내리기 쉽다.

우리가 고민하는 이유

──────── 다시 원점으로 돌아가보자. '고민'이 도대체 뭘까?

고민은 한자로는 괴로울 '고^苦'와 답답할 '민^悶'의 두 자로 이루어진 단어다. 한마디로 생각에 빠져 답답하고 괴로운 감정을 갖고 있다는 뜻이다. 국어사전에서는 '마음속으로 괴로워하며 애를 태움'이라고 설명한다. 즉, 고민은 생각만 많아 선택을 못하는 문제이기도 하지만, 마음 안의 감정적 요소가 현재의 교착 상태의 원인이자 결과물이기도 하다는 걸 반영한다. 이 감정적 요소 때문에 고민에 빠지게도 되고, 고민하는 상황 자체가 감정적 불편의 원인이 되기도 하는 것이다.

영어사전에는 'worry' 'deep thinking' 'be in torment' 'distress oneself' 'throe' 'fret'이 유의어로 올라 있다. 그만큼 고민이라는 단어의 범위가 넓다는 뜻이기도 하고, 사고의 영역과 감정의 영역을 아우르고 있으며, 불안과 걱정으로 고민을 표현하기도 한다는 것을 알 수 있다. 일상의 작은 선택이나 인생사의 중요한 결정의 문제도 모두 고민에 포함된다.

이렇게 보면 인간관계의 갈등과 불편함도 고민의 범위 안에 있다. 과거의 일에 대한 후회와 미련, 미래에 대한 불안과 염려도 고민에서 빠질 수 없다. 고민의 주제는 시간이 지날수록, 나이가 들수록 줄어드는 게 아니라 늘어만 간다.

누가 부탁을 하면 "생각해볼게" 혹은 "고민해볼게"라고 대답하곤 한다. 같은 말 같지만 둘의 어감은 사뭇 다르다. 생각해보겠다는 말에 비해 고민해보겠다는 반응이 더 성의 있게 느껴진다. 그냥 생각만 하는 게 아니라, 성의를 갖고 열심히 생각하겠다는 의지가 더해진 것이 '고민'이다.

이렇게 보면 생각을 하되 거기에 의지와 성의라는 감정적 노력이 더해진 것이 고민이 아닐까 싶다. 그러므로 에너지 소모가 아무래도 클 수밖에 없다. 고민거리라 여길 만한 것이 늘어날수록 지칠 가능성도 올라간다.

그렇다면 우리가 이렇게 애를 써서 고민을 하는 이유는 무엇일까? 결국은 좋은 결정을 내리기 위해서다. 그리고 결정을 내리는 이유는 실행을 잘하기 위해서다. 즉, 고민의 프로세스는 다음 순서로 이루어진다.

고민   ⟶   결정   ⟶   실행

문제는 가장 앞자리에 위치한 고민이 길어지는 경우가 많다는 점이다. 맨 앞 단계에 가장 많은 시간과 노력이 투여되면, 결정과 실행에 사용하는 에너지와 시간은 짧아진다. 다음 그림처럼 말이다.

고민　　결정　　　　실행

중요한 고민일수록 이렇게 고민에 시간을 많이 들여야 더 좋은 결정을 내릴 것이라고 생각하기 쉽지만, 이는 착각이다. 실제로는 내가 갖고 있는 에너지를 고민에 다 써버려서 다음 과정에 돌입하려고 할 때에는 이미 지쳐 있거나 시간에 쫓기게 된다. 당연히 만족스러운 결과가 나오기 어렵다.

이 프로세스에서 에너지와 시간을 가장 이상적으로 배분한다면 '실행'이 가장 많고, 그다음이 '고민', 마지막으로 '결정'이 가장 적을 것이다. 그림으로 표현하면 다음과 같다.

고민　결정　　　　　　실행

나의 한정된 에너지를 고민하는 데 쓰는 대신 실행하는 데 더 많이 사용하면 원래의 목적이었던 '실행'에 더 충실할 수 있고, 실행하면서 생기는 새로운 문제들을 더 잘 처리할 수 있다.

이렇게 하기 위해서는 고민으로 최적의 답을 찾으려는 노력보다는 고민을 잘하기 위한 방법론을 알아야 할 필요가 있다. 건강하고 합리적이며 효율적인 고민을 위해 공간을 확보하는 방법과 고민의 문법을 깨닫고 실천하는 법을 배워야 한다. 고민을 잘한다는 것은 효율적이고 빠르게 생각해서 판단을 내리고, 고민에 방해가 되지 않도록 내 마음을 최적의 상태로 만들어주는 것이다. 이는 다시 말해, 100퍼센트 완벽한 답을 찾아내려고 노력하는 것이 크게 의미가 없다는 뜻이기도 하다.

성숙한 어른은 제대로 고민한다

———— 고민을 잘하기 위해서는 두 가지를 잘 알아야 한다. 하나는 나의 감정이고, 다른 하나는 뇌의 작동 메커니즘이다. 경험적으로 알 수 있듯이, 감정은 우리의 사고에 많은 영향을 준다. 매일 반복하는 일이라도 화가 나거나 우울한 기분이 들 때는 잘 풀리지 않고 갑자기 처음 하는 일처럼 느껴지듯 감정이 끼어들었을 때는 고민도 마찬가지 상태가 된다.

뇌는 우리가 생각하는 것보다 능력의 한계가 있는 기관이다. 이 점을 이해하면 뇌가 움직이는 메커니즘을 우리의 고민 프로세스에 이용할 수 있다. 나의 감정과 뇌의 작동 메커니즘을 제대로 알면, 일상의 수많은 고민거리들 중에서 진짜 중요한 고민은 얼마 되지 않는다는 것을 알게 된다.

캐나다 연수 동안 한 일 중 가장 기억에 남는 것은 정신분석 연구소에서 수련을 받은 일이다. 나는 좋게 말해 신중하고, 나쁘게 말해 소심하고 예민한 편이었다. 동료 의사에게 부탁할 일이 있으면, 전화를 걸기 전에 병원 홈페이지에 들어가 진료 일정을 확인하고, 진료 시간이 아닌 때 먼저 문자를 보내 답장을 받은 다음에야 전화를 걸었다. 한 가지 결정을 내리기 전에 고민에 고민을 거듭하고는 했다. 반면, 정작 식구들이 살 아파트를 구하는 것 같은 중요한 일은 하지도 않은 채 토론토로 떠날 정도로 대책 없는 결정을 내리기도 했다. 한마디로 나는 소탐대실형 고민을 하는 사람이었다. 1년 동안 일주일에 네 번씩 정신분석가의 카우치에 누워 분석을 받으면서 나도 몰랐던 나에 대해 알 수 있었다.

나 자신에 대해 더 깊이 이해하고 난 이후 가장 큰 변화는 '쉽게 결정을 내리게 된 것'이다. 전에 비해 고민을 덜 하고, 결정을 빨리 내렸으며, 뒤돌아보지 않고 실행에 옮기게 되었다. 감정이 나를 흔들어대는 일이 줄었고, 나라는 사람에 대해 잘 알게 된 만큼 내가 할 수 있는 것이 무엇인지 그리고 하기 싫은 것과 할 수 없는 것을 구별할 수 있게 된 덕분이었다.

한 사람의 성숙이란 무엇일까? 여러 가지 정의가 있을 수 있겠지만, 나는 성숙한 어른이란 감정에 휘둘리지 않으며 결정하는 데 지나치게 애쓰지 않는 존재라고 생각한다. 또한 기분 좋은 상태를 최대한 유지하고, 고민보다 실행에 더 많은 비중을 두며, 내가 한 일에 대해 반성은 하되 후회에 사로잡히지 않을 수 있다면 사회에서 한 사람의 몫을 제대로 해내는 사람이다.

여기에 더해 고민을 잘할 줄 아는 것도 성숙한 어른의 요건 중 하나가 아닐까? 쏟아지는 고민거리들을 모조리 막아내고 내 마음을 그 무엇도 건드릴 수 없는 청정 지역으로 유지할 수 있는 방법은 없다. 하나를 클리어하면 바로 다음 일이 문을 두드린다. 그것이 어른의 삶이고 우리의 인생이다. 우리가 할 수 있는 일은 고민을 더 잘하는 방법을 찾아 불필요한 에너지를 낭비하지 않는 것이다. 고민만 하며 살기에 우리 삶은 너무도 짧다.

2장

넘치고
모자라는
감정들

・ ・ ・

일본의 코이 잉어는 키우는 환경에 따라 몸집이 달라진다고 한다. 집에서 작은 어항에 넣어두면 5~8센티미터 정도의 크기까지만 자라지만, 연못에 넣어두면 25센티미터 정도로 자라고, 깊은 강에 방류하면 120센티미터까지도 자란다.

고민이 꼭 이렇다. 마음속 환경이 어떤지에 따라 고민의 크기는 작은 어항 속의 잉어만 할 수도 있고, 강물 속의 커다란 잉어만 해질 수도 있다. 마음속을 어지럽히는 여러 감정들과 심리적 문제들이 작은 어항 크기면 될 고민을 더욱 크게 만든다. 제대로 고민해보기도 전에 지레 겁부터 먹고, 나는 이 문제를 해결할 수 없다고 스스로를 과소평가한다. 반대로 도움을 받아야 하는 상황에서 혼자서도 잘할 수 있다고 스스로를 과대평가하기도 한다.

고민을 '잘' 하기 위해서는 고민하는 대상을 제대로 보는 것부터 시작해야 한다. 물론 정확하고 편견 없는 눈으로 문제를 파악하고 주변 상황에 휘둘리지 않으면 가장 좋겠지만, 사람이 언제나 합리적일 수는 없는 법이다.

실제로는 별로 중요하지 않은 일이 부풀려져 엄청난 일인 것처럼 생각되기도 하고, 동네 뒷산 가듯 쉽게 넘어갈 일이 백두산 정상을 오르는 것같이 힘겹게 느껴지기도 한다. 심리적인 문제들이 내 고민의 공간을 잠식하고, 내가 충분히 능력을 발휘하지 못하도록 방해하며, 고민의 방향을 뒤틀어버렸기 때문이다. 결국 별것 아닌 일에 에너지를 쏟아버려 중요한 고민에 전력을 다할 힘이 남지 않게 되고, 고민의 크기를 잘못 재는 바람에 진짜 고민이 들어올 공간이 없어져버린다.

지금 무언가에 대해 깊이 고민하고 있지만 뾰족한 결론이 나지 않는 상태인가? 그렇다면 한 번쯤 생각해보자. 지금 내 마음의 상태는 어떠한가? 어떤 감정이 내 고민을 방해하는가? 무엇이 나를 지치게 하는가?

내가 나를 믿지 못할 때
: 자기 확신의 결여

──────── 4년 정도 사용하던 노트북의 성능이 확연히 떨어졌

다. 심한 소음이 나고, 사용 중에 전원이 꺼지기도 했다. 그동안 틈틈이 써놓은 원고와 모아놓은 자료들이 날아갈까 덜컥 겁이 났다. 이제 새 노트북을 살 때가 됐다는 생각에 폭풍 검색에 돌입했다. 브라우저를 열고 '노트북 컴퓨터'를 검색하니, 쇼핑 탭에 27만 건의 결과물이 떴다. 숫자에 압도된 상태로 하나씩 클릭해 들어가보니 노트북은 기종도, 회사도 그동안 무척 많은 변화가 있었다. 화면의 크기, 무게, CPU, 저장장치, 거기에 태블릿 기능까지, 생각해야 할 변수가 무척 많았다. 이것들을 하나하나 따져보는 것은 재미있는 일이기도 했지만 동시에 피곤한 일이기도 했다.

사용하던 노트북은 매우 만족스러웠지만 제조회사가 PC 사업에서 철수한 상황이었다. 애플의 맥북 계열이 아무래도 제일 완성도가 있어 보였지만 가격도 부담되고 윈도우와 호환 문제가 걸렸다. 예전에는 휴대성을 제일 중요하게 여겨 13인치의 가벼운 노트북을 사용했는데, 나이가 드니 화면이 커야 할 필요가 생겼다. 하지만 막상 15인치 노트북을 고르자니 눈은 편하지만 들고 다니기 힘들 것 같았다. 한편으로는 글을 쓰는 용도로 주로 사용하다 보니 키보드의 터치감과 손가락의 피로도, 자판 배열에 민감한 편인데, 자판 배열에 무리가 있거나 키가 너무 작으면 오타가 나기 쉽기 때문에 휴대성만을 기준으로 삼을 수도 없다.

이런 기준에 따라 마침내 수십 가지 기종 중에서 두 가지 정도로 후보를 압축하는 데 성공했다. 이 정도에서 고민을 멈춰야겠다고 생각하고 마지막으로 해당 기종의 사용자 카페에 들어가보았는데, 어휴, 한숨이 절로 나왔다. 마음에 들지 않는다는 사용 후기들이 여럿 보이는데, 애초에 내가 염려하던 부분들을 지적하고 있었던 것이다. 결제 버튼을 누르기 전에 모든 검토는 원점으로 돌아갔고, 내게는 최선의 것을 고르지 못했다는 후회의 감정과 지나친 검색으로 과부하가 걸린 뇌, 그리고 결정하지 못한 나에 대한 자책감만 남았다.

생애 처음으로 노트북을 사는 것도 아니고, 노트북 하나를 잘못 산다고 해서 내 인생에 무슨 큰 오점이 남는 것도 아니다. 또 내게는 몇 년 만에 찾아온 즐거운 쇼핑의 기회인데, 왜 나는 이것 하나 제대로 고르지 못하는 걸까?

가장 큰 이유는 내 결정을 내가 믿지 못했기 때문이다. 스스로의 결정이 영 미덥지 않으니, 이 정도면 됐다는 마무리를 하지 못한다. 그리고 더 많은 무언가가 있을 것이라고 막연히 짐작한 채 불안해하며 더 많은 정보를 찾으려 노력한다. 마침내 어떤 결정을 내리더라도 그 결론에 어긋나는 증거가 하나라도 나오면 "뭐, 대세에 지장 없어"라고 대범하게 넘기지 못하고 원점에서부터 다시 시작한다. 지금의 나를 믿지 못하면서 완벽하고 결점이 없는 이상적인 결과를 기대하는 심리 때문이다.

이런 고민의 과정을 더 자세히 들여다보자. 일단 결과에 대한 기대치가 높고, 결과를 불확실한 현실로 인식한다. 그래서 더욱 나의 결정에 대한 기대치와 실패에 대한 두려움이 커진다. 최선의 선택을 해야 하기 때문에 먼저 최대한 많은 정보를 수집한다. 정보 검색은 가장 많은 시간이 들기는 하지만 그래도 뭔가 열심히 하고 있다는 생각이 드는 낙관적인 단계이기도 하다. 이제 수집한 정보를 놓고 과거의 경험을 기반으로 가능한 경우의 수들을 시뮬레이션한다. 필요 없는 정보, 쓸데없는 것, 지금의 나와 연관성이 적은 것을 골라낸다. 이 단계는 정보를 수집하는 것만큼 많은 품이 들고 근면성을 요구한다. 물론 그 와중에 생각하지 못했던 새로운 정보가 등장하면 다시 원점부터 시작해야 할 때도 있다. 지난한 반복의 과정을 거쳐 몇 가지로 축약하고 나면 놓친 것이 없는지, 진짜 최고의 선택인지 확인하기 위해 외부의 의견을 묻는 과정을 거친다. 그래야 안심이 된다.

하지만 조언을 해준 사람이 신뢰하는 사람이고 그 조언이 내 결정과 다르거나, 내가 망설이던 부분을 지적했다면 변수가 줄어드는 것이 아니라 고민을 더 하게 된다. 결정 시점에 도달할 때까지 괴로움만 늘어난다. 그렇다고 시간에 쫓겨 마지못해 결정하면 분명히 후회하게 될 것이다. 만약 이런 지긋지긋한 경험을 한 후라면 다음엔 반성하고 바로 결정할 수 있을까? 아니다. 고민은 더욱 길어지고 다시 똑같은 괴로운 루프를 반복할 것이다. 더 나은 무언가가 있어야만 하고, 내가 결정한 것은 그 누구도 반박하지 못할 이상적 선택이어야 한다.

정리가 되지 않은 채 정보만 수집하니 중요한 것과 그렇지 않은 것을 구별하지 못한다. 여기에 등장하는 개념이 '강박obsession'이다. 강박적으로 정보를 모은다. 모으고 있는 동안은 긴장과 불안이 줄 어든다. 뭔가 열심히 하고 있다는 생각에 안심이 되기 때문이다. 더욱이 강박의 두 번째 장점은 '감정의 격리isolation of affect'가 일어난 다는 점이다. 지식에 기반한 정보에 몰두하면 자연히 두려움, 불안 과 같은 감정에 높은 벽을 쳐서 차단하는 현상이 일어난다. '지식 화intellectualization'라는 방어기제가 작동하는 것이다. 강박적인 몰입 은 일시적으로 낮은 존재감으로부터 발생하는 불안, 우울, 후회 등 의 감정을 느끼지 않게 해준다. 그러나 몰두가 끝난 후 내 앞에 는 높이 쌓인 쓰레기더미 같은 정보들만 남아 있기 일쑤다. 이를 기반으로 다시 판단을 해야 하니 진짜 결정은 점점 더 멀어질 뿐 이다.

최선의 선택을 하기 위해 더 오래 고민하는 것은 마음에 부담이 되기도 하지만, 결정을 내리지 못해 고민하는 시간이 내 마음 안 에서 일종의 비용으로 처리된다는 것이 더 문제다. 암스테르담 대 학의 압 데이크스테르하위스Ap Dijkseterhuis는 이케아 가구 매장에서 아침에 일찍 들어가서 바로 구매하고 나온 사람과 오랜 시간 머무 르며 신중하게 구매한 사람을 나누어 몇 주 후 구매 만족도를 조 사했다. 처음 가설은 '신중한 판단이 만족도를 높인다'였다. 그러 나 결과는 반대였다. 오래 고민해서 구매한 사람이 후딱 들어가 충동적으로 구매한 사람보다 만족도의 평균값이 낮았다. 많은 경우의 수를 놓고 고민을 한 시간과 머리를 쓴 노력이 비용으로 전환되어 만족도를 떨어뜨린 것이다.[1]

들어가자마자 눈앞에 놓인 '오늘의 특가 세일 상품'을 보고 바로 결제한 사람은 매장 안에서 다른 것들은 보지 않았으니 집에 돌아와서도 비교해볼 것도 없다. 그러니 만족도는 그 제품 자체의 기능과 완성도에만 달려 있다. 반면 그 큰 매장 전체를 돌아보면서 수십 개의 가구를 보고 고민에 고민을 거듭해 구입한 사람은 집에 돌아와 '아, 빨간 의자를 살걸' '가죽보다 패브릭이 낫지 않았을까' 하는 후회를 하기 쉽다. 이미 해버린 선택은 더 이상 매력적으로 느끼지 못하지만 놓친 기회는 우리 마음을 괴롭힌다. 더욱이 이런 경험을 하고 나면 다음에 결정을 내릴 때 어려움을 겪을 가능성은 더 커진다.

미국의 가장 대표적인 연금 제도인 401(k)는 근로자 본인이 가입해 월급의 일부를 다양한 펀드에 투자하는 형식이다. 이때 연금 내 포함된 펀드의 수가 4개일 때 가입률이 75퍼센트로 가장 높고, 59개 이상으로 많을 때에는 60퍼센트를 겨우 넘을 정도로 가입률이 낮아졌다. 고를 수 있는 펀드가 다양할수록 선택하기 좋을 것 같지만, 선택할 수 있는 것들이 너무 많아지자 아예 결정을 못 하고 미뤄두다가 결국 연금 가입 자체를 안 하는 경우가 늘어난 것이다.[2]

고민도 결국 비용이다. 나에 대한 확신이 없고 나를 믿지 못하는 마음이 크다면, 마음의 고통은 사라지지 않고 고민은 없어지지 않는다.

고민이 걱정이 되는 순간
: 불안

─────── 일요일에 가족과 놀이공원에 가기로 했다고 생각해 보자. 토요일 밤이 되어 놀러 갈 생각에 흥분한 아이들을 재우고 난 다음, 내일 일정에 대해 계획을 세운다. '차가 막힐 수 있으니 7시에 일어나서 빨리 출발하자. 아침식사는 휴게소에서 하면 되겠지.' 이 정도로 생각하고 다시 잠자리에 든다.

그런데 어떤 사람은 이런 가벼운 계획도 쉽지 않다. 생각의 갈래가 걷잡을 수 없이 뻗어 나가면서 너무 많은 걱정과 불안으로 잠도 제대로 잘 수가 없다. 이를테면 이런 식이다.

'지난번에 조금 늦게 출발했다가 고속도로를 타는 데에만 한 시간이 걸려서 짜증이 났었지. 길이 막히는데 막내가 소변이 마렵다고 해서 갓길에 차를 대고 일을 보게 한 것도 너무 힘들었어. 주차장도 만원이라 주차하는 데만 한 시간이 걸렸고, 주차장에서 매표소까지 너무 멀어서 놀이공원에 들어가기도 전에 이미 지쳐버렸어. 결국 그날 밤에 돌아오는 길에 피곤해서 졸다가 접촉사고가 날 뻔하기도 했지. 내일은 6시에 일어나서 출발해야겠어. 아이가 소변을 보겠다면 쏠 수 있도록 빈 통을 준비해야 할까? 고속도로는 막힐 수 있으니 국도로 가자. 휴게소에 들렀다가 가면 또 막히니까 새벽에 편의점에서 먹을거리를 사 갈까? 왜 사람들은 일요일마다 놀러 가는 걸까? 가는 곳마다 사람들이 바글바글해. 나는 정말 힘들게 일하다가 몇 달 만에 겨우 놀러 가는데, 다른 사람들은 돈도 많고 시간도 많은 것 같아. 거기에 비해 나는 정말 초라해. 이런 것 하나 제대로 계획을 세우지 못하고. 평소 자주 놀러 다녔으면 이렇게까지 애들이 기대하지는 않을 텐데. 휴, 내가 못나서 그런 거지.'

여기까지 걱정이 올라오면 이제 잠은 다 잔 셈이다. 이 사람은 아마도 두 시간 간격으로 깨서 시계를 확인하다가, 결국 자는 걸 포기하고 일어나서 샤워를 할 것이다. 가져갈 짐을 혼자 다 챙기고 잠옷 바람의 아이들을 들쳐 업고 차에 태운다. 운전하면서 입은 바짝 마르고, 중간에 깬 아이가 화장실에 가고 싶다고 보채도 참으라고 한다. 일단 놀이공원 주차장에 빨리 차를 세우고 매표소를 통과한 다음에야 안심이 될 것이니 말이다. 놀이공원에 놀러 가는 게 아니라, 레이스를 하는 셈이 되어버렸다. 전투 모드로 돌입해버린 마음. 왜 그렇게 된 걸까?

잘 생각해보면, 내일에 대한 계획을 세우면서 주로 하는 고민의 내용은 과거의 경험을 바탕으로 한다. 과거의 불편했던 경험을 중심으로 내일의 일정을 고민하는 것이다. 그리고 그 기억에 대해 '짜증이 났다' '힘들었다' '지쳤다' '초라하다' 등 감정적 표현을 덧붙이면서 고민을 이끌어간다. 다시 말해, 이전에 놀이공원에 갔다가 힘들었던 감정적 기억이 채색되면서 걱정이 과도해진 것이다. 이렇게 되면 고민하면 할수록 불안이 줄어드는 것이 아니라 오히려 더욱 증폭된다. 급기야 아이들에 대한 미안함, 일에 치여서 살고 있다는 존재적 불안은 마침내 자존감 저하까지 이어진다. 몸은 각성되어 쉽게 잠이 들기 어렵고, 다음 날 늦게 깰까 무서워 잠을 못 자다가 도리어 늦잠을 자서 하루를 망칠 위험도 있다.

적당한 수준의 계획을 세우기 위한 고민이 실제 불안을 불러일으킬 정도의 심한 걱정으로 전이된 것은 전전두엽prefrontal lobe에서 변연계limbic system로 이어지는 네트워크에서 감정을 얹으면서 발생한, 그 사안에 대한 해석의 차이 때문이다. 안전하지 않다는 불안이 고민할 대상을 확 키워버린 것이다. 사실 고민과 불안은 뗄 수 없는 관계다. 어떤 일에 대해 고민하는 건 불안해지고 싶지 않아서다. 열심히 고민해서 해결책을 찾으면 더 이상 불안해할 필요가 없다. 불안은 시간 축으로 보면 미래를 향해 있다. 미래를 대비하고 싶은 마음이다. 즉, 앞으로 일어날 수 있는 일에 대해 걱정하고 미리 준비해서 내가 위험해질 상황을 피하려는 것이 목적이다.

적당한 수준의 걱정과 준비는 '긴장tension'이라고 하지만, 그 수준이 지나치면 '불안anxiety'이라고 말한다. 염려와 준비 정도면 좋은데 불안까지 가면, 고양이만 하던 고민이 호랑이 크기만 해진다. 과유불급이다. 또 그만큼 무서워지고, 그만큼 준비해서 대처해야 한다고 믿어버린다.

시험과 같은 상황에서 자율신경계 중 교감신경계의 수준을 적당한 수준으로 높여서 대응하면 그것은 '긴장'이다. 시험을 앞두면 우리 몸에서는 아드레날린이 분비되고, 심장이 살짝 빨리 뛰고, 침샘이 마른다. 그런데 매주 치르는 쪽지 시험마다 기말고사나 수학능력시험 정도로 중요한 시험이라고 인식하고 거기에 맞게 대응한다면? 그때는 교감신경이 지나치게 항진되는데, 이런 상태를 '불안'이라고 부른다. 불안과 긴장은 이처럼 같은 반응의 다른 이름이다.

지금 내게 닥친 사건을 정확하게 평가하고 그에 맞는 수준으로 고민하는 것은 꼭 필요한 일이지만, 고민이 걱정에서 불안으로 넘어가면 문제가 된다. 여기에는 두 가지 요인이 작용한다. 하나는 현재 처한 상황을 과대평가하여 실제보다 훨씬 위중한 일로 판단하는 것이고, 다른 하나는 평가는 적정하게 했지만 이에 대해 과도한 반응을 보이는 것이다. 둘 다 위험한 상황을 피하거나 잘 대처하기 위한 의도로 시작한 것이지만, 평가와 반응 모두 잘못되면서 고민은 불안으로 진화한다. 불안에 미리 대처하기 위해 시작한 고민이 다시 불안을 낳는다. 그래서 고민과 불안은 서로 물고 물리면서 끝나지 않는 악순환에 빠진다.

실제로 걱정은 불안을 통제하고 줄여주는 기능을 한다. 불안을 느끼면 심박수가 올라가 가슴이 두근두근 뛰고, 근육에 힘이 들어가고, 입이 바짝 마른다. 걱정은 '싸울 것인가 도망갈 것인가'의 명령을 기다리면서 활성화된 뇌 변연계가 엔진의 RPM을 한껏 올려놓으려는 생리적 반응이다. 변연계는 포유류가 가지고 있는 뇌의 부위로, 생존과 적응을 위해 빠른 판단과 대응을 하는 기능을 갖는다. 환경의 변화에 의한 트렌드를 포착하고, 안전을 위한 탐색을 수행하며, 패턴을 발견하고, 나쁜 일이 발생하면 관련된 과거의 기억과 연결하며, 전두엽frontal lobe이 상황을 세세하고 정확히 판단하기 전에 미리 반응하고 대비하는 빠른 반응 시스템이다. 불안은 이 변연계의 편도체amygdala를 중심으로 작동하는 생리적 반응이다.

반면 걱정은 전두엽의 앞부분에 있는 전전두엽이 관장하는 인지적 행위다. 전전두엽은 뇌의 20퍼센트 정도로, 인간의 전전두엽은 다른 어떤 포유류나 영장류보다 많은 부분을 차지한다. 집중력, 판단력, 융통성, 추상적 사고 능력과 같은 인간만이 갖는 사고의 특성은 바로 이 전전두엽에서 관장한다.

전전두엽은 문제 해결을 위해 진화한 부위인데, 많은 정보를 취합해 최종 결정을 하는 곳이다 보니 정보 처리에 시간이 오래 걸릴 수밖에 없다. 그래서 인간의 뇌는 '투 트랙'으로 분화되어 변연계와 전전두엽이 엇박자로 반응하도록 세팅되었다. 그리고 두 기관은 서로 상호작용을 한다.

평소에는 전전두엽이 변연계를 조종한다. 전전두엽을 다시 복내측 전전두엽ventromedial prefrontal cortex과 배외측 전전두엽dorsolateral prefrontal cortex으로 나눌 수 있는데, 복내측 전전두엽이 활성화되면 불안이 내 몸 안의 신호나 변화에 예민하게 초점을 맞추는 것을 줄이고 외부에서 일어나는 일에 관심을 갖도록 유도한다. "안에서 벌어지는 일에 신경쓰지 말고 외부의 위험을 잘 파악하란 말이야!"라는 신호를 주는 것이다. 한편 배외측 전전두엽이 활성화되면 변연계의 공포 반응을 처리하는 편도체를 바로 안정시켜 불안 반응까지 가지 않도록 한다.[3] 이 둘이 잘 작동하면 내적 불안을 덜 느끼고, 불안 반응이 왔을 때 걱정이 상승하는 나쁜 사이클도 일어나지 않는다.

정상적인 사람은 불안을 감지하면 전전두엽의 활동을 늘려서 걱정을 통해 현 상황을 파악하고 해결책을 찾아낸다. 놀란 편도체를 안정시켜 불안이 서서히 가라앉도록 뇌 시스템을 운영하는 것이다. 이렇게 전두엽이 편도에 대해 우위를 점하면, 정상 범위 안에서 걱정을 하고 바로 계획과 행동으로 넘어감으로써 불안은 일시적인 긴장 수준으로 지나간다.

하지만 나쁜 결말을 예상한 미래의 잠재적 시나리오에 대해 부정적인 감정적 반응이 커지면, 전전두엽의 통제 기능이 나빠져 편도체가 활성화되고 불안은 갈수록 커지게 된다. 결국 이 상황을 통제하지 못할 것이라는 믿음이 커지고, 자기 존재에 대한 불신까지 이르게 되는 것이다. 이렇게 되면 걱정이 불안을 낳고 불안이 걱정을 강화하면서 그저 고민만 반복될 수밖에 없다.

타인의 평가가 무엇보다도 중요해지면
: 낮은 자존감

─────── 회사에서 회식 후에 노래방에 갔다. 맛있는 저녁이나 먹고 적당히 헤어지면 좋겠는데, 흥이 올라야 회식이라고 믿는 상사가 있는 곳에서 노래방은 필수다. 이제부터 고민이 시작된다. 어떤 노래를 불러야 할지 모르겠다. 내가 좋아하는 인디 가수의 노래를 부르면 분위기를 못 맞추는 사람으로 찍힐 것 같고, 최신 히트곡을 고르자니 노래방만 다니냐는 핀잔을 들을 것 같다. 발라드는 분위기를 깰 것이 분명하고, 트로트를 부르자니 그것도 영 아닌 것 같다. 15년 전쯤 유행한 곡으로 상사들도 흥얼거릴 수 있고 템포도 적당히 빨라서 노래방의 모든 이들의 흥을 올릴 수 있는 노래를 골라야 한다. 대체 이런 노래가 있기는 한 걸까!

두꺼운 노래 목록을 정독하다 보면 시간은 점점 흐르고, 부를 노래는 줄어든다. 그러다가 될 대로 되라는 마음으로 아무 노래나 선택하고, 결국 고민을 하나 안 하나 마찬가지가 되어버린다. 이런 것도 제대로 못 고르는 나 자신이 무능력하게 느껴지고 자꾸만 자책하게 된다. 내 능력이 정말 모자란 것일까, 아니면 사소한 것도 제대로 결정할 줄 모르는 내 성격이 이 세상을 살아가는 데 적합하지 않은 것일까?

정말로 능력이 부족하다면 노력으로 해결할 수도 있는 문제이지만, 성격이 잘못되었다고 자조적 한탄을 하는 건 좌절감만 키울 뿐이다. 성격이란 쉽게 변하지 않는 일종의 '상수'와도 같은 요소이기 때문이다.

이렇게 고민이 길어지고 결정을 못 내리는 데는 두 가지 이유가 있다. 하나는 타인의 평판이고, 다른 하나는 실패에 대한 두려움이다.

내가 내린 판단이 나를 규정하는 잣대가 되고, 그 판단이 누적되면서 나의 정체성을 만든다. 타인의 평판에 민감한 사람일수록 내 판단에 대한 타인의 평가가 나를 결정짓는다고 여긴다. '내가 생각하는 나'가 아니라 남들이 보는 조각조각의 내 모습이 모여 내가 된다고 생각한다. 이를 '반사적 평가reflected appraisal'라고 한다. 내가 만든 내 평가보다 타인의 평가가 나라는 존재의 중심에 선다. 남들이 나를 멋지다고 하면 내가 정말 멋진 사람이라고 느끼고, 누가 나를 부당하게 대한다고 느끼면 내가 그런 대접을 받을 만한 존재라고 여긴다. 그러니 외부의 평가에 예민해지고, 남들에게 칭찬을 받는지 비난을 받는지에 따라 기분이 쉽게 오르내린다. 평정심을 유지하기 어렵다.

이런 사람들은 남들이 따로 얘기해주지 않아도 자신에 대한 평판을 지레짐작하거나 조금씩 듣게 되는 단순한 인상 비평적인 말들을 '나에 대한 평가 전부'로 인식하며 스스로의 정체성을 규정짓는다. 평판에 민감하니, 타인의 눈치를 많이 보게 된다. '내가 이 말을 하면 남들이 어떻게 생각할까?' 같은 반응에 대한 걱정이 그 말 자체의 정확성이나 타당성, 필요성에 대한 염려보다 훨씬 강하다. 내 말에 상대가 확실한 반응을 보이지 않거나 열렬한 지지를 보내지 않으면 바로 좌절한다. 그 생각이 사실은 꽤 괜찮았다는 것이 판명되더라도 마음이 놓이지 않는다.

이는 실패에 대한 두려움에 의해 증폭된다. 타인의 지지가 있었거나 조언에 따른 결정이라면 실패를 하더라도 위로의 대상이 된다. 그러나 내가 혼자 결정한 일이라면 다르다고 여긴다. 남들이 별 반응을 보이지 않거나 반대하던 것을 밀어붙였다가 잘되면 시기와 질투의 대상이 될 수 있고, 안되면 '꼴 좋다'는 조롱의 대상이 될 것이라는 불안이 있기 때문이다.

이런 상황이 반복되다 보면 자존감이 떨어지고 남들의 평가에 더 예민해진다. 결정을 뒤로 미루거나 타인의 결정에 의존한다. 어떤 결정을 하고 난 다음에도 확신을 갖지 못하고 자꾸 남에게 물어보기 일쑤다. 한 번 확인하는 것으로 만족이 안 되어 자꾸 되묻는다. 과하다는 걸 알면서도 멈추지 못한다. 이를 '과도한 재확인 추구excessive reassurance seeking'라고 한다.

재확인을 반복할수록 상대와의 관계는 엉뚱한 방향으로 흐른다. 상대는 왜 자신을 믿지 못하는지 의아해하고, 끊임없는 재확인 요청에 지친다. 그러다 결국 반응이 심드렁해지거나 날카로워지면 그 결정이 틀렸을 것이라는 오해로 넘어간다. 아무리 좋은 관계라도 이런 일이 반복되면 망가지기 마련이다.

다행히 좋은 결과로 이어진다 해도 그것을 자기 성취로 여기기 어렵다. 자신이 잘해서 생긴 일이라고 생각하지 않기 때문이다. 반대로 일이 잘 안 풀렸을 때는 제대로 해내지 못한 자신을 심하게 탓하며 자책하거나, 타인의 의견에 질질 끌려간 자신의 존재감 없음을 탓한다. 잘되건 못되건 양쪽 다 안 좋기는 마찬가지다. 자존감이 낮은 사람은 성공도 자신의 성취로 여기지 못한다. 잘 안되면 지나친 감정 비용을 치른다.

정상적인 자존감을 가진 사람들은 일반적으로 '잘되면 내 덕분, 안되면 상황 탓'의 인식을 가지고 있다. 이를 통해 자아를 보호할 수 있다. 반면 자존감이 바닥으로 떨어진 사람은 이 보호 기능이 잘 작동하지 않고, 자존감을 회복시키는 것이 점점 어려워지는 악순환의 무한 루프에 빠져버린다. '어쩌다 잘되면 운이 좋았을 뿐, 안되면 오직 내 탓'이라고 정반대의 생각을 한다. 결국, 문제 해결에 대한 의지 자체를 잃어버리고 멍한 상태로 공회전만 하다가 에너지를 다 소모하고 제풀에 지쳐버린다.

자존감이란 자신이 하는 모든 행위와 생각에 대한 확신에서 생겨난다. 아기가 성장하면서 자연스럽게 팔다리를 움직이며 걷기 시작하는 것처럼, 내 몸을 내가 잘 다룰 수 있다는 믿음에서 '자기 확신감self-confidence'이 생긴다. 자신이 이 세상에 존재하고 있다는 확실한 믿음이 생긴 후에는 다른 사람들과 나를 비교하게 된다. 남과 나를 비교해서 우월감과 열등감을 모두 경험하면, 자연스럽게 자존심도 형성된다. 이 과정을 충분히 반복하면 삶의 영역에 참고할 기준이 만들어지고, 비로소 외부의 참고치가 필요 없이 나만의 기준치로도 충분한 삶을 살 수 있다. 자존감은 이 발판 위에 세워지는 것이다.

이런 면에서 보면 자존감이 떨어졌을 때 가장 큰 문제는 자기 안에서 자신만의 기준치가 분명하지 않게 된다는 점이다. 참고할 만한 자기 안의 기준이 없으니 고민이 계속되고, 어떤 일에 결정을 내리기 어렵다. 결정을 내린 후에도 실제 행동으로 옮기는 것이 쉽지 않다. 결정한 것을 제대로 실행에 옮길 수 있을 것이라는 확신을 갖지 못하기 때문이다. 타인을 통해 확신과 안심을 얻어보려고 하지만 그렇다고 고민이 줄어들거나 문제가 해결되는 것은 결코 아니다.

마음의 잔고가 부족하면 생기는 일
: 우울

———————— "내가 잘못한 것 맞죠?"

6년 동안 열심히 다니던 회사를 그만둔 한 남자가 진료실을 찾았다. 새로 옮긴 팀의 팀장이 문제였다. 일만 열심히 하면 될 줄 알았는데 출신 대학으로 차별하는 것 같기도 하고 다른 사람들이 알아챌 정도로 무시하고 괴롭혔다. 그러다가 팀장과 대판 싸우고 홧김에 회사를 그만둔 것이다. 처음 반년은 쉬면서 마음이 편했는데, 다시 일자리를 찾으려고 보니 만만치 않았다. 그렇게 1년이 넘어가면서 현실의 벽을 느끼고 충동적인 과거의 결정에 큰 후회를 하게 되었던 것이다. 그는 그것이 잘못된 선택이었음을 나에게 확인받고 싶어했다.

일반적으로 사람은 지금의 감정을 설명하고 싶어 한다. 기쁘면 기쁜 이유를, 우울하면 우울한 이유를 설명할 수 있어야 마음이 놓인다. 비록 기분이 썩 좋지 않은 상태라 해도, 언제 어디서부터 잘못된 것인지를 알아야 인정하고 받아들일 수 있다고 생각한다.

시간을 기준으로 생각해보면 과거를 돌이켜보고 후회하는 감정이 바로 우울이다. 일단 우울감을 느끼면 에너지가 모자란 상태가 되었을 때 더 우울해지고, 현재를 보수적으로 파악하게 된다. 새로운 시도를 하기보다 기존의 것을 돌아보고 지키려는 경향이 더 강해진다. 우울한 감정일 때는 기억을 되새김질하면서 '무엇이 잘못되었고 어디서부터 틀렸는지'를 알아보고 싶어 한다. 이는 반성으로부터 시작된다.

반성은 분명히 필요한 행위다. 과거의 일을 되짚어 생각한다는 점은 후회와 같지만, 반성은 후회와 달리 정확한 평가를 통해 자기가 했던 시도의 잘못된 점을 찾아내고 다음에는 하지 않도록 내 행동의 패턴과 목표와 사고방식을 수정한다. 이 과정이 수반될 때 비로소 반성은 완성된다.

이에 반해 후회는 반성에 분노, 슬픔, 두려움, 소외감, 무력감 등의 부정적 감정이 더해진 것이다. 내가 했던 과거의 결정을 객관적으로 판단하지 못하고, 괴로웠던 감정을 실어서 과거의 일을 실제보다 못한 일로 평가하고 치명적인 실수나 실패로 인식한다. 더욱이 여기에 우울이 덧칠되면서 연관이 없던 일들이 한 카테고리로 묶여 서로 연결되어 있다고 믿는 부작용도 발생한다. 내 실패는 아주 오래전부터 조짐이 있었고, 여러 가지 정황상 그렇게 될 예정이었고, 그러므로 나는 능력이 없는 사람이라는, 내재적으로는 합리적인 결론을 내린다. 나 자신을 탓하는 데 집중하니 앞으로의 행동 수정으로 이어지지 못한다.

우울의 감정이 주도적인 상황에서 고민은 더욱 어려워질 수밖에 없다. 과거에 일어난 수많은 일들이 현재의 내 고민에 영향을 미치고, 나 자신과 내가 성취해낸 일을 믿지 못하며, 내 실패가 모두 눈앞의 고민과 직접 연관되어 있다고 느낀다. 모든 실패는 내 탓이고, 내게 불리한 상황만 보인다. 그러니 당연히 미래도 암울하게 느껴질 수밖에 없다. 실패할 것이 분명하니 결정을 내릴 마음이 들지 않는다.

문제는 이미 지나온 과거는 돌이킬 수 없다는 것이다. 시간은 한 방향으로 흐른다. 그러나 우울은 돌아가고 싶다는 강한 욕망을 불러일으킨다. 선택의 시점으로 다시 돌아갈 수 있다면 그런 결정을 내리지 않았을 것이고, 그 결정으로 인해 발생한 모든 일은 내 책임이라는 생각이 사라지지 않는다. 그리고 그 시점의 결정이 지금의 나를 구성하는 데 결정적 역할을 했다고 믿는다. 그런 믿음 안에서 현실적으로는 아무것도 할 수 없는 상황에 지쳐 더욱 우울해진다.

길을 걸을 때 뒤를 자꾸 돌아보면 앞으로 나아가는 속도를 내기 어렵다. 자칫 벽에 부딪치거나 발을 헛디딜 위험도 있다. 우울이 그런 꼴이다. 우울한 마음에 하는 후회는 앞으로 나아갈 방향을 잡는 것도, 속도를 내는 것도 어렵게 만든다.

후회는 우리가 앞으로 나아갈 동력을 잃어버리게 한다. 앞으로 나아가지 못하니 에너지는 다시 채워지지 못하고, 어느 선을 넘어서면 일상을 돌볼 기본적인 에너지조차 유지하기 어려워진다. 우울한 마음이 생기는 것은 이 단계부터이기도 하다. 우울과 후회는 서로 맞물려 있다.

우울은 마음의 에너지가 고갈된 상태이기도 하다. 우울한 사람은 낮아진 에너지 수준에 맞춰 판단하고 행동하게 된다. 감정이 이성에 영향을 미친다. 나를 보호하려는 방어적이고 보수적인 에너지 운용 모드를 취하는 것이다. 마음의 비용을 최소화하려 한다. 되도록 새로운 일에 참여하지 않고, 최소한의 일만 하고, 갑자기 끼어드는 일에 짜증이 난다. 미래를 보수적이고 비관적으로 예측한다. 누가 새로운 제안을 하면 부정적으로 평가하고, 지금까지 해오던 최소한의 '기본'을 해내는 것에 자신을 최적화시킨다. 그런데도 겨우 해낸다는 마음이 생기고 실제로도 잘 해내지 못하게 된다면 위험 신호가 온 것이다.

이런 상태에 이르게 되면 수치심과 죄책감이 일어난다. 에너지가 좀 떨어지는 것 같을 때 '잔고가 부족합니다' 같은 경고 알림이라도 오면 좋으련만, 대개 이런 일은 어느 날 갑자기 일어난다. 내 통장의 잔고는 매일 확인해볼 수 있지만, 마음속 에너지의 잔고는 눈에 보이지 않는다. 채워지는 것보다 나가는 것이 더 많은 날들이 지속되다가 예기치 못한 순간, 순식간에 바닥이 드러난다. 처음에는 잠시 당황하다가 원인을 찾으려 한다. 책임감이 강한 사람일수록 이런 경향이 강하다. 동시에 죄책감이 커진다. 내가 주변에 피해를 주고, 나 때문에 해야 할 일을 못 하게 되었다고 여긴다. 일이 잘 돌아가지 않는 것이 나 때문이라고 믿는다. 평소 고민이 많은 사람이라면 더할 것이다.

이는 고민에 몰입하기 위해 미리 '책임감'이라는 전처치를 한 덕분이다. 고민하는 동안만큼은 '책임감 있는 사람'이라는 자기 인식이 된다. 내게 벌어진 일을 잘 파악하고 충분히 깊게 고민하는 사람이 될 수 있다. 할 수 있는 일을 모두 충실히 하지 않는다면, 모든 경우의 수를 다 생각해보지 않는다면 나는 무책임한 사람이 될 것이라고 믿는다. 그러나 그런 강한 책임감은 실패하거나 에너지가 확 떨어지는 상황이 오면 심한 죄책감과 수치심을 불러온다.

두 감정은 우울감과 직접적으로 연관된다. 죄책감은 내 안에 내재된 도덕 가치가 사회적으로 합의된 행동 규범을 침해하고 있다고 여기게 한다. 반면 수치심은 사회적 관계 안에서 자극된다. 수치심은 공개적이라기보다는 암시적인 형태로 표현되고, 개인이 느끼기 때문에 더욱 은밀하다. 또 평판에 대한 두려움과 함께하는 감정으로, 애초에 다른 사람의 시선이 없으면 존재할 수 없다. 우울감은 수치심을 자극해 예민하게 만든다. 사람들은 나를 중립적으로 대하건만 괜히 나를 피하고 멀리한다고 해석한다.

이런 것 하나 결정하지 못하고 고민에만 빠져 있는 나를 사람들이 싫어하고 버릴 것이라는 고립의 공포가 엄습한다. 그래서 일상적인 말을 할 때조차 고민을 더 하게 되고, 결정할 타이밍을 놓치고, 눈치를 보고, 주눅 들게 된다. 이런 어색한 대응은 빠른 에너지 고갈로 이어지고, 우울은 더욱 심화된다.

이런 상태에서 하는 고민은 과거에 매여 돌아보는 것에 몰두하면서 지나치게 보수적이고 안전한 결정으로 이끈다. 더불어 죄책감과 수치심을 자극해 불필요하게 자책하게 만들고 스스로에 대한 가치를 깎아내린다. 마음의 에너지는 급속도로 방전되고, 더 이상 고민할 여력조차 없어지는 것이다.

내 마음 어딘가 진짜 문제가 있을 거야
: 심리화

──────── 내 마음에서 어떤 일이 벌어지는지 관찰하고 이해하려는 노력은 분명 필요하다. 그렇지만 마음 안을 탐색하는 데에만 열중한다고 해서 자신을 더 잘 알 수 있는 것은 아니다. 내면만 파고들다 보면 오히려 외부와 단절된 채 자신의 상태에만 예민하게 반응하게 된다. 그냥 넘어가도 되는 찰나의 기분이나 느낌, 일상에서 언제든 일어날 수 있는 작은 사건들에까지 의미를 부여하려고 한다. 나의 작은 변화도 큰 파장을 몰고 오는 변동으로 인식한다.

그렇기 때문에 스스로를 아주 쉽게 '정상이 아니'라고 판단한다. 혹은 '내가 지금 이렇게 생각하고 판단하는 것이 정상인가?'라는 자문을 자주 한다. 그래서 어쩔 수 없는 상황으로 일어난 사건, 나와 상관없이 벌어진 일, 대인관계의 상호작용 속에서 자연스럽게 생긴 일도 모두 자신의 문제로 돌리고 성격 탓으로 치환하여 해석한다.

'역시 내 성격 문제였어. 내가 쉽게 열등감을 느끼고 친구를 부러워하니까 친구의 작은 실수를 지적하고 친구의 마음을 아프게 한 거야. 내 모난 성격이 친구의 마음을 다치게 했어. 이런 일은 내가 누구를 만나더라도 결국 벌어지게 될 일이야. 난 사람을 만나서는 안 돼. 난 고슴도치 같은 존재야.'

자문자답하며 혼자 심리 상담을 한다. 시간이 지나면 자연스럽게 잊힐 일상적인 작은 갈등이나 긴장을 성격적 결함의 문제로 일반화하고, 내면으로 침잠하여 '비정상적'이라는 본질적이고 근본적 문제로 해석하려 한다. 인간의 보편적 경향인 '일반화와 규범화'의 욕구가 심리의 문제로 오면서 비본질적 성찰로 변질돼버린 것이다.

최근 들어 심리학 책이 인기를 끌고 상담이 대중화되면서 심리학에 접근하기 쉬워진 것은 긍정적인 현상이지만, 누구나 손금이나 사주를 보듯이 가볍고 비전문적으로 심리를 분석하려고 하는 부작용도 있다. '트라우마' '스트레스' '콤플렉스' 같은 심리학적 용어들을 사용하면 더욱 그럴듯해 보인다. 특히 평소 예민하고 섬세하며 공감 능력이 평균 이상인 사람들은 남에게 상처를 받으면 그 이유를 찾다가 심리학 책이나 강연을 접하고 그것을 스스로에게 대입하고 내면화한다.

이렇게 모든 현상을 '심리화心理化'해버리면, 내 문제를 모두 성격, 성향, 콤플렉스와 같은 개인의 심리적 특성과 연결 짓거나 과거에 벌어진 어떤 사건을 탓하며 현재의 문제를 설명하려 한다. 어떤 일이 벌어지면 문제를 해결하기 위한 방법을 고민하기보다, '나의 현재가 이렇게 될 수밖에 없었던 것은 이런 이유가 있기 때문이다'라는 정당화와 합리화에 더 많은 에너지와 관심을 쏟는다. 그러나 이런 종류의 심리화 고민이 깊어질수록 내 결함과 문제점이 선명히 부각되어 상처를 후벼파는 듯한 아픔만 생생하게 느낄 뿐, 현실적인 해결책은 멀어진다.

그러고 나면 살면서 어쩔 수 없이 겪고 넘어가야 하는 정상 범위 안의 예측 가능한 수준의 자잘한 문제들이 다 지뢰밭처럼 위험해 보인다. 내면의 사소한 변화에도 예민해져 1미터 이상의 파도가 아닌 10센티미터의 물결도 의미 있는 파동으로 인식한다. 현미경으로 내 안을 들여다보고 탐색하며 해석하다 보니 작은 일상의 문제들도 고통의 요소로 느껴진다. 단위가 작으니 고민의 절대량은 폭발적으로 늘어날 수밖에 없다. 이런 사람들은 내면의 깊은 성찰을 통해 '진짜 자신'을 발견하고 겉으로 드러나지 않았던 진짜 문제를 발견해야만, 이 모든 괴로움이 단번에 끝날 것이라 믿는다. 하지만 실상은 그렇게 되지 않는다. 고민만 깊어지고, 결코 해결할 수 없는 문제만 쌓이게 된다.

최대한 결정을 미루는 진짜 이유
: 회피와 현상 유지

상담을 하러 오는 중고생들 중에는 '귀찮아'라는 말로 자신의 상태를 표현하는 경우가 종종 있다. 정말로 번거롭고 성가셔서 그런 것이 아니다. 문제를 인식하고 생각하며 그에 수반되는 감정들을 떠올리고 싶어하지 않는 것이다. 고민이 많은 사람들 중에서도 이런 방법을 쓰는 사람들이 있다. 이들은 고민에 빠지는 것 자체가 너무 싫다. 아예 생각을 피하려는 방어기제로 '회피'를 사용한다. 너무 내면만 들여다보다가 현실적 문제를 해결하지 못하는 '심리화'와는 반대로 이들은 고민과 결정의 과정 자체를 어떻게든 미루고 회피한다.

세상이 복잡해지고 고도화되면서 고민할 일들이 늘어났다. 고려해야 할 변수들이 많아지면서 고민에 대한 부담도 커졌다. 그러니 어떻게든 결정을 미루고 싶은 마음은 당연한 반응일 것이다. 실제로도 결정을 미루는 습관은 점점 늘어나는 추세다. 미국의 한 연구 결과를 보면 일을 습관적으로 미룬다고 밝힌 미국인이 2007년에는 26퍼센트로 나타났는데, 이는 30년 전인 1978년의 5퍼센트보다 무려 5배나 늘어난 수치다.[4]

최대한 결정을 뒤로 미루더라도, 언젠가는 결정해야 할 시점이 온다. 막판까지 가서 궁지에 몰리면 아무거나 선택해버리고, 한편으로는 그 선택을 신뢰하지 못한다. 그러면서 자신이 실제로는 고민을 많이 했다고 여긴다. 고민을 할까 말까 망설이다가 뒤로 미루던 시간을 '실제 고민한 시간'으로 착각한 것이다. 시간이 흐르고 있다는 것을 의식하지 않는 것은 아니지만, 고민과 결정, 결정 이후의 행동이라는, 다음 단계에 해야 할 일들이 싫거나 힘들거나 부담스럽다고 여길수록 결정해야 할 시기를 어떻게든 뒤로 미루고 싶어 한다. 회피하고 있는 동안은 그 사안으로부터 벗어나 안전지대로 피할 수 있기 때문이다.

하지만 시계는 여전히 가차없이 움직이고 데드라인은 가까워온다. 시간이 이대로 멈추기를 바라지만 이 바람은 불가능하다는 것이 회피의 결정적 문제다. 게다가 나중에는 이자까지 쳐서 그 고민이 되돌아온다.

의도적 회피와 거리 두기를 할 수 없는 상황이라면 어떻게 할까? 이때는 그다음의 안전하고 보수적인 방식을 선택한다. 바로 '현상 유지'이다. 모든 문제를 리부트하여 원점부터 재검토하고 완전히 새로운 판을 짜기에는 위험 요소도 많고 에너지도 많이 든다. 더군다나 치열한 고민을 시작하려니 엄두가 나지 않는다. 문제가 그리 심각하지 않다면 고민을 피하는 방식으로 현상 유지를 택하는 것이 일반적이다. 보수적 태도를 견지하면서 '이전에 해오던 대로' 하는 것이다.

현상 유지의 욕구는 무언가를 선택하고 실행함으로써 예상치 못한 변화와 갈등이 발생하는 것을 두려워하기 때문에 생긴다. 있는 그대로 두고 관성대로 움직이게 하는 것이 마음의 에너지를 덜 쓰는 가장 좋은 방식이다. 현상을 유지함으로써 안전하고 익숙한 느낌을 주고, 그러면 내부의 반발도 적다. 현상 유지를 한 상태에서 자잘한 디테일에만 집중하는 것이 편하다. 사소한 문제는 전체 판에 영향을 주지 않으면서도 내가 무언가를 하고 있다는 안정감을 주기 때문이다.

그러나 현상 유지는 서서히 망하는 길이다. 배가 거센 폭풍의 한복판으로 항해하고 있는데, 선장이 배 안의 흔들리는 문짝을 고치는 데에만 몰두하고 배의 진로를 바꾸지 않는 것과 같다. 결국 배는 현상 유지와 디테일의 집착 속에서 침몰하고 말 것이다.

나쁜 기억이 마음을 어지럽힐 때
: 감정적 기억

───────── 이상하게 나쁜 일은 쉽게 잊히지 않는다. 과거의 나빴던 일은 좋았던 일에 비해 내 머릿속에 오래 보존된다. 이제는 기억 창고에서 폐기 처분을 했으면 하는 나빴던 일이 꿋꿋이 자리를 차지하며 다른 기억이 들어올 틈을 주지 않는 것이다.

반면 행복했던 기억, 좋았던 일은 이상하리만치 쉽게 잊어버린다. 어려운 시험에 붙은 일, 생일날 기대하던 선물을 받아서 너무나 기뻤던 일, 송년 모임에서 행운상 추첨에 당첨되어 갖고 싶던 상품을 받은 일 같은 건 평생 기억하면서 힘들고 괴로울 때마다 꺼내 보고 싶다. 그런데 며칠만 지나도 가물가물해진다. 그에 반해 초등학교 때 부끄러웠던 일은 어제 일처럼 생생하다. 그때 열심히 외웠던 삼국시대 연표는 기억나지 않는 걸 생각하면 신기할 따름이다.

초등학교 5학년 때쯤이었다. 내가 다니던 초등학교에 육촌 누나가 교사로 부임했다. 음악을 담당해서 일주일에 한 번 수업을 했는데, 누나는 나를 챙긴답시고 자주 내게 노래를 부르게 했다. 그런데 그 당시 '남자는 태권도지!'라는 신념을 갖고 있던 나는 피아노 같은 악기나 음악 공부를 따로 한 적이 없었고 음악적 재능도 없었다. 당연히 음악 시간은 무척 괴로운 시간이었다. 그걸 알 리 없는 누나는 나를 지목해 노래를 부르게 했다. 일어나서 더듬더듬 음계를 읽었지만 국어 교과서를 읽는 것 같았고, 주변의 아이들은 모두 박장대소했다. 창피하고 화가 나서 나는 울기 시작했다. 무안해진 누나는 다음부터는 시키지 않았다.

얼핏 해피엔딩으로 보일지도 모른다. 그러나 40년이 지난 지금까지도 그날의 교실 분위기는 오늘 일인 것처럼 생생하고, 그때와 마찬가지로 나는 노래를 못한다. 그리고 남들 앞에서는 더 못한다는 믿음도 굳건하다. 오래전 그 사건이 아직까지도 영향을 미치는 것이다.

고민을 할 때도 마찬가지다. 오래된 감정적 기억이 갑작스럽게 튀어나와 나도 모르게 영향을 받는다. 캔버스에 튄 물감 자국처럼 자리를 잡고 있다가, 중요한 순간에 태클을 건다. 평소대로 논리적으로 생각하면 고민할 이유가 없는 일인데, 이상하게 머뭇거리게 되고 머리가 복잡해진다. 쉽게 결정을 내리지 못하고 감정의 브레이크가 자꾸 걸리는 것을 느낀다.

왜 그럴까? 먼저, 좋은 기억보다 나쁜 기억이 더 오래 남는다. 원초적인 순간부터 생각해보자. 바로 먹고자 하는 욕구다. 이 욕구가 충족되어 느끼는 포만감에서 좋은 감정이 기억되고, 충족되지 못한 배고픔으로부터 나쁜 기억이 시작된다.

샤먼 앱트 러셀Sharman Apt Russell은 《배고픔에 관하여》에서 감정과 배고픔의 연관성을 설명한다.[5] 배고픔은 생존의 위험 신호를 자극한다. 배가 고프면 에너지가 떨어지고 곧 죽을 수 있다. 바로 움직여서 먹을 것을 찾아야 한다. 머뭇거리고 뒤로 미루다가는 먹을거리를 따거나 잡거나 찾아다닐 힘조차 없어질 수 있다. 그리고 배가 고플 만한 환경에 가는 일을 한번 경험하면 그것도 기억해야만 한다. 저쪽으로 가면 물이 없는 곳, 황량한 사막이 나온다면 다시는 가서는 안 된다. 머릿속에서는 이를 아주 오랫동안 기억하도록 세팅한다. 이 두 가지 이유로 동물은 배가 고프면 아주 빨리 신경을 곤두세우고 몸을 움직이며, 배고픈 상황은 살아 있는 한 오래 기억한다.

반면 포만감은 아주 만족스럽고 좋은 기억이다. 위가 가득 차면 여러 호르몬과 신경 전달 물질에 의해 엔도르핀이 분비되고, 소화를 위해 부교감 신경계가 자극되면서 혈류가 위장으로 몰려 근육의 긴장이 풀리고 나른해진다. 그러나 이런 포만감은 위가 비는 속도보다 상대적으로 빨리 사라진다. 위가 다 비워지고 난 다음에도 여전히 포만감을 느끼고 있으면 주변에 먹이가 없는 척박한 환경이 되었을 때 다시 먹이를 구하기 어려울 위험이 있다. 무엇보다 포만감을 느끼면서 나른하게 퍼져 있다가는 포식자의 먹잇감이 될 수 있다. 배가 다 꺼질 때까지 포만감을 충분히 느껴도 되는 것은 먹이사슬의 맨 위에 있는 존재뿐이다. 생존의 관점에서 볼 때 포만감은 잠깐 즐기고 바로 사라지는 것이 안전하다.

이런 생물학적 위험 신호에 기반해 인간의 뇌는 다양한 감정을 진화 및 발전시켰다. 배고픔은 부정적 감정, 괴로움, 불안, 두려움, 우울, 비관 등으로, 포만감은 긍정적 감정, 낙관, 즐거움, 나른함, 행복감 등으로 말이다. 그래서 좋은 감정은 금방 잊히고, 부정적 감정은 잊고 싶어도 잘 잊히지 않는 것이다. 이 모든 시스템은 동물로서 인간이 생존하기 위해 만들어놓은 것인데, 인간의 뇌는 이후 비약적으로 발전했고 원래 이 시스템이 세팅될 때보다 훨씬 오래 살게 되었다. 오래 사는 만큼 아팠던 기억은 쌓이고 차곡차곡 저장된다. 이런 감정의 퇴적층이 깊어질수록 뇌는 이 기억들로부터 자유로워질 수 없게 되었다.

문제는 나이가 들수록 아무리 조심하더라도 어쩔 수 없이 정신적 충격을 받거나 마음의 상처가 되는 사건을 피할 수 없다는 것이다. 지금까지의 연구 결과들에 따르면 트라우마가 될 만한 사건이 청소년기 이전에 발생하면 성격 구조 전반에 걸쳐 크게 영향을 준다. 특히 3세 이전에 벌어진 일은 장기적인 기억을 만드는 해마hippocampus가 발달하기 이전에 일어난 일이라서 편도체에 감정적 기억으로만 저장된다. 그래서 사실과 사건에 대한 기억인 서술 기억으로 호출할 수 없고, 그 사건에 대한 기억이 무의식에 억압되어 이유도 모른 채 큰 영향을 받을 수 있다. 그것을 '신경증neurosis'이라고 하고, 정신분석적 치료로 무의식을 의식화해야 해소될 수 있다.

반면 성인기 이후에 일어난 사건은, 특히 30세 이후에 일어난 일은 성격 구조가 이미 형성된 이후이기 때문에 아무리 큰 사건이 벌어져도 어지간해서는 성격의 구조적 틀을 흔들거나 무너뜨리지는 않는다. 우울증이나 외상후스트레스장애의 원인이 될 수 있지만, 한 인간의 전체에 영향을 주지는 않으며 국소적 타격만 줄 뿐이다.

그나마 다행이라고 할 수 있지만, 고민의 관점에서 보면 큰 위안이 되는 것은 아니다. 부정적인 감정의 기억이 뇌와 마음의 원활한 작동에 난관이 될 수 있기 때문이다. 어릴 때 겪은 부정적 사건이 성격 전반에 걸쳐 보편적이며 광범위한 영향을 준다면, 성인이 된 이후에 벌어진 부정적 사건에 대한 감정적 기억은 특정한 영역에 국한된 영향을 준다. 예를 들어 교통사고로 차가 완전히 부서진 경험을 한 사람은 이후에 차를 다시 운전하기 어려워하거나 끼어드는 차가 있을 때마다 크게 긴장할 수 있다. 하지만 성격의 구조가 변해 활달하던 사람이 소심하고 내성적 성향이 되는 건 아니다. 이를 어떤 학자는 '콤플렉스'라고 부르기도 한다.

나쁜 감정이 미치는 영향에 대한 연구는 100년 전에는 프로이트의 정신분석 이론, 30년 전부터는 외상후스트레스장애와 관련한 연구 결과에 많은 부분 기반하고 있다. 내가 기억하든 기억하지 못하든, 사건의 크기가 작든 크든 간에 감정 기억이 고민에 미치는 영향은, 넓게 보면 외상 기억과 관련한 메커니즘으로 이해하는 것이 유용하다.

감정적 기억은 편도체에 저장되고, 서술 기억은 해마에 저장된다. 시스템의 효율성을 위해 기억은 이렇게 나누어 저장되는데, 감정적 기억이 지나치게 활성화되면 문제가 발생한다. 해마에 저장되는 기억에는 컴퓨터에서 파일을 생성할 때처럼 그 일이 발생한 일시가 함께 태깅된다. 2023년 1월 10일 오전 10시에 스타벅스에서 일어난 일이라는 식으로 저장되는 것이다. 이들 기억은 시간 순서로 정렬돼 다시 불려 올라올 일이 없는 오래된 일은 자동으로 삭제된다. 이와는 달리 감정적 기억에는 신기하게도 사건이 발생한 시간이 함께 태깅되지 않는다. 꽤 오래전에 벌어진 일도 바로 지금 일어난 일같이 생생하게 떠오르는 것은 이 때문이다.

뇌가 이렇게 기억을 둘로 나누어 저장하는 이유는, 아마도 감정적 기억이 생존과 관련되어 있으므로 위험한 일은 오래 저장하고 있다가 마치 지금 일어난 일같이 생생하게 떠올릴 수 있어야 즉각적으로 대응할 수 있기 때문일 것이다. 그러니 10년 전에 일어난 일도 연관된 사건이 발생하거나 비슷한 장소, 냄새, 사람 등을 접하면 즉각적으로 기억이 소환된다. 그래서 고민을 할 때 감정적 요소가 개입되면 바로 압도당해 고민을 계속할 수 없게 되거나, 감정과 관련한 요소가 중요하고 큰 문제로 여겨져 편향적으로 생각하게 되는 것이다.

감정이 활성화되면 이성을 관장하는 전두엽의 활동이 위축된다. 이렇게 감정의 기억이 전면에 나서면 그때까지 주도권을 쥐고 있던 전두엽은 2선으로 물러나게 된다. 생존을 목표로 하면 분석하는 것보다 정교하지는 않더라도 일단 빠르고 분명하게 반응하는 것이 더 중요하기 때문이다.

감정적 기억이 올라오면 감정을 처리하는 시스템인 변연계가 활성화되어 그때까지 뇌를 움직이던 이성적 논리와 체계성은 순식간에 무용지물이 되어버린다. 그리고 기억 속에 묻혀 있던 과거의 감정적 상황이 눈앞에 떠올라 지금까지 쌓아왔던 생각의 틀을 한 번에 무너뜨린다. 특히 과거에 있었던 창피했던 일, 충격을 준

사건, 깊은 상처를 남긴 사람에 대한 기억들이 마치 영화의 회상 장면같이 떠오른다면 더욱 심각한 상황이 된다. 이를 '플래시백 flashback'이라고 하는데, 이 현상은 외상이 될 만한 감정적 기억에 전전두피질의 기능이 저하되면서 벌어지는 것이다.

전두엽에서 가장 넓은 부위인 전전두피질에서 이렇게 떠오른 기억을 의식화하고 언어화하려는 시도를 하는데, 만일 성공하면 과거의 사건 기억으로 재편되지만 대부분 전전두피질에서 처리하지 못하면서 같은 장면이 도돌이표처럼 반복해서 재연된다. 인지적으로 보면, 플래시백은 우리가 고민하는 동안 비슷한 과거의 경험과 기억을 꺼내어 비교하며 논리적 추론을 하는 과정에서 기억에 묻어 있던 생생한 감정이 지금의 상황과 연동되어 과거의 감정 기억을 소환하면서 일어나는 일이다.

전혀 관련 없어 보이는 감정들이 우리의 고민에 영향을 미치는 건 이러한 메커니즘에서다. 정신분석에서는 이를 콤플렉스나 무의식의 갈등이라고 해석하기도 한다. 이런 식으로 감정에 압도당하고 플래시백으로 그동안의 생각을 무너뜨리고 나면, 더 이상 이성적 논리는 중요하지 않게 된다. 그보다 이 감정을 억제하거나 잠재우는 것이 최우선 순위가 된다. 술을 마시거나, 운동에 몰두하거나, 잡스럽고 단순한 작업에 집중하는 행동을 하기도 한다. 나중에는 감각이 마비된 것처럼 어떤 일에도 무덤덤해진다. 나무토막이 된 것처럼 현실에서 거리를 두고 내 몸을 셧다운시킨다. '해리 현상^{dissociation}'이 일어난 것이다. 과잉 활성화된 뇌의 반사작용으로 두꺼비집의 셔터를 닫아버리듯 일거에 전체 전원을 꺼버리는 뇌의 응급조치다. 몸의 감각이 너무 불쾌해지니까 내적 경험에 대한 연결 고리를 끊는 비상 버튼을 누르게 된다.

고민이라는 생각의 영역에 이렇게 감정이 채색되면 현명한 결정을 하기 어려워진다. 이성과 감정 사이에 벽을 세우려고 애쓰기도 하지만 그것도 쉬운 일이 아니다. 감정은 시시때때로 올라와 고민을 방해한다. 이를 원천봉쇄할 방법은 없다는 것을 인정할 필요가 있다.

사라지지 않는 감정의 되새김질
: 반추

───────── 얼마 전 지인들과 함께한 유쾌한 저녁 모임에서 주책없는 말실수를 했다. 회사를 그만두고 제주도에 서점을 차리겠다는 지인의 이야기에 제주도의 서점 수와 인구 수 등을 운운하면서 '팩트 폭행'을 한 것이다. 아침에 일어나니 전날의 기억이 생생하게 떠오르면서 후회가 되었다. 상대방의 무안해하던 얼굴도 떠올랐다. '참았어야 했는데, 내가 뭐 잘났다고 남의 인생에 감 놔라 배추 놔라 했지?'

미안하다고 연락하기도 애매한 사이라 그냥 넘어갔는데, 일을 할 때에는 생각이 안 나다가도 쉬고 있을 때면 느닷없이 그날 밤의 상황이 확 떠오르며 그때 했던 말과 생각들이 머릿속을 빙빙 돌아다녔다. 나의 주책없음, 잘난 척하려는 옹졸한 자기애, 깨달음을 주고 싶다는 환상 등등 온갖 분석들이 맴돌면서 민망하기만 했다. 다른 일에 몰두하려고 해도 한번 마음 안에 들어오면 괴로움을 충분히 주고 난 다음 자책 속에 나를 흠뻑 담그고 나서야 사라졌다.

이런 민망한 기억뿐 아니라, 마음 안에 해결되지 않은 일들이 사라지지 않고 내가 원하지 않아도 시시때때로 떠올라 머릿속에 한참을 머물 때가 있다. 이런 일이 벌어지면 다른 생각은 끼어들 여지가 없다. 그때까지 열심히 하던 생각도 손을 놔야 한다. 이처럼 마치 소가 여물을 되새김질하듯, 생각이 의식으로 한번 올라오면 계속 맴돌면서 같은 기억이 무한 반복되는 것을 '반추rumination' 라 한다. 국어사전에서는 반추를 '① 한번 삼킨 먹이를 다시 게워 내어 되새기는 일. 새김질. ② 되풀이하여 음미하고 생각하는 것' 의 두 가지 의미로 설명한다.

좋은 경구를 읽고 난 다음 내 인생의 좌우명으로 삼고 평소 자주 되풀이해 음미하면서 생각을 해보는 것은 필요한 반추다. 어떤 생각의 편린을 반추해 완전히 내 것으로 만들어 내재화internalization 시키면, 나중에는 고민 없이 바로 그에 맞춰 판단하고 반응하는 행동까지 할 수 있다. 이는 긍정적 반추다. 하지만 빈도로 보자면 반추의 10퍼센트만이 이런 긍정적 반추라고 할 수 있다.

훨씬 많은 경우 괴로운 기억이 다시 떠오르고 지금 당장 결정할 수 없는 미래의 일을 걱정이라는 형태로 자꾸 생각하는 부정적 반추가 일어난다. '세상은 왜 이리 불공평한가' '내 부모는 왜 저런 성격이라 사사건건 나와 부딪힐까?' 같은, 자신의 삶에 대한 근본적인 한탄을 할 때도 있다.

이런 생각은 모두 부정적 감정과 관련되어 있다. 미국 템플 대학교 심리학과의 재닛 스미스Janet Smith는 반추가 여러 가지 심리에 의해 일어난다고 보았다.[6]

반추와 관련해 가장 광범위하게 받아들여지는 이론은 부정적 감정이 생겼을 때 그 감정의 원인과 결과를 찾아내려는 노력을 하면서 반추가 일어난다는 심리학자 수잔 놀렌 혹스마Susan Nolen-Hoeksema의 이론이다. 그러나 이 시도는 과거의 경험을 극복하도록 돕지 못하고, 감정적 기억을 되살려내 고통을 다시 기억하게 한다. 이런 성향은 우울증을 일으키는 위험 요소가 된다.

두 번째는 사회적 긴장에서 오는 반추다. 여기에는 사람을 만나고 난 다음 생긴 감정과 기억에 대해 되새김질을 하는 것도 포함된다. 잘못 반응한 것, 어색했던 순간들, 상대의 반응 등에 대해 지나치게 반복해서 생각하면 다음에 사람을 만나는 것이 더 어색해지고 긴장된다.

세 번째로 자신이 세운 목표를 달성하지 못하면 그 실패를 복기하면서 반추를 하게 되는 경우다. 만족하기보다 부족함을 느끼고 목표와 실제 달성치 사이의 간격을 크게 느끼면서 그걸 메우려 노력할 때 일어난다.

또 다른 이론에서는 반추는 일시적인 현상에 가깝고 누구나 일반적으로 경험할 수 있는 보편적 현상이라고 설명하기도 한다. 그러나 대부분은 꽤 오래 지속되는 경향이 있다. 짧게는 2~3개월, 길게는 1년까지도 같은 내용을 반추하는 것을 보고한 관찰 사례가 있다. 스트레스가 될 만한 사건이 생기거나 부정적 감정이 들면 시작되고, 사람에 따라 쉽게 특정한 반추가 반복된다.

어떻게 보면 반추는 이런 부정적 감정과 스트레스를 다스리려는 노력이라고 할 수 있다. 보통은 '내가 생각하는 바람직한 나'와 '현재 인식하는 나' 사이의 간격이 확연히 인식될 때 자극되는 경향이 크다.

걱정이 주로 앞날에 대해 고민하는 것인 반면, 반추는 대부분 과거에 일어난 일을 되새김질하고 반복해서 생각하는 것이다. 걱정은 내게 닥친 문제를 풀어내기 위한 집중이고, 반추는 과거의 실패나 실수, 그로 인해 생성된 감정에 집중한다. 걱정은 걱정하는 대상이나 상황을 피하기 위해 하는 것이고, 반추는 지금 상황을 확인하고 이해하려는 노력의 측면이 크다. 공통점은 둘 다 반복적으로 생각한다는 점과 문제 해결을 회피하려는 전략이라는 점이다.

어떻게 보면 후회와 비슷한 개념으로 생각될 수도 있다. 그러나 후회는 뒤를 돌아보고 가슴 아파 하는 감정적 괴로움에 집중한 개념이고, 반추는 앞이건 뒤건 상관없이 소화되지 못한 감정과 생각을 자꾸 꺼내서 보고 또 보며 생각을 거듭하는 행위에 집중한 개념이다. 그러니 후회와 반추는 동시에 겹쳐 일어날 수도 있다.

결국 반추는 자신의 부정적 감정과 스트레스를 인식함으로써 느끼는 불편한 긴장을 해결하려는 잘못된 노력이다. 이렇게 되새김질을 반복하면 문제를 해결하고 현재의 나와 원하는 나 사이의 간극을 줄일 수 있을 것이라 기대하지만 그것은 큰 오해다. 문제는 끝나지 않고 간극은 더 선명해진다. 이런 생각의 반복은 부정적 감정을 도리어 강화할 뿐이며, 문제 해결은 멀어지고, 변화의 동기는 줄어드는 역효과만 있다.

무언가에 몰입해 있으면 잠시나마 본질적 불안을 줄여주는 효과가 있다. 바로 옆에서 사자가 언제 잡아먹을까 기다리고 있는데 땅을 파는 데 열중하는 두더지의 상황과 같지 않은가? 어쨌든 두더지는 '노력 중'이다.

바쁠 때에는 아무 생각이 없다가, 잠시 쉬거나 멍 때리는 시간에 혹은 잠자기 직전에 갑자기 명치 끝을 누가 때리듯, 바늘로 머리를 쿡 찌르듯 과거의 일이 떠오르면서 머리에서 떨어지지 않았던 경험은 누구에게나 있을 것이다. 바로 이것이 반추의 메커니즘이다. 빈 공간이 생기면 바로 들어와 자리를 차지하고, 쉽게 자리를 다시 내주지 않는다.

이 빈 공간이 넌덜머리가 나고 두려워지면 사람들은 몸과 마음을 혹사시키기도 한다. 일이 끝나도 쉬지 않고 운동을 하거나 술을 마신다. 전철에서 그냥 앉아 있거나 화장실에서 용변에 힘을 쓰거나 조용히 산책하지 못한다. 스마트폰을 보며 쓸데없는 뉴스나 동영상이라도 봐야 안심이 된다. 그만큼 반추는 쉽게 사라지지 않은 채 빈 공간만 생기면 치고 들어와 머릿속을 헤집는다. 내가 해내지 못한 것들, 실패한 일들, 부끄러운 기억, 부정적이고 우울한 감정과 연관된 기억의 조각들을 펼쳐놓고 흔들어댄다.

어떻게든 해결하려는 노력이기도 하지만, 살아온 기간이 길어질수록 소화가 애초에 불가능한 것들이 내 마음의 위장에 점점 늘어난다. 반추할 때마다 기억은 생생해질 뿐이고 난공불락이라는 좌절감은 더욱 강해진다. 세상에는 열심히 한다고 해서 소화가 되지 않는 것들도 있다. 녹아서 사라지기는커녕 더욱 단단해지는 것들도 있다. 소가 풀을 잘 소화시키기 위해 되새김질을 하는 것인데, 만일 돌멩이를 씹고 있다면 어떻게 될까? 오직 '열심히 최선을 다하려는 노력'만 익숙한 사람들은 고민에 반추까지 더해져 쉽게 지쳐버린다.

소속감과 배척감의 강력한 영향력
: 방관과 부정

———— 길거리에서 여러 명이 한 명을 폭행하고 있는 장면을 목격했다고 해보자. 어떻게 하면 좋을까? 당장 신고를 해야 할 것 같지만 폭행범들이 내가 신고한 것을 알아채고 괴롭힐 것 같다. 그냥 무작정 말리러 끼어들었다가는 괜히 나만 다치고 번거로운 상황에 휘말릴 것 같다. 주변을 둘러보니 나 말고도 여러 사람이 지켜보고 있다. 분명히 나보다 용감한 사람이 있을 것이다. 굳이 내가 위험을 무릅쓸 필요는 없겠지. 아마 이런 생각들이 머리를 스칠 것이다.

결국 아무것도 하지 않고 방관자가 된다. 이처럼 여럿이 같이 있을 때 개인의 책임감이 적어져서 위험에 처한 사람을 도와주지 않는 현상을 '방관자 효과bystander effect'라고 한다. 1968년 뉴욕의 한 아파트 근처에서 심야에 젊은 여성이 칼에 찔려 죽은 사건이 있었는데, 그곳에는 38명의 목격자가 있었지만 아무도 그녀를 돕지 않았다. 심리학자 존 달리John Darley와 빕 라타네Bibb Latané는 이 사건을 모티프로 하여 방관자 효과에 관해 연구했다.

피험자를 모아놓고 옆방에서 누군가 비명을 지르며 쓰러지는 소리가 들리는 상황을 연출했다. 이때 피험자가 한 명만 있을 때는 85퍼센트가 도움을 주었고, 다섯 명일 때는 31퍼센트만 도움을 주었다. 여러 명이 있을 때는 고민하는 주체가 되는 것도, 불편한 상황에서 결정을 내리고 행동에 옮기는 것도 타인에게 미루려는 경향이 관찰된 것이다.[7]

집단에 속해 있으면 누군가 고민을 대신해주기를 바란다. 집단 안에서 나쁜 일이나 딜레마의 상황이 벌어져 마음 안에 갈등이 생기면 집단에서 누군가 먼저 나서주기를, 결정해주기를 기다리면서 방관을 선택하는 것이다. 사회적 자아에 개인적 자아가 의존하는 형국이 된다. 만일 일이 잘못된 방향으로 흐른다고 해도 그 책임 역시 집단이 나누어 지면 되므로 훨씬 부담이 줄어든다. 고민의 부담도 n분의 1이 되니, 집단 안에서는 앞장서기보다 일단 지켜보는 것이 각 개인으로서는 합리적 선택이라고 할 만하다.

혼자 있을 때의 나와 집단 속에서의 나는 똑같은 상황이라도 전혀 다르게 반응하고 결정한다. 그 안에 숨어 있는 또 다른 심리는 '평판에 대한 민감성'이다. 내 선택이 나에 대한 평판의 근거가 된다면 당연히 내 행동에 제약이 온다. 괜히 나섰다가 일을 그르치거나 내 선택이 틀렸다는 것이 밝혀지면 내 평판은 부정적이 되어 주변의 실망과 비난을 감수해야 한다. 더구나 혼자서만 그 실패를 책임지는 것이 아니라 그 결과가 집단 전체의 문제가 된다면 부담은 더 커지고, 따라서 행동하는 것보다 내버려두는 쪽을 택하는 것이다.

두 번째는 윗사람, 권력자, 집단의 명령을 그대로 이행하며 순응하는 것이다. 혼자 힘들게 고민할 필요가 없다. 개인은 '시킨 일을 했을 뿐'이라고 여기기 때문에 갈등이 덜 발생하고, 불필요한 에너지가 소모되지 않는다. 나의 정체성과 개별성을 포기한 대신 마음의 평화를 얻을 수 있다.

2차 세계대전 이후 나치 전범을 대상으로 재판이 열렸다. 피고들에는 수십만 명을 독가스실에 몰아넣은 아우슈비츠 수용소의 전범들도 포함되어 있었다. 어떻게 그런 끔찍한 일을 저지를 수 있었는지, 혹시 사이코패스로 가득 찬 군대가 아니었는지 궁금했던 연합군 측은 정신과 의사를 동원해 전범들에 대한 심리 평가를 실시했다.

그 결과는 예상과 달랐다. 이들은 사이코패스들은 아니었고, 정상이라고 볼 수 있는 부분이 더 많았다. 그저 명령을 잘 수행하는 모범적 군인들에 가까웠다. 명령을 따르는 순응을 잘할수록 좋은 군인으로 평가하는 내부 시스템은 이들이 '지금 자신이 하는 일'과 개인적 가치관이 충돌할 상황을 피하게 만들었다.[8] 순응의 기제가 개인의 고민과 갈등을 피하게 한 역사적 사례다. 집단에서 개인의 생각을 내세웠다가 배척당할 수 있다는 두려움이 작동한 결과라고 할 수 있다.

사회적 배척은 매우 큰 고통을 일으킨다. 흥미롭게도 배척에 의한 고통과 신체적 고통은 뇌의 같은 부분을 활성화시킨다. 육체적 고통을 조절하는 신경 화학 물질이 심리적 고통도 조절하기 때문에 배척을 당하면 같은 수준의 신체적 고통 같은 아픔을 느끼는 것이다. 그래서 인간은 일반적으로 배척을 피하고 순응을 선택하게 된다.

반면, 사회적 유대감은 옥시토신^{oxytocin}을 증가시키고, 뇌하수체에서 분비되는 오피오이드 펩타이드$^{opioid\ peptide}$의 생성을 촉진시킨다. 오피오이드 펩타이드는 유사 마약 성분으로, 우리가 집단에 속해 있을 때 편안함과 안전함을 느끼는 것은 이 신경 전달 물질 때문이다. 그런데 순응을 거부하고 홀로서기를 선언하면 집단에서 배척되고, 더 이상 옥시토신과 오피오이드 펩타이드 같은 물질이 분비되지 않는다.[9]

예민한 사람일수록 이런 일을 한 번이라도 경험하면 집단에서 배척당하는 것을 더욱 두려워한다. 순응을 선택할 충분한 이유다. 더욱이 집단 안에서 비슷한 생각을 갖고 있는 사람들과 함께하면 내가 훨씬 크고 중요한 존재가 되었다는 느낌을 가질 수 있다. 동질감은 힘이 세다. 사람에 따라서는 집단 내 동질감을 개인의 나약함에 대한 보상으로 생각하기도 한다. 삶의 의미를 집단 안에서 찾는 데 익숙해지면 순응은 불가피한 선택이 된다. 순응은 오랜 시간 진화를 거치면서 만들어진 본성의 일부로 어린 시절부터 배운 도덕적 교훈들을 무시하게 만들 정도로 막강하다. 소속감과 배척감은 강력한 당근과 채찍이 되어, 행동의 결과에 대해 후회하거나 죄의식을 느끼지 않게 한다.

방관과 부정은 당연히 고민해야 할 일을 회피하게 하거나 집단에 고민 없이 순응하는 데 영향을 미친다. 나답지 않은 내가 되는 것이다.

3장

게으른 뇌는
고민을
싫어한다

• • •

매일 새로운 고민거리가 생기고, 혼자 결정해야 할 일들은 점점 늘어난다. 경쟁이 심해지면서 실패하면 안 된다는 압박이 커지고 그에 따라 한 번의 고민이 주는 부담도 커졌다. 게다가 인터넷에 올라온 수많은 정보들 탓에 고려해야 할 요인이 엄청나게 늘어났다. 주변의 기대치는 높아져 기왕이면 최선의 선택을 하고 싶은 욕심은 커졌지만, 고민에 들인 노력에 비해 만족도는 상대적으로 떨어진다.

더 치열하게 고민하면 이런 어려움에서 빠져나올 수 있을까? 정신분석가에게 오랜 기간 정신분석을 받으면 해결할 수 있을까? 템플스테이나 명상을 통해 '나'라는 사람의 그릇을 훌쩍 키우면 어떤 고민이 날아오더라도 잘 받아낼 수 있을까?

가능성이 전혀 없다고 못 박을 수는 없다. 어딘가 그런 사람도 있을 것이다. 하지만 분명히 말할 수 있는 건, 설사 그런 사람이 있더라도 예외적인 경우라는 것이다. 인간의 마음과 뇌의 메커니즘을 이해하고 그 유한성의 실체를 받아들여야 건강한 고민을 할 수 있다. 고민의 결과가 아니라 고민의 과정 자체에 집중할 수 있어야 한다. 정상성은 완벽해지는 것을 말하는 것이 아니다. 완벽할 필요가 없으며 나만 예외가 아니라는 것을 인정하는 데서 시작한다.

지금까지 발표된 스트레스, 인지, 욕망, 판단과 관련한 사회심리학, 뇌과학, 심리학, 정신분석의 연구 결과들은 일관된 방향을 가리키고 있다. 이 챕터는 어찌 보면 한 개인의 고민 능력이 가진 한계와 가용성을 이해하는 논리적 과정을 다룬다고 할 수 있다.

고민을 할 때 우리의 순수한 이성만 작동한다면 얼마나 좋을까. 하지만 앞에서 살펴본 것처럼 고민에는 감정이 영향을 미치고, 어느 한쪽으로 치우쳐 정확한 판단을 하지 못하거나, 쓸데없는 데 꽂혀서 시간과 에너지를 허비하면서 봐야 할 것을 보지 않다가 낭패를 보기도 한다. 여기에 휩쓸리지 않기 위해서는 우리의 뇌와 마음에 대해 꼭 알아야 할 원칙이 있다.

① 뇌는 가치 판단에 앞서서 효율성을 추구하는 기관이다.
② 인간은 손실과 고통, 배고픔을 싫어한다. 이를 피하려는 노력이 다른 무엇보다 우선한다.

③ 인간의 마음과 뇌의 총량에는 한계가 있다.

④ 인간은 집단 안의 개인인 동시에 타인의 영향을 받는다.

이 원칙에서부터 시작하면, 잘 풀리지 않는 고민의 실마리를 좀 더 쉽게 찾고, 그 과정을 좀 더 건강하고 긍정적으로 만들 수 있다.

뇌의 3분의 1은 여전히 원시인이다

인간은 같은 영장류인 침팬지와 고작 2퍼센트의 유전자만 다를 뿐인데 지구상에 군림하고 있다. 그 2퍼센트는 유전자의 돌연변이로 발생했으며 인간과 침팬지를 가르는 핵심적 차이를 만들어냈다. 바로 뇌의 크기다.

과학 저술가 클레어 윌슨Clare Wilson은 《우연의 설계》라는 책에서 침팬지에서 인간으로 도약할 수 있었던 몇 개의 우연한 돌연변이를 설명한다. 예를 들면, 강한 턱 근육을 형성하게 해주는 유전자 MYH16의 단일 돌연변이로 인간의 턱 근육이 작아졌는데, 이로 인해 침팬지만큼 강하게 물어뜯는 힘은 잃었지만 턱 근육을 지지하던 두개골 뒤쪽의 뼈의 크기가 작아졌다. 그 결과 두개골의 제약을 덜 받은 인간의 뇌는 급격하게 성장할 수 있었다.

그리고 포도당 수용체의 돌연변이도 있다. 이 돌연변이가 뇌의 모세혈관에 많이 생기고 근육에는 덜 생김으로써, 섭취한 포도당을 뇌가 훨씬 많이 사용할 수 있게 되었다. 에너지원이 많아지니 뇌의 기능이 좋아졌다. 한마디로 근육을 포기하고 지능을 키운 것이다. 이 변화는 차근차근 일어났고, 그 결과 전두엽이 크게 발달할 수 있었다.[10]

인간이나 침팬지는 모두 포유류에 속한다. 인간을 포함한 포유류의 뇌는 그 발달을 3단계로 분류한다. 진화적 관점에서 가장 오래된 뇌는 가장 깊숙한 곳에 위치한다. 뇌간brainstem으로 불리는 이곳은 호흡중추, 심장박동중추, 체온조절중추, 수면중추, 혈압조정중추 등 단순한 생명 유지 장치들이 모여 있는 구조다. 의지의 지배를 받지 않고, 자율적으로 기능하고, 뇌의 가장 깊숙한 곳에서 잘 보호받고 있다. 생명체에게 생명 보존은 최우선이기 때문이다. 이는 파충류부터 포유류까지 공통으로 갖고 있는 부위다.

다음이 변연계로, 이는 포유류부터 존재한다. 그리고 그 위에 뇌의 여러 개의 피질을 포함한 부위를 통틀어 대뇌피질cerebral cortex이라고 한다. 뇌는 이처럼 세 단계로 진화한 것으로 보는데, 위로 올라갈수록 고차원의 기능을 한다.

특히 인간은 뇌 앞부분의 전두엽이 전체 뇌의 20퍼센트를 차지할 정도로 크다. 침팬지의 전두엽은 훨씬 작다. 침팬지와 비교해 인간이 지니고 있는 고위 인지 기능의 질적 차이, 발달된 언어 기능, 계획 능력 등을 대부분 이런 전두엽 발달의 차이로 설명할 수 있다.

문제는 중간에 있는 변연계다. 이 부분은 상당히 독특한 기능을 한다. 전두엽을 포함한 상위의 뇌 기관이 일종의 정보 처리를 한다면, 변연계에 속한 기관들은 빠른 판단과 반응을 통해 개체의 생존 확률을 높이는 역할을 하도록 담당한다.

변연계는 눈과 귀로 들어온 정보를 가장 먼저 '위험한 것인지 아닌지'를 중심으로 분류한다. 위험하다면 거기에 대응해 '싸울지 도망갈지'를 결정하고, 근육을 경직시키고 심박수를 올려 전진이나 후퇴 준비를 해야 하기 때문이다. 왜 싸워야 하는지, 얼마나 빨리 어느 방향으로 도망갈지, 얼마나 심각한 상황인지를 파악하는 것은 1~2초 후에 대뇌피질의 분석이 끝난 후에 해도 된다. 모든 분석이 끝난 후 반응했다가는 자칫 늦어서 목숨을 잃을 수 있다. 미리 반응을 한 다음 나중에 경계를 푸는 것이 생존의 관점에서 보면 안전한 선택이다.

뇌가 발달함에 따라 우리는 분석할 것이 많아지고 정교한 선택을 할 수 있게 되었다. 자연히 정보 처리의 절대 시간은 늘어날 수밖에 없다. 변연계의 반응과 대뇌피질의 선택 사이의 시간차는 하나의 위험 요소가 될 수 있으므로 인간은 부득이 투 트랙 전략을 강화했다. 변연계에게 우선권을 주고 그 뒤에 정보를 처리한 결과에 따라 '행동할지 아니면 경계를 풀지'를 결정하도록 세팅한 것이다.

이 세 영역 중 대뇌피질을 뺀 안쪽의 뇌간과 변연계의 두 영역을 흔히 '원시뇌'라고 부른다. 동물적 본성으로 오직 생존을 최우선 과제로 여기는 영역이다. 우리가 제대로 고민을 하기 어려운 이유 중 하나가 바로 위험한 상황이라 여겨지면 원시뇌가 우선권을 갖도록 뇌가 기본 세팅이 되어 있다는 데 있다.

주변이 위험으로 가득 찼던 시기에는 원시뇌가 우위를 차지해 작동할 수밖에 없었다. 인간은 부스럭거리는 소리에도 귀를 쫑긋 세우고 도망갈 준비를 하는 토끼처럼 약한 존재였기 때문이다. 사바나에서 늘어지게 잠을 잘 수 있는 것은 충분히 배를 채운 사자뿐이다.

그러나 사람들이 모여 살고, 마을에 성벽을 세우고, 먹을 것을 나누면서 인간은 훨씬 안전해졌고, 원시뇌의 역할이 덜 요구되었다. 대신에 사회적 관계가 늘어나고 언어와 도구를 쓸 일이 많아지면서 대뇌피질이 발달했다. 덕분에 평상시에는 전두엽을 포함한 대뇌피질이 변연계를 잘 통제할 수 있었다. 그렇게 대뇌피질 우위 상태로 인류는 현대 사회로 진입했다. 그러나 그렇다고 원시뇌가 사라진 것은 아니다. 대뇌피질 아래 조용히 숨죽여 있을 뿐이다.

더불어 인류의 오랜 역사를 보면 원시뇌가 우위였던 시기가 훨씬 길다. 지금이야 대뇌피질이 모든 것을 관장하면서 들어오는 정보를 교통정리하고 논리적으로 판단해 결정하고 있다. 그러나 인류가 지상에 존재한 약 10만 년을 통틀어 99퍼센트의 기간은 수렵과 채집을 하면서 살았다. 하루 종일 깨어 있는 동안 주변을 탐색하면서 먹을 것을 찾고, 혹시 닥칠지 모를 위험한 상황에 대비하며 지낸 것이다. 그런 면에서 보자면 겉으로 볼 때 대뇌피질 우위의 세상이 온 것 같지만, 99퍼센트 대 1퍼센트의 경험의 깊이를 생각해보면 원시뇌는 언제든지 전면에 나서는 게 자연스럽고, 이는 '본능적 반응'이라 할 만큼 강렬하고 빠른 속도로 일어난다.

낯선 상황에 당황하고, 예상치 못한 일에 어쩔 줄 모르고, 긴급한 상황에 남들이 가는 방향으로 달려가는 등 원시뇌는 일상에서도 언제든지 발현된다. 우리가 고민을 시작할 때도 마찬가지다. 지금 고민하는 것이 위기와 연관되어 있다고 인식되는 순간, 몸이 먼저 반응해 어떤 생각도 할 수 없는 무력한 상태가 되거나, 좋은 점과 나쁜 점을 짚어가며 중립적으로 판단해야 하는데도 파국과 같은 극단적으로 나쁜 결과만 먼저 떠오르게 되는 것도 모두 원시뇌가 우선적으로 나서기 때문이다. 이는 바람직하지는 않지만, 인간 문명의 짧은 시간을 감안해보면 불가피한 일이다. 양복을 입고 스타벅스 커피를 마시면서 자율주행차에 대해 고민을 하지만, 여전히 우리의 뇌는 수렵채집인에 머무르고 있다.

마음에도 용량이 있다

──────── "제가 그릇이 작아서 힘든 것 같아요."

해야 할 일도, 고민해야 할 것도 많다. 챙겨야 할 관계는 갈수록 복잡해지고 책임질 일도 늘어만 간다. 어느 순간 삶이 버겁고 일상이 부담스럽게 느껴진다. 나라는 사람의 그릇이 더 커진다면 이 문제가 해결될 수 있지 않을까?

10여 년 전에는 컴퓨터를 쓰다 보면 "저장 공간이 꽉 찼습니다. 디스크 조각 모으기를 하시겠습니까?"라는 메시지가 뜨곤 했다. 하드디스크 저장 공간이 기껏해야 몇백 메가바이트, 몇 기가바이트에 불과했던 노트북은 금방 용량이 차서 동영상이나 사진을 지우고, 디스크 조각 모으기나 디스크 청소 프로그램을 정기적으로 돌려야 저장 공간에 숨통이 트였다. 저장 공간이 90퍼센트 이상 차버리면 컴퓨터의 속도까지 느려졌다.

이 문제가 획기적으로 가격이 내려간 대용량 저장 장치를 달면서 해결된 것처럼, '나'라는 사람의 마음 그릇을 더 키우면 내 문제도 해결될 것만 같아 보인다. 그릇만 커지면 훨씬 많은 일들을 동시에 다룰 수 있고, 사람들과의 관계도 유연해지고, 짜증을 내기보다는 여유를 가질 수 있을 것 같다.

머리가 큰 사람은 공부도 잘할 것이라고 생각한 적이 있다. 머리가 크면 뇌 용량도 크고, 그만큼 뇌를 더 쓸 수 있을 것 같았다. 계기는 단순했다. 고등학교 때 함께 의대에 지원한 친구가 있었는데, 그 친구는 나보다 공부하는 시간은 적은 것 같은데 늘 일등을 도맡아 했고 뭐든 쉽게 해내는 것처럼 보였다. 어린 마음에 생각해 낸 그 친구와 나의 차이는 머리 크기뿐이었다. 비슷한 키의 다른 친구들에 비해 그 친구는 머리 크기가 1.5배 정도 컸다. 의대에 들어가서도 한동안은 머리가 크면 공부도 잘할 거라는 믿음이 쉽사리 깨지지 않았다.

하지만 정신의학을 공부하고 뇌에 대해 훨씬 많은 것을 알게 되면서 비로소 나는 그 미신 같은 믿음을 내려놓을 수 있었다. 1450그램인 인간의 뇌는 개인마다 10퍼센트 내외의 차이는 있을지 모르나 대부분 거기서 거기다. 비슷한 수준의 교육 경험과 사회 경험을 가진 사람들 사이에서 뇌 용량의 절대값의 차이는 그리 크지 않다. 그 말은 뇌 용량의 한계 역시 누구나 비슷하다는 의미이기도 하다.

이렇게도 생각해볼 수 있다. 여러 가지 고민거리들이 연이어 밀고 들어오는 것은 마치 4차선 도로에서 3차로까지 꽉 막혀 있는 상황과 같다. 차량이 도로 수용량을 넘은 상태인 것이다. 이런 상태에서 남은 한 차로로는 속도를 내기 어려워지니 긴급한 일을 먼저 처리할 수 없다. 구급차를 먼저 보내줘야 하는데 꽉 막힌 도로에서 꼼짝달싹 못하는 상태가 되는 것이다. 다시 말해, 과부하가 걸린 뇌에서는 고민거리의 경중을 따지거나 우선순위를 판단할 여력도 없고, 제대로 풀리지 않은 고민거리가 쌓이고 쌓여서 아무것도 할 수 없는 상태가 지속되는 것이다.

1980년대 말 심리학자 폴 안드리아센Paul Andreassen은 MIT 경영학부 학생들을 대상으로 간단한 실험을 했다. 참가자들에게 주식투자 포트폴리오를 선택하라고 한 다음, 그들을 두 집단으로 나누었다. 첫 번째 집단은 구입한 주식의 가격 변동이라는 제한된 정보만을 가지고 주식 거래를 결정해야 했다. 두 번째 집단은 시시각각 변하는 주식시장의 정보를 파악할 수 있는 기회가 주어졌다. 경제 뉴스를 시청하고, 《월스트리트저널》을 읽고, 전문가들에게 시장 동향 분석을 의뢰할 수 있게 허용한 것이다.

일정 기간의 투자 게임 결과, 정보가 부족한 집단이 두 배 이상의 수익을 올렸다. 전문 투자자가 아닌 학생들에게 과다한 정보는 오히려 뇌의 가용 범위를 줄여 중요한 판단을 내리는 데 방해가 되었다. 이들은 가장 최신의 정보 혹은 출처가 불명확한 내부 정보 등에 이리저리 휩쓸렸다. 게다가 정보를 많이 획득한 학생은 주식을 사고파는 일이 더 잦았고 실수와 실패도 더 많았다. 공허한 상관관계에만 얽매여 실제 관계가 없는 세부사항에 매몰되었고, 결국 진짜 정보를 놓치고 헛된 결정을 내렸다. 즉, 합리적 의사결정을 하지 못한 것이다.[11]

그럼에도 많은 사람들이 스스로 그릇의 크기가 작다고 여긴다. 하지만 실제로는 어떤가? 마음을 써서 어떤 일을 고민하고, 판단하고, 감정을 다루며, 사회적 사인이 오가는 것을 파악하는 능력에는 평균적으로 큰 차이가 없다. 마치 한국 성인의 키가 대략 150센티미터에서 190센티미터 사이에 90퍼센트 이상의 사람들이 포함되는 것과 유사하다.

마찬가지로 보통 사람의 고민 처리 능력은 다 비슷하다. 기반이 되는 기억, 집중력, 정보 처리 등 그와 관련된 뇌의 전반적인 하드웨어 스펙이 평균분포곡선 안에 존재하기 때문이다. 나만 뒤처진 것 같다고 불안해할 이유가 없다. 그 불안이 그나마 아슬아슬한 뇌의 CPU 점유율을 5퍼센트는 깎아먹으니 말이다.

오늘날 사람들에게는 '1만 시간의 법칙'처럼 자신의 한계를 뛰어넘어 충분한 시간을 들여 노력하면 누구나 능력을 높일 수 있을 것이라는 강한 믿음이 있다. 집단의 평균보다 개인의 역량, 개성이 훨씬 중요해지는 시대가 오면서 이런 믿음은 더욱 강해졌다. 하지만 1만 시간을 들여 노력한다고 해서 모두가 말콤 글래드웰Malcolm Gladwell이 말한 '아웃라이어'가 될 수 있는 것은 아니다. 기껏해야 10퍼센트 정도의 능력치 증가만 가능하다고 보는 게 옳다. 아웃라이어가 되려면 노력, 재능, 환경이라는 다양한 변수가 함께 어우러져야 한다.

미시간 주립대학의 잭 햄브릭Zach Hambrick 교수 연구팀은 노력과 선천적 재능의 관계를 조사한 88편의 논문을 분석했다. 그 결과, 학술 분야에서 노력한 시간이 실력의 차이를 결정한 비율은 고작

4퍼센트였다. 음악이나 스포츠에서는 20~25퍼센트였고, 심지어 직업은 노력으로 설명할 수 있는 것이 1퍼센트뿐이었다. 어떤 분야든 선천적 재능이 없으면 아무리 노력해도 대가가 될 수 있는 확률이 그리 높지 않았다. 이와 관련해 학자들은 성공에는 환경, 그 일을 시작한 나이, 성실성을 포함한 성격적 요인, 동기 부여와 같은 다양한 요인이 작용한다고 보고 있다. 케이스웨스턴리저브 대학의 심리학자 브룩 맥나마라Brooke N. Macnamara는 "한 분야에서 최고가 되기 위해서는 꾸준한 노력이 필수적이지만, 선천적 재능과 비교했을 때 대부분의 사람이 생각하는 것만큼 노력이 절대적인 요소는 아니다"라고 설명한다.[12]

만일 당신이 이미 성인이라면, 물리적 한계를 인정하자. 지금부터 우유를 매일 1리터씩 먹는다고 농구 선수처럼 키가 클 수는 없듯이, 뇌의 능력을 증폭시키는 데에는 분명한 한계가 있다. 그보다 현실적인 전략은 이 주어진 용량을 효율적으로 잘 쓰는 것이다. 당신이 고민 때문에 힘들다면, 그것은 그릇의 크기가 작아서가 아니다. 그릇을 제대로 활용하지 못하고 있기 때문이다. 여기에서부터 시작하면 우리는 더 이상 괜한 자책감에 빠지지 않을 것이다. 고민의 무게에도 짓눌리지 않을 수 있다. 이제부터는 고민의 과정에 더 신경 써서 더 나은 결과를 만드는 데 집중하면 된다.

내 능력의 범위를 알 수 있을까

———————— 한참 자전거 타기에 빠졌을 때 한강을 따라 팔당 쪽으로 달린 적이 있다. 날씨도 좋고, 길도 한가롭고 평평해 몇 시간을 기분 좋게 달렸다. 한 번도 가보지 못한 곳까지 간 것도 뿌듯했다. 문제는 돌아오는 길에 벌어졌다. 편도로 간 거리가 꽤 멀었는데, 그만큼의 거리를 돌아와야 한다는 걸 생각하지 못한 것이다. 몇 킬로미터 가다가 한 번씩 쉬기는 했지만 굳어버린 다리 근육은 회복되지 않았다. 아침에 떠난 나는 해가 질 때가 되어서야 겨우 집에 올 수 있었다. 내 주행 능력에 대한 평가를 제대로 하지 못한, 초보의 아주 흔한 실수였다.

자신의 능력을 정확히 평가할 수 있는 능력을 '메타인지'라고 한다. 메타인지는 1970년대 발달심리학자인 존 플라벨John H. Flavell에 의해 만들어진 용어로, 내가 아는 부분과 모르는 부분을 정확히 알고, 혼자 할 수 있는 것과 도움을 구해야 하는 것을 구별할 줄 아는 능력이라고 설명할 수 있다.

이 메타인지 능력이 있어야 고민과 실행, 판단과 결정, 감정 억누르기, 단순한 계산 등에 능력치를 얼마나 배분할지 결정할 수 있다. 메타인지가 안 되는 사람은 욕심과 성실성으로 능력 이상을 해내려다가 포기해버리거나, 불안이 앞서서 자기 능력치보다 훨씬 적게 고민하고 쉽게 결정해버린다. 이는 특히 10대에서 20대 초반

사이에서 자연스럽게 관찰할 수 있다.

　이런 실험이 있다. 실험 대상자에게 20개의 단어 리스트를 주고, 5분 정도의 시간 동안 몇 개의 단어를 외울 수 있는지 물었다. 외울 수 있다고 생각하는 예상 개수와 실제로 외운 개수 사이의 오차로 메타인지 능력을 살펴보려는 목적이었다. 성인은 한 개 이하의 오차가 전체의 56퍼센트로 절반 이상이었지만, 10대는 20퍼센트에 불과했다. 성인은 상대적으로 자신의 능력을 잘 알고 있는데 반해, 10대는 "다 할 수 있어요"와 "하나도 못해요"의 양극단으로 나뉘기 쉽다. 성인인 부모가 10대 자녀에게 고민 좀 해보라고 했을 때 "충분히 고민해봤어요"라고 답하는 것도, "몰라요. 제가 그걸 어떻게 알아요?"라고 쉽게 포기해버리는 것도 모두 메타인지 능력이 떨어지는 탓이다.

　사실 10대뿐 아니라 성인도 메타인지 능력이 상대적으로 떨어지는 사람이 꽤 많다. 자신의 능력을 제대로 보지 못하고 과소평가하거나 과대평가하는 것이다. 1999년 미국 코넬 대학교 사회심리학과 교수 데이비드 더닝David Dunning과 대학원생 저스틴 크루거Justin Kruger는 코넬 대학교 학부생들을 대상으로 논리적 사고 시험을 치르게 했다. 그 후 자신의 예상 성적을 제출하도록 했는데, 결과는 놀라웠다. 성적이 낮은 학생은 자신의 예상 성적을 높게 평가했지만, 성적이 높은 학생은 오히려 예상 성적을 더 낮게 평가한 것이다.

이처럼 실력이 부족한 사람들이 자신의 능력을 객관적으로 보지 못하고 자신이 실제보다 더 뛰어난 실력을 가졌다고 믿는 현상을 '더닝 크루거 효과Dunning-Kruger effect'라고 한다. 지적으로 우수한 명문대학교 학생이더라도 자신을 과대평가하는 현상은 존재했고, 이런 후한 평가는 건강하지 못한 낙관주의로 이어진다.[13]

긍정적 사고와 낙관주의는 전체적으로 보면 필요한 것이지만, 이런 낙관성이 주도적인 상태가 되면 꼭 필요할 때 긴장을 하지 않는 부작용이 있다. 객관적인 자기 평가에서 나온 낙관주의라면 괜찮지만, 더닝 크루거 효과처럼 근거 없는 자신감에 기인한 낙관주의는 목표 달성을 위한 치열함의 불을 꺼버린다. 필요한 고민을 하지 않은 채 '이 정도면 충분해'라고 멈춰버리고, 그것이 최선이라고 여기기 때문이다. 그리고 이미 목표를 이룬 것처럼 느낀다.

그러므로 고민이 너무 쉽게 끝나버리거나 압박감만 크게 느끼는 것 같을 때에는 내 객관적 능력에 대한 점검이 필요하다. 하지만 많은 이들이 자기 능력에 대한 점검 없이 바로 고민의 강물에 몸을 던진다. 이는 자신의 수영 능력에 대한 정확한 판단 없이 물에 빠진 사람을 구하러 뛰어드는 것 같은 위험한 행동이 되기 쉽다. 사람을 구하기는커녕 같이 빠져 죽을 수 있다는 걸 알아야 한다. 사람들이 고민의 늪에서 허우적거리는 중요한 이유 중 하나이다.

뇌의 용량은 상황에 따라 가변적이다

흔히 인간은 뇌의 10퍼센트만 사용하고 나머지 90퍼센트는 놀리고 있다는 이야기를 많이 한다. 아인슈타인조차도 뇌의 10퍼센트만 사용했다는 것이다. 하지만 이는 사실이 아니다. 100억 개의 뉴런으로 구성된 인간의 뇌에서 매 순간 동시에 활성화되는 세포는 2~5퍼센트 정도지만, 활성화되는 영역이 계속 바뀌기 때문에 뇌를 10퍼센트 이하로 사용한다고 말할 수는 없다. 오히려 뇌의 전 영역을 사용하기 때문에 한 번도 사용되지 않는 뇌세포가 거의 없다고 봐야 한다.

우리가 염두에 두어야 할 것은 뇌 자체의 용량과 한계가 아니라, 상황에 따라 우리가 쓸 수 있는 뇌의 능력치가 다르다는 점이다. 물론 우리는 메타인지를 통해 자신의 능력을 스스로 파악할 수 있고, 그것이 성인의 인지 능력에서 중요한 부분을 차지하고 있다. 여기에 한 가지 변수가 더해지는데, 바로 뇌의 기능이 외부 상황의 영향을 많이 받는다는 점이다. 하루 중에도 아침과 저녁이 다를 수 있고, 기분에 따라, 컨디션에 따라 어떤 날은 120퍼센트를 발휘하고 어떤 날은 60퍼센트도 발휘하지 못할 수도 있다. 뇌의 전체 용량은 한계가 있지만, 그 안에서 기능성은 상황에 따라 많은 차이가 있다는 말이다. 그래서 어떤 일에 골똘히 몰입하고, 계획을 세우고, 더 나은 선택을 위한 생각을 하는 역량에 편차가 생기는 것이다.

미국 BP 정유회사의 정유 공장에서 대형 화재가 발생한 적이 있다. 조사해보니, 당시 사고를 일으킨 근로자 존은 회사에서 몇 년 동안 특별한 실수 없이 잘해오던 평범한 사람이었다. 그러나 회사가 경영 효율화를 위해 인력을 감축한 후, 매시간 일하는 근로자의 수가 줄었다. 화재가 일어났을 당시 존은 약 보름 동안 수면 부족이 누적되었고, 평균 수면시간이 하루 약 5.5시간에 불과했다. 수면이 부족하여 뇌가 지친 상태가 되다 보니 꼭 해야 할 일 외에 다른 것을 살필 여력이 없었다. 인지 과부하로 인한 '시야의 협착 tunnel vision'이 발생한 것이다.[14]

뇌의 피로도가 마음의 여유를 줄인다는 것을 증명한 연구도 있다. 미국의 심리학자 리나 레페티Rena L. Repetti는 업무의 양을 정량화할 수 있는 비행장 관제탑 관제사의 업무와 집에서 아이와 놀아주고 아이에게 관심을 기울이는 행위 사이의 상관관계를 연구했다. 관제사의 업무량은 하루에 비행기의 이착륙을 몇 대 관장하는지로 평가했다. 주로 사용하는 뇌의 기능은 집중력과 판단력이었다.

3일 동안 15명의 관제사의 업무량을 평가했고, 일이 끝난 후 집에서 아이와 보내는 시간, 아이에게 기울이는 관심, 아이에 대한 정서적 지지 등을 측정했다. 그러자 업무가 많았던 날에는 확실히 아이로부터 정서적으로 떨어지려고 하는 경향이 관찰되었고, 일이 상대적으로 여유가 있던 날은 아이와 보내는 시간이나 아이에

게 관심을 기울이는 정도가 늘어나고 긍정적 상호작용이 많이 관찰되었다.[15]

뇌가 피로하면 여유가 없어지고, 꼭 해야 할 일만 하기도 벅차다고 여긴다. 그래서 아이의 행동을 관찰하고, 고민하고, 적극적으로 반응해주며, 정서적으로 응대하는 등의 '정서적 투자'를 꺼리게 된 것이다. 이는 그 사람이 평소 무뚝뚝하고 냉담한 부모여서가 아니었다. 뇌가 지쳐서 여유가 사라졌기에 여분의 생각을 할 공간이 부족하기 때문이다.

적절한 휴식을 취하지 못하면 뇌는 빨리 방전된다. 1450그램에 불과한 작은 덩어리인 뇌는 우리가 하루에 필요로 하는 에너지의 약 20퍼센트를 소모한다. 만일 24시간 연속해서 잠을 자지 않고 깨어 있으면 뇌에 공급되는 포도당이 약 6퍼센트 감소한다. 운동능력이나 체온과 호흡을 유지하는 필수 영역은 그래도 포도당이 어느 정도 지속적으로 공급되지만, 고도의 판단을 하는 전두엽은 12~14퍼센트의 포도당 손실이 일어난다.

그 결과, 복잡한 생각은 피하고 간단하고 단순한 것만 생각하고 싶어진다. 정서적으로 접근하는 것이 싫어지고, 혼자 있고 싶다는 욕구가 강해진다. 하던 대로만 하고 싶은 마음이 최우선 순위로 올라오게 된다. 그것이 비록 내게 해가 되는 결과를 초래한다고 해도 지금 그 순간만큼은 뇌는 더 이상의 에너지를 소모하는 것이 위험하다고 판단하는 것이다. 잘 쉬지 못해 공급량이 줄어든 에너지를 얻기 위해 뇌의 각 영역이 달려들어 경쟁하는 일까지 벌어진다. 마치 재정 적자로 다음 해 전체 예산안의 감축이 결정되면 각 부처가 자기 예산을 지키기 위해 국회로 달려가는 것과 같은 상태다.

이때 어디에 자원을 집중할지를 결정하는 몇 가지 변수가 있다. 평소의 습관, 현재 지향해야 하는 목표, 외부로부터 인식하는 위협과 공포, 추구하고자 하는 감정적 욕망 등이 뇌의 특정 부위에 에너지를 배분할 우선권에 각기 자기 방식으로 영향을 준다. 인지와 감정을 처리하는 선조체striatum와 변연계, 그리고 전전두피질 사이의 소통에 목표, 습관, 공포와 욕망이 섞여 들어가 방향과 배분율을 조정하면서 쏠림이 일어나고, 결과적으로 뇌의 지향성이 결정된다.

뇌는 일단 결정하고 나면 그 방향으로 움직인다. 행동 모드로 바뀌고 나면 망설임은 도리어 줄어든다. 목적 지향적 행동으로 전환되기 때문이다. 전두엽과 변연계 사이의 힘겨루기는 줄어들고 균형이 이루어지면서 새로 들어오는 정보를 차단한다. 문을 닫아버리고, 이후부터 '막차 타고 들어오는' 정보는 무시한다. 방향이 옳든 그르든 지시된 방향과 목표를 향해 직진하고, 원하는 것을 얻는 데에만 집중하도록 뇌가 세팅된다.

이처럼 뇌는 탐색 모드에서는 최대한 많은 정보를 수집하고, 욕망, 습관, 공포, 목표 등이 뒤섞인 인지와 감정 등이 각기 자기 방식으로 우선권을 쥐기 위해 경쟁한다. 그러나 일단 결정을 내리고 나면 그 후로는 실행 모드로 전환해 무의미한 정보에 반응하는 것을 억제하고 목표와 직접적으로 관련된 중요한 정보에만 반응하도록 활성화 패턴을 변경하는 하향 통제를 한다.[16]

전체 예산이 부족할 때에는 실행에 들어가기 전의 탐색 모드에서 에너지 분배를 놓고 다툼을 벌이면서 한쪽으로 몰리는 일이 벌어진다. 무언가를 크게 두려워하는 공포 반응이 클 때, 혹은 욕망을 추구하고 싶은 욕구가 너무 클 때에는 에너지가 한쪽으로 몰리면서 전체를 조망하지 못하고, 즉각적인 공포와 욕망에 매몰돼 시야가 좁아지고 적절한 판단을 쉽게 내리지 못한다.

에너지가 충분할 때에도 역시 공포, 욕망, 습관이 영향을 줄 수 있다. 그러나 에너지를 모두 배분하고도 적정한 수준의 에너지가 남을 수 있으니 어느 한쪽이 모자라 결핍에 의해 충분한 정보 처리를 하지 못하거나 필요한 과정을 빼먹는 일은 벌어지지 않는다. 즉, 영향은 받지만 대세에 지장이 있거나 치명적 실수를 하거나 문제가 벌어질 위험은 상대적으로 적다. 피곤하거나 지쳐서 에너지의 총량이 줄어들었을 때 문제가 생기는 것이다.

배고픔은 눈앞의 것만 보게 한다

─────── 뇌는 저효율 고비용의 구조다. 우리 몸의 2퍼센트에 불과한 1450그램밖에 되지 않지만, 에너지의 20퍼센트 이상을 사용한다. 그것도 오직 포도당만 섭취한다. 자동차로 치면 디젤이나 LPG로는 안 되고 고급휘발유를 넣어야만 굴러가는 셈이다.

사람은 하루 2400킬로칼로리 정도를 섭취하는데, 제대로 먹지 못하거나 끼니를 때울 타이밍을 놓치면 혈당이 떨어진다. 전체적인 에너지 수준이 떨어지는 상태는 장기적 추세로 설명하며 만성피로증후군이나 우울증으로 진단할 수 있지만, 배가 고픈 것은 하루에도 두세 번은 경험한다. 일상에서도 흔히 일어나는 일이기 때문에 배고픔과 뇌 기능, 더 나아가 고민의 능력이 떨어지는 것의 연관성을 간과하기 쉽다. 더욱이 배가 고프면 고민의 방향도 낙관적이고 긍정적이기보다는 비관적이고 부정적으로 향하게 된다. 배고픔이 감정의 영역을 건드려 제한적인 에너지 자원을 부정적인 쪽으로 배분해버리는 이상한 일이 벌어지는 것이다.

코넬 대학의 에밀리 지텍Emily Zitek 교수는 다트머스 대학의 알렉산더 조단Alexander Jordan 등과 함께 다음과 같은 두 가지 실험을 했다.

첫 번째 실험은 학생식당에서 식사를 마쳤거나 아직 하지 않은 코넬 대학교 학부생 103명을 대상으로 학교생활의 만족도를 묻는 설문조사였다. 조사 결과, 아직 식사를 하지 않은 학생들은 자신의 권리에 상대적으로 예민한 반응을 보였다. 예를 들면 "솔직히 나는 남들보다 더 나은 대접을 받아 마땅하다"거나 "내 방식대로 일이 진행돼야 한다"는 문장에 동의하는 비중이 높았다. 이어서 한 가지 설문에 더 답해달라는 요청에 응하는 비율은 60퍼센트에 불과했다. 타인에게 호의를 베풀 여유가 없어진 것이다. 이에 반해 식사를 한 학생들은 78퍼센트가 추가 설문에 응했다. 불만도 적고 여유도 생긴 것이다. 곳간에서 인심 난다는 옛 속담이 틀린 말은 아니었다.

역시 코넬 대학교 학부생 213명을 대상으로 한 두 번째 실험에 서는 A 그룹은 냉동 피자를 오븐에 데우고 있는 연구실에 들어가 게 했고, B 그룹은 음식 냄새에 노출하지 않았다. 피자를 그다지 좋아하지 않는다고 답한 학생들을 표본에서 제외하면, 피자 냄새 를 맡은 학생들이 그렇지 않은 학생들에 비해 불안감이 훨씬 더 높았다. 허기를 느끼면 정신을 온통 자기 자신에게만 집중하게 되 고, 그러다 보면 현실과 자신의 처지에 대해 비관적이고 날카롭게 인식하면서 부정적으로 반응하기 쉽다.[17]

일상에서도 이런 일은 많이 일어난다. 가끔 나는 저녁식사를 준 비하기 위해 늦은 오후 마트에 갈 때가 있다. 저녁 밥상에 올릴 고 등어 한 마리, 내일 아침에 먹을 우유 한 병과 식빵 한 봉지를 사 는 것이 목표였다. 그런데 약간 허기가 진 상태에서 맛있는 냄새까 지 솔솔 풍기니 시식을 권유하는 판매원의 손길을 뿌리칠 수 없었다. 만두를 사라는 유혹은 겨우 넘어갈 수 있었지만, 참치회는 지나칠 수 없었다. 저녁 시간이라 세일을 하고 있었기 때문이다. 우유 옆에는 내가 좋아하는 치즈가 놓여 있었고, 슬라이스 햄도 있었다. 치즈와 햄을 사고 나니 맥주 한잔이 간절해졌다. 맥주 쪽으로 가니 오늘따라 프로모션 행사가 어찌나 많은지, 유리잔을 사은품으로 주는 6캔짜리 한 팩을 집어 들었다. 계산대에 줄을 서서 문득 카트를 보니 먹을거리가 한가득 담겨 있었다.

여러분은 이런 경험을 해본 적 없는가? 나는 주말에 자주 저지르는 일이다. 똑같은 주말 쇼핑이라고 해도 점심식사를 하고 곧바로 갔을 때와 저녁을 먹기 전 배고플 때 갔을 때의 구매 패턴은 달랐다. 분명 나는 같은 사람인데 왜 이렇게 행동 패턴이 달라지는 것일까? 하버드 대학의 대니얼 길버트[Daniel Gillbert]와 버지니아 대학의 티모시 윌슨[Timothy Willson]도 이와 비슷한 궁금증을 가졌다. 그들은 배고픔과 미래 계획의 연관성을 살펴보기 위해 다음과 같은 실험을 했다.

우선 135명의 실험 참가자들을 식료품 가게 앞에서 모집했다. 실험에 동의한 사람들에게 오늘 사려고 하는 물품의 목록을 적게 했고, 그중 일부에게는 그 목록을 돌려주었다. 그리고 두 그룹으로 나누어 한 그룹에게는 머핀을 하나씩 먹게 한 후 '포만감 그룹'으로 설정하고, 다른 그룹은 '배고픈 그룹'으로 설정했다. 이후 모든 참가자들이 자유롭게 쇼핑하도록 한 후 그들의 구매 품목을 비교하고 쇼핑 목록 사용 여부와 나올 때의 배고픔 정도를 측정했다. 그리고 이후 독립된 평가자가 이들이 처음 작성한 목록과 구매 영수증을 비교하여 구매한 물품이 '계획한 것'인지 '계획하지 않은 것'이었는지를 구별한 후 전체 자료를 분석해보았다.

그랬더니 계획에 없던 음식을 산 비율이 배고픈 그룹은 51퍼센트, 포만감 그룹은 34퍼센트로 배고픈 그룹이 약 1.5배 더 많았다. 쇼핑 목록을 들고 간 경우에는 이보다 낮아져서 배고픈 그룹이 36퍼센트, 포만감 그룹은 28퍼센트였다. 그러나 배가 고픈 상태에서 쇼핑을 한 사람이 계획 없는 구매를 하는 비중이 높은 것은 마찬가지였다. 전체 구매 비용을 봐도 비슷한 패턴이었다.[18]

계획을 세우고 고민을 하는 것은 시간 축으로 보면 더 나은 미래와 만족감을 얻을 확률을 높이려는 노력이고, 이런 계획 능력은 인간의 고유한 특성 중 하나다. 눈앞의 현재보다 보이지 않는 미래를 더 소중하게 여기고 미래의 더 큰 기쁨을 위해 현재를 참을 수 있다. 그러나 이 실험처럼 '배가 고픈' 상황이 되면 당장의 생존이 중요해지고, 뇌는 비상 모드에 돌입한다. 미래를 계획하는 것은 사치가 되고, 현재의 만족이 훨씬 중요해진다. 근시안이 되고 멀리 내다보지 못한다. 충동구매를 하고, 사려 깊게 판단하거나 전체적으로 조망하는 능력이 줄어든다.

그나마 이를 통제해주는 것이 미리 글로 적어놓은 목록이다. 목록이라는 외적 제한이 있지 않으면 배가 고플 때 우리 마음은 오직 지금, 오늘을 사는 것만이 최고의 덕목이 된다. 고민을 하는 가장 주요한 목적 중 하나인 미래의 더 큰 결실을 위한 계획을 제쳐두고 현재의 만족에 충실한 결정을 하도록 하는 원인 중 하나가 배고픔인 것이다.

한편, 사회경제적 맥락에서 배고픔이 뇌에 미치는 영향과 비슷하게 경제적 어려움이 우리 뇌의 가용량에 영향을 준다는 연구 결과도 있다. 예를 들면, 돈에 쪼들리는 상태가 되면 실제로 인지 능력이 떨어진다는 증거가 있다. 수확 이전의 농부들은 간이 지능 검사에서 IQ가 9~10점 정도 떨어지며, 이는 농산물을 수확해 돈을 벌어들인 다음에는 회복된다.[19] 이 연구 결과는 가난한 상태가 되었을 때 유동성 지능과 실행 능력, 판단력이 확연히 떨어진다는 객관적 증거의 하나로 볼 수 있다.[20]

부모가 아이들을 혼내는 시기와 경제적 어려움의 관계를 분석한 연구도 있다. 미국에서는 저소득층 가정에 한 달에 한 번 식료품을 살 수 있는 쿠폰을 지원한다. 이 식료품 쿠폰이 떨어지는 시기가 되면 아이들도 학교에서 돌출 행동으로 문제를 일으킬 가능성이 높아진다. 집안의 분위기가 학교로 이어진 것이다.

가난한 부모는 경제적 어려움이 당면한 가장 큰 문제이기 때문에 양육에 일관성을 유지하기 어렵다. 집세, 대출금, 각종 청구서, 카드 결제일, 안정적 일자리와 같은 생존과 관련한 일들을 고민하느라 이미 지친 상태이고, 자기 한 몸 건사하기도 힘들다. 아이와 정서적으로 교류하는 공감적 태도를 가지기 어렵다. 아이가 현재 처한 상황에 대해 여유를 가지고 다른 관점에서 생각해볼 겨를도 없다. 이는 아이들도 마찬가지인데, 10대 청소년 중 저소득층 부모와 어린 동생이 있는 경우 학교에서 문제를 일으킬 확률이 더 높았다. 동생을 돌봐야 한다는 책임감이 아이의 마음을 소진시켜서 학교에서 돌출 행동을 할 가능성을 높인 것이다.[21]

또한 자신이 처한 현재 상황이 불평등하다고 여길수록 도박적인 행동을 한다는 연구 결과도 있다. 이런 사람들은 위험을 관리하며 객관적이고 합리적인 선택을 하기보다 고위험 고수익의 옵션을 선택한다. 이렇게 망하나 저렇게 망하나 마찬가지라고 생각하고, 언제 올지 모를 미래의 만족보다 손에 잡히는 즉각적 만족을 위한 전략을 택하는 경향이 두드러진다. 특히 상대적 빈곤감이 그런 경향을 강화한다.[22]

이렇듯 육체적인 배고픔과 사회경제적 배고픔 모두 눈앞의 현재에만 집중하게 하면서 여유를 가지고 다양한 선택지들을 고려하지 못하게 한다. 즉, 고민의 시간과 과정을 축소시킴으로써 충분히 합리적인 선택을 할 수 있는 여러 가능성을 줄이는 것이다.

두 번째 유혹은 에너지가 떨어졌을 때 온다

————— 많은 사람들이 의지가 강한 사람을 부러워한다. 특히 성공하기 위해서는 어떤 방해에도 굴하지 않고 꿋꿋하게 마음먹은 바를 지켜나가는 힘이 필요하다고 여긴다.

실제로 의지력은 삶에서 부스터와 같은 역할을 한다. 무언가를 강하게 막거나 밀기 위해 일시적으로 힘을 내려고 용을 쓰는 것이다. 그래서 한번 의지력을 발휘하면 그 직후에는 일시적으로 의지력이 약해지거나 생각의 힘이 고갈되는 시기가 온다. 이 시기에는 유혹에 쉽게 넘어가거나, 깊은 생각을 하지 못한다.

심리학자 로이 바우마이스터Roy Baumeister와 캐슬린 보스Kathleen Vohs 는 이를 '자아 고갈ego depletion'이라고 불렀다. 물을 많이 퍼 쓰고 나면 물탱크가 잠시 비는 것처럼, 마음 안에서도 비슷한 일이 벌어진다는 것이다. 이 시기에는 습관적 행동을 억제하기 어렵고, 자제력을 발휘하지 못하며, 다이어트나 금욕처럼 억제력을 강하게 발휘해야 할 일을 견뎌내는 능력이 떨어진다.

다이어트할 때를 생각해보자. 보통 저녁식사 메뉴는 아주 신중하게 고른다. 기름기 많은 햄버거나 제육덮밥을 피하고, 야채가 많은 비빔밥을 주문해서 밥을 반만 덜어서 먹는 것까지 성공한다. 스트레스 때문에 마음은 고칼로리를 원하지만 가까스로 참는다. 이렇게 한 번의 유혹을 피하고서 식당을 나온다. 칼로리가 낮은 아메리카노 한 잔을 마시려고 카페로 들어갔는데, 프로모션 중인 모카라테가 눈에 들어온다. 평소 좋아하는 음료인데 무료로 사이즈 업을 해준다는 것이다! 밤에 출출해져서 라면을 끓이느니 차라리 지금 저걸 마시는 게 낫다고 합리화를 하며 결국 모카라테를 주문하고 만다.

자책할 필요 없다. 당연한 결과다. 이렇듯 짧은 시간 동안 두 번 이상 유혹이 오면 합리적 고민을 연속으로 하지 못한다. 충전의 시간이 필요한 것이다.

많은 직장인들이 저녁에 집에만 오면 폭식을 하고 소파에 누워 텔레비전을 보거나 야식을 먹고 싶은 유혹에 저항하지 못하는 이유는 바쁜 일상을 보내고 지친 상태가 되었기 때문이다. 일상의 스트레스는 그만큼 자아의 고갈을 촉진한다.

미국 스탠퍼드 대학의 바바 쉬브Baba Shiv와 인디애나 대학의 사샤 페도리킨Sasha Fedorikhin은 일시적 에너지 사용이 얼마나 자제력을 떨어뜨리는지를 알기 위해 다음과 같은 실험을 했다. 한 집단에게는 간단한 두 자리 숫자를 제시하고, 다른 한 집단에게는 일곱 자리의 복잡한 숫자를 보여주며 외우게 했다. 그리고 실험 참가자를 복도 끝까지 걷게 한 후 아까 본 숫자를 정확히 맞추면 다른 방에 들어가 차려진 음식을 먹을 수 있도록 했다.

그러자 단순한 수를 보여준 집단은 신선한 과일 샐러드를, 복잡한 수를 보여준 집단은 초콜릿 케이크를 선택하는 경우가 더 많았다. 뇌에 부하를 주는 스트레스가 에너지를 고갈시켜서 본능적인 욕구에 저항할 힘을 남겨놓지 않은 것이다.[23]

자아가 고갈되면 충동성도 높아진다. 누군가를 공격하고 싶은 욕망, 무언가를 갖고 싶은 욕망 등은 사회적인 인간이라면 보통은 참는 데 익숙한 내적 충동이지만, 내 안의 심리적 에너지 자원이 고갈되고 나면 그것까지 생각할 겨를이 없다. 즉각적으로 반응하고 행동한다. 피곤한 상태에서 텔레비전 홈쇼핑을 보다가 필요하지도 않은 물건을 주문한 경험을 떠올려보자. 내게 진짜 필요한 상품이었는지, 호스트의 수완이 좋았는지 여부는 큰 변수가 아니다. 자아의 고갈은 내 안의 욕망을 성찰해볼 시간도 없이 바로 행동으로 옮기게 한다. 고민을 해야 할 타이밍에 고민을 하지 못하게 된 것이다.

반대로 생각하면, 적절한 에너지를 보충해줌으로써 자아 고갈을 막을 수도 있다. 한 회사에서 면접을 진행하기 전에 면접관들을 둘로 나누어 한 집단은 오렌지주스를, 다른 한 집단은 생수만 마시게 했다. 그러고 난 다음 면접을 진행하게 했는데, 오렌지주스를 마시게 한 집단에 비해 생수만 마시면서 오랜 시간 면접을 진행한 집단에서 인종, 나이, 성별에 따른 선호도가 더 두드러졌고, 통과와 탈락을 결정하는 시간도 더 짧았다.

당분이 적절히 제공되어 에너지를 공급받은 집단은 에너지가 고갈된 집단에 비해 자신들이 이미 가지고 있던 내면의 데이터,

즉 선입견을 통해 단도직입적이고 직관적인 판단을 하는 경향이 적었다. 스트레스 상황에서도 다른 관점으로 생각해보며 판단을 유보하고 유연하게 대처할 수 있는 능력을 유지할 수 있었던 것이다.

그러므로 현재 내가 피곤한 상태라고 느껴졌을 때에는 큰 결정을 내리는 것을 유보하고 일단 쉬어야 한다. 고민을 적극적으로 해야 할 상황에 하지 않은 채 넘어갈 위험이 있기 때문이다. 자잘한 유혹들을 막고 나면 그 여세를 몰아 더 큰 유혹도 이겨낼 수 있으리라고 과신해서도 안 된다. 이런 자아 고갈의 메커니즘을 잘 이용하는 사람이 진짜 유혹을 하기 전에 작은 제안들을 던져서 거절하게 한 후 내가 지쳤을 때를 기다리고 있을 수도 있으니 말이다.

인간의 작업 기억 용량은 일곱 개까지

———————— 이런 상황을 생각해보자. 어떤 식당에 차량 일곱 대를 세울 수 있는 주차장이 있다. 그 공간은 식사를 하러 온 사람들에 의해 잠시 채워졌다가, 식사 후에는 다시 비워진다. 손님들에게만 온전히 쓰일 수 있다면 이 일곱 자리는 그럭저럭 모자람 없이 운용될 수 있다. 그런데 만일 식자재 트럭, 사장과 종업원의 차, 손님을 태우고 다니는 봉고차까지 네 대가 주차장에 세워져 있다

면 어떨까? 손님들이 쓸 수 있는 자리는 총 세 자리이다. 점심시간에 손님들이 오기 시작하면 남은 세 자리를 채운 후 네 대째부터는 주차할 공간이 없어서 혼란이 일어난다. 자리를 차지하고 있는 차들이 없다면 손님들이 몰리더라도 넣었다 빼기를 반복하면서 어떻게든 운용할 수 있을 텐데, 이미 차지하고 있는 자리를 제외하고 남아 있는 자리로만 주차를 하려다 보면 공간이 모자랄 수밖에 없다.

우리 뇌에서도 비슷한 일이 일어난다. 들어오는 정보를 처리하기 위해 잠시 저장해놓는 주차장 같은 의식 공간이 있는데, 이 정신적 작업 공간의 기능을 하는 것이 바로 '작업 기억working memory'이다.

최근 며칠 사이에 있었던 일을 기억하는 단기 기억이나 집 주소, 주민등록번호나 전화번호를 기억하는 장기 기억과는 다른 개념이다. 작업 기억은 '정보를 의식적으로 처리하는 능력'이다. 저장된 기억 정보 중 당장 쓸 것들을 찾아내서 조합하고 처리하여 판단과 행동으로 옮기게 한다. '의식적'이라는 단어는 해당 정보가 내 머릿속에 들어 있음을 인식한다는 뜻이다. 즉, 그 정보에 주목하고 그 정보를 어떻게 활용할지에 대한 결정을 내린다.

컴퓨터에 비유하자면 하드디스크나 SSD가 뇌의 해마에 속하는 기억 저장 장치이고, 작업 기억은 켜져 있는 동안 정보를 처리하고 전원을 끄면 그 안의 정보는 사라져버리는 캐시cache나 RAM 메모리와 같다. 캐시 용량이 클수록 컴퓨터의 처리 속도가 빠르듯이,

작업 기억의 용량이 클수록 우리 뇌의 작업 속도도 빨라진다. 작업 기억은 여러 개의 일들을 동시에 기억하면서 일의 우선순위를 정하고 차례로 처리하게 한다. 이때 선택적 집중이 필요하다. 의식적으로 집중해 실제로 필요한 것들만 남기는 것이다.

예를 들어 카페에서 노트북으로 일을 한다고 생각해보자. 이때 주변의 이야기 소리, 음악 소리, 커피 내리는 소리는 걸러내고, 모니터에 올라온 정보에만 집중해서 자료를 정리하거나 도표를 만들고 계산하는 것이 모두 작업 기억이 하는 일이다.

이 개념은 1956년 프린스턴 대학의 조지 밀러[George Miller]가 처음 소개했는데, 작업 기억의 크기 차이는 지능의 60퍼센트를 설명하고, 이른바 유능함, 똑똑함, 스트레스에 대처하는 능력과 매우 밀접한 연관이 있다. 이와 관련해 뇌에서는 전전두엽이 가장 많은 역할을 담당한다. 밀러에 의하면 작업 기억의 용량은 평균 일곱 개 정도다. 적은 사람이 다섯 개, 많은 사람이 아홉 개 정도인데, 평균적으로 일곱 개 정도를 한 번에 다룰 수 있다. 한 번에 머리에 올려서 굴릴 수 있는 숫자나 단어의 수가 일곱 개라는 뜻이다. 기억술 전문가들이 일곱 개씩 묶어서 외우는 것도 이런 이론적 기반을 바탕으로 한다. 전화번호가 일곱 자리 숫자로 되어 있을 때보다 여덟 자리로 늘어난 이후 전화번호를 외우기가 급격히 어려워졌다고 느끼지 않았는가? 일곱 개라는 평균 한계선을 넘어가는 숫자가 되었기 때문이다.

일곱 개의 주차 자리로 다시 돌아가보자. 한 번에 여러 대의 차를 세워야 하는 단체 손님이 오면 그 주차 공간은 과부하에 걸려 기능을 상실한다. 신경심리학적으로 말하면, 정보 과부하에 의한 인지 과부하라고 할 수 있다. 과잉 정보가 오면 최선의 선택과 가장 중요한 선택에 초점을 맞추기 어려워지고 시야가 좁아진다. 결과적으로 올바른 선택을 위한 정보 처리를 하지 못한다.

하루 종일 나가지 않는 차가 자리를 차지하고 있는 것도 과부하의 원인이다. 작업 기억 역시 마음 안에 담아두고 있으면서 해결되지 않은 마음의 짐을 가지고 있을 때 문제가 생긴다. 쉽사리 판단하거나 해결할 수 없는 일들이 작업 기억의 공간을 차지해버리면, 다른 일들에 집중하고 정보를 처리할 공간이 줄어든다. 남은 세 개의 자리로 그 모든 정보들을 처리하려니 부담이 커질 수밖에 없다. 작업 기억의 10~20퍼센트라도 다른 일이 차지하게 되면 급작스러운 다중 작업에 어려움이 생긴다.

2010년 인지신경과학자인 유타 대학의 데이비드 스트레이어David Strayer와 콜로라도 덴버 대학의 제이슨 왓슨Jason Watson은 멀티태스킹에 관한 실험을 했다. 200명의 실험 참가자들에게 운전 시뮬레이터에서 운전을 하도록 했다. 그리고 운전하면서 전화를 하거나 오디오를 듣게 했더니 브레이크를 늦게 밟는 것이 확연히 관찰되었다. 전화통화, 음악 듣기, 기기 작동 등이 작업 기억을 점유하게 되면서 주변의 자극을 적절히 확인하고 그에 반응하는 속도가

느려진 것이다.[24]

비슷한 연구가 또 있다. 워싱턴 주립대학에서 네 벌의 카드를 나눠주고 실험 참가자들에게 도박 게임을 하게 했는데, 두 벌은 승률이 높고 두 벌은 낮게 세팅했다. 이때 평소 잘하는 플레이어는 승률이 높은 카드 세트를 금방 찾아낼 수 있었다. 다음에는 도박 게임을 하면서 숫자를 무작위로 외우는 과제를 함께 줬다. 그랬더니 아까와는 달리 이기는 카드와 지는 카드 세트를 구별하는 데 오래 걸리고 승률도 전체적으로 낮아지는 것을 발견할 수 있었다. 부가적인 과제 때문에 인지 과부하가 온 것이다. 작업 기억의 공간이 줄어들어서 실제로 집중해야 할 것에 제대로 집중하고 정확한 판단을 내릴 전략적 사고를 하는 능력이 줄어들었기 때문이다.[25]

이러한 작업 기억의 개념을 이해하는 것은 평소 고민을 제대로 하지 못하는 사람에게 매우 중요하다. 뇌의 유한한 공간을 상시적 고민이 차지하고 있을 때, 비본질적인 스트레스 요인이 개입할 때, 통증이나 시간 부족, 감정적 어려움의 요소가 있을 때, 한 번에 여러 가지 다양한 일을 해야 하는 상황이 자주 있을 때 문제가 발생한다. 그러면 진짜 중요한 것에 몰입해서 심사숙고하거나 선택지들을 한 테이블 위에 올려놓고 객관적으로 비교하지 못하고, 성급하게 감정적으로 판단하거나 즉흥적으로 반응하는 방식으로 결정하기 쉽다. 고민을 하고 싶어도 뇌에 그럴 공간이 없기 때문이다.

작업 기억 공간이 상시적으로 모자란 사람은 원치 않은 결과가 왔을 때 이전 결정의 프로세스를 검토하며 반성하고 수정하는 작업을 할 여유가 없다. 그저 상황이 어쩔 수 없었다고 자신을 위로하면서 합리화만 할 뿐이다. 그러고 나서 다시 같은 상황에 처하면 이전과 같은 식으로 성급하게 반응하거나 뇌 작동이 멈춘 것처럼 어떤 판단도 내리지 못하는 일이 반복될 것이다.

원래부터 뇌는 욕망을 추구한다

———————— 더 큰 아파트에서 살고 싶다, 명품 가방이나 구두를 종류별로 갖고 싶다, 더 좋은 자동차를 타고 싶다, 최고급 스테이크를 먹고 싶다⋯⋯ 누구나 살면서 한번쯤은 가져봤음 직한 이런 마음은 모두 인간의 욕망과 연관이 있다. 고민을 할 때 이 욕망은 우리의 판단과 선택, 평가에 중요한 요인으로 작용한다. 그것이 꼭 합리적이고 윤리적이며 객관적이지 않더라도 말이다. 더불어 불안과 우울, 공포와 같은 심리적 반응이 고민의 폭을 좁히고 위축시킨다면, 욕망은 결정과 행동의 강력한 동기가 된다.

욕망desire은 '어떤 사람, 대상, 결과에 대한 소유, 달성, 성취에 대한 희망이나 염원'으로 정의한다. 정치철학자 토머스 홉스Thomas Hobbes는 쾌락을 얻고자 하는 욕망이 인간 행동의 기본적 동기라고 했다. 술이나 마약 같은 물질을 갈구하는 것, 사회적 지위나 목표를 달성하고 싶다는 야심, 더 맛있는 것을 먹고 싶다는 식욕도 욕망의 한 부분이다. 옥스퍼드 사전에서는 '행복이나 만족이 기대되는 어떤 객체를 갖고 싶다는 감정'으로 정의한다. 이것 역시 이성보다 감정의 영역이다.

욕망은 욕구need/demand와 구별된다. 욕구는 생존과 관련한 감정이다. 욕구는 의식주같이 기본 생존에 필요한 것들이 주어졌는지 아닌지에 따라 만족이 결정된다. 욕구가 만족되지 못하면 생존에 위협을 느낀다. 반면 기본 욕구가 충족되면 안전하고 살 만하다는 기분이 든다. 이는 마치 일단 배가 부르면 느껴지는 포만감처럼 즉각적이고 원초적인 반응이다.

이에 반해 욕망은 흥분이나 쾌락과 연관된다. 욕망이 달성되면 짜릿한 쾌감을 느낄 수 있고, 더 큰 쾌감을 얻고 싶어진다. 욕구가 달성되면 거기서 더 갖고 싶은 마음은 쉽게 들지 않는 데 반해, 욕망의 달성은 더 큰 보상, 더 큰 쾌락을 위한 긍정적 피드백이 된다. 그래서 쉽게 멈추기 어렵고, 강제로 공급이 중단되거나 강하게 제지하지 않으면 무한히 얻고 싶어진다.

이는 뇌의 쾌락중추pleasure center와 관련이 있다. 1954년 캐나다 맥길 대학의 심리학자 제임스 올즈James Olds와 피터 밀너Peter Milner는 쥐를 대상으로 전기 자극 실험을 했다. 뇌의 특정 부위인 중격septum에 전기 침을 꽂고 레버를 누르면 그 부위에 자극을 받게 하는 실험이었다. 그러자 쥐는 또 자극을 받기 위해 레버를 반복해서 눌렀다. 26시간 동안 무려 5만 번이나 누르는 것이 관찰되었다. 먹이, 물, 짝짓기 등 다른 강화물을 주어도 레버를 선택하긴 마찬가지였다. 연구자들은 추론을 통해 자극을 받은 부위가 동물의 쾌락과 연관된 곳이라고 결론 내렸다.

이후 이 부위에서 분비되는 신경 전달 물질이 도파민dopamine이라는 것이 밝혀졌다. 복측피개영역ventral tegmental area, 측핵nucleus accumbens, 청반locus ceruleus 등이 연결된 보상 회로가 이 도파민 전달 체계의 핵심이었다. 여기에서 나온 쾌락 신호들이 대뇌피질과 변연계로 전달되어 쾌감으로 느껴지는 것이다. 마약, 알코올, 도박 등 중독성 물질이나 행동은 모두 이 도파민 시스템과 연관되어 있다.

꼭 이런 병리 현상이 아니라 해도 욕망을 추구하는 것 또한 도파민의 분비와 관련되어 있다. 도파민이 강력히 분비되면 의지와 억제를 관장하는 전전두엽은 쉽사리 무력화된다. 음식이나 섹스 등의 자극에 의해 도파민이 분비되고, 분비된 도파민에 의해 자극된 신경계는 더 큰 자극이 오기를 바라는 강력한 피드백 시스템을 가동한다. 그럼으로써 이 시스템은 인간 행동의 방향성을 매우 강력하게 지정해버린다.

이런 욕망의 루프 안에 한번 들어가버리면 쉽사리 벗어나기 어렵다. 인간에게는 공포와 괴로움을 피하고 싶은 본능이 있지만, 동시에 쾌락을 추구하는 본능도 있다. 쾌락을 얻을 수 있는 길이 있다면 어떻게 해서든 갖기 위해 애를 쓴다. 이는 내가 탐욕스러운

것이 아니라 원래 뇌가 욕망을 추구하는 메커니즘으로 세팅되어 있기 때문이다.[26]

쾌락중추를 자극받은 쥐가 그랬듯이, "이제 충분히 즐겼으니 이 정도에서 멈추자"는 멈춤 기능이 작동하지 않는 것이 욕망의 특징이다. 욕망을 추구하는 쪽으로 욕동^{drive}이 작동하면서 강한 방향성을 갖게 되고, 그것이 판단과 선택에 영향을 주는 것이다. 성격적으로 신중하거나 이전 경험에 의한 두려움이나 공포로 보수적 태도를 취하던 사람이 욕망의 세례를 받으면 정반대의 행동을 하는 것도 이 때문이다.

그동안 정기예금이나 적금으로 차곡차곡 목돈을 모으던 사람이 있다. 그런데 주식시장이 상승세를 타면서 동료가 반년 만에 투자한 원금의 두 배를 벌었다고 자랑하고, 언론에서는 주식 장세가 앞으로 1년은 상승 기조일 것이라는 낙관적인 뉴스를 쏟아내면 '나만 뒤처진 것 아닌가' 하는 불안감이 생긴다. 그리고 '주식에 투자하면 적금보다 더 많은 이익이 날 텐데, 나도 수익이 더 생기면 가족들과 해외여행이라도 갈 텐데' 하는 욕망이 생긴다. 그리고 작은 이득이라도 보면 욕망이 점점 커지면서 그동안 해보지 않았던 공격적 투자를 시작하는 것이다. 그러다 보면 가족과 더 좋은 시간을 보내려던 원래의 의도를 잊고 더 큰 수익을 내는 데만 몰두하게 된다.

이때 그가 해오던 일반적인 패턴과 다른 방식으로 움직이게 한

것이 바로 욕망이다. 그리고 이 욕망은 상황에 따라 고민의 방향을
완전히 바꾸어놓는다.

고민을 위해 펼쳐놓은 생각의 테이블에서 욕망은 액셀러레이터
의 기능을 한다. 생각을 한쪽 방향으로 쏠리게 만들고, 욕망의 타
깃이 되는 문제가 맨 앞으로 나온다. 우리 뇌에서도 욕망이 발동
하면 뉴런이 두꺼워지면서 신호 전달이 많아지고, 그 방향으로 더
많은 감각과 신경이 집중되며 몰입의 상황까지 간다. 들이는 에너
지만큼 돌아오는 만족과 쾌락은 많아진다. 그만큼 자존감이 올라
가고, 자신의 선택에 확신이 들며, 미래에 대해서도 낙관적 태도가
생기는 긍정적 피드백이 작동한다. 실패하리라는 비관적 생각이
끼어들 자리가 없어진다.

욕망을 추구하는 것은 쾌락주의자나 중독에 빠지기 쉬운 성격
을 가진 사람만의 특성이 아니다. 욕망은 누구나 가진 본능의 영
역이다. 현재에 안주하지 않고 변화하고 싶은 동기를 주는 것은 욕
망의 긍정적 역할이다. 욕망은 마음속에서 미래를 그려보며 나와
주변의 달라진 모습을 상상하게 만들고 이미지를 그리도록 한다.
욕망이 작동하면 갖고 있는 자원만 쓰는 게 아니라, 주변의 쓸모
있는 자원을 탐색하고 활용하는 행동도 증가한다. 한마디로 욕망
이 작동하면 바빠지고 빨라지며, 보존하기보다 변화하는 쪽으로
생각의 틀이 잡힌다. 이는 우리가 고민의 우선순위를 정하며 일상
적 과제를 재빨리 해결할 수 있게 해준다. 즉, 욕망은 우리의 고민

을 늘리기도 하고 빠른 결정을 내릴 수 있게도 하는, 방향키와 속도 조절 능력을 가진 중립적인 심리 기제이다. 욕망을 무조건 배척하기보다, 내 욕망이 어떻게 작동하고 어디를 가리키는지 잘 알고 있어야 한다.

집단을 따르고 싶어 하는 본능

─────── 20대 중반 여성이 머리를 염색했다. 그동안 엄두를 못 내고 있다가 큰맘 먹고 결정한 일이었다. 단골 미용실 원장님과 상의해서 탈색 후 밝은 녹색으로 염색하고, 뒷머리는 시원하게 잘라서 요즘 유행하는 투블럭컷 스타일로 바꾸었다. 항상 단정한 헤어스타일을 유지하던 이 여성은 과감한 변신이 무척 마음이 들었다.

집에 돌아와 가족들에게 보여주니, 엄마가 놀라셨는지 "내 딸이 이러면 안 돼. 엄마가 그러지 말라고 했잖아"라며 울기 시작했다. 다른 가족들은 괜찮다고 했지만, 며칠이 지나도 엄마의 감정적 반응은 마음속에서 사라지지 않았다. 오버 같지만 불효를 한 것 같은 마음을 쉽게 떨치기 어려웠다. 다시 검게 염색해야 하나 하는 생각으로 하루 종일 불편하고, 거울을 볼 때마다 망설임이 계속되었다.

124

내게 상담하러 온 한 여성이 털어놓은 고민이었다. 20대 중반의 성인이지만 헤어스타일을 결정하는 데에도 가족의 반응과 의견이 큰 영향력을 갖는 것이다. 자신의 뜻과 주변의 의견이 다르면 다음 고민이 생겨나고, 심지어는 불필요한 죄책감까지 생긴다. 내가 이런 결정을 하면 사람들이 어떻게 볼까? 내 가족은? 부모는? 이런 망설임에서 완전히 자유로운 사람은 없을 것이다. 특히 부모나 가족은 원초적 관계의 틀 안에 존재하기 때문에 현재의 고민에 꾸준히 영향을 미친다. 가족은 개인에게 가장 큰 영향력을 갖는 집단으로, 성인이 되어서도 고민에 영향을 주거나 심지어 고민의 원인이 되기도 한다.

고민을 할 때 우리를 둘러싼 집단의 영향력은 무시하지 못할 요인이다. 우리가 그 영향력을 크게 인식하지 못하고 있을 뿐이다. 스스로 판단하고 있다고 믿지만 사실은 내가 속한 집단의 기준이 나도 모르게 나의 기준이 되어 있을 수도 있고, 혹은 집단과 내 기준이 다르더라도 불편함 때문에 집단의 기준을 따를 수도 있다. 이런 태도를 보이는 이유는 집단 안에서 보이는 인간 행동의 몇 가지 특징 때문이다.

첫 번째는 타인의 생각과 행동을 관찰하고 따라 하는 모방 imitation이다. 모방은 생존을 위한 본능적 행동이라고 할 수 있다. 혼자서 이치를 알아내고 시행착오 끝에 적절한 방법을 찾아내려면 너무나 많은 에너지와 시간이 든다. 그렇지만 이미 누군가 시도해서 성공한 행동이나 많은 이들이 하는 행동을 따라 하면 훨씬 편하고 안전하다.

인간의 모방은 이탈리아의 신경심리학자 지아코모 리촐라티 Giacomo Rizzolatti가 발견한 거울뉴런mirror neuron의 존재에서부터 그 특별한 능력이 시작된다. 거울뉴런은 직접 경험하지 않고 보고 듣는 것만으로도 바로 동일하게 반응하는 뉴런으로, 뇌에 전반적으로 분포되어 있는 인간의 거울뉴런은 다른 동물에 비해 많다고 알려져 있다. 인간은 거울뉴런의 기능으로 직접 시도하고 실패하는 시행착오를 거쳐 학습하지 않고도 바로 타인을 모방함과 동시에 의도를 파악하며 공감하고 학습할 수 있게 되었다.

원숭이의 거울뉴런은 운동 기능을 담당하는 부위에서 주로 발견되며 단순 행동 모방만 가능하나, 인간의 거울뉴런은 뇌의 여러 부위에서 발견된다. 때문에 운동뿐 아니라 감정, 언어 등 다양한 종류의 정보를 바로 모방하고 학습할 수 있다. 진화 과정에서 거울뉴런의 등장과 그 분포가 도구와 언어의 사용, 문명의 시작과 연관되어 있다는 주장이 설득력을 얻는 이유다.

아기는 엄마가 하는 행동을 관찰하고 따라 하며, 엄마가 보는 곳을 함께 보고 의도를 이해하려고 하면서 모방하고 학습한다. 아주 자연스럽게 우리는 누가 어떤 곳을 보면 따라서 쳐다보기도 한다.

한 사람이 하는 행동을 그저 따라 하는 것만으로도 대인관계에서 호감이 증가한다. 모방은 본능적으로 같은 부류라는 신호를 주기 때문이다. 또 누군가를 좋아하면 그를 자연스럽게 따라 하고, 누구나 자신을 따라 하는 사람을 좋아한다. 더욱이 내가 누구와 닮았다는 믿음은 행동도 변화시킨다.

심리학자 그레고리 월튼Gregory M. Walton은 예일 대학교에서 수학과 학생들 중 일부에게 그들이 유명 수학자와 생일이 같다고 알려줬고, 다른 그룹에게는 다른 전공 학자와 생일이 같다고 알려줬다. 첫 번째 그룹은 생일이 같다는 아주 작은 동질감만으로 꽤 어려운 수학 문제를 주자 다른 그룹에 비해서 65퍼센트나 더 오래 매달려서 끈기 있게 문제를 풀려고 노력했고, 더 큰 동기를 갖고 있는 것으로 관찰됐다. 수학과가 자신에게 잘 맞고 우호적인 곳이라고 대답하기도 했다. 작은 동일시만으로도 행동의 변화가 올 수 있는 것이다.[27]

이처럼 모방은 시행착오와 학습에 들이는 시간과 노력을 줄여준다. 고민의 총량이 줄어든다고 말할 수도 있다. 이런 모방 행동을 유도하는 것이 바로 광고다. 여기에는 특히 타인과의 비교를 통해 느끼는 부러움과 질투가 상당 부분을 차지한다. 이는 경제학자들이 '존스네 따라 하기keeping up with the Joneses'라고 부르는 효과로, 이상적이고 행복한 모델을 제시하며 이 상품을 사용하는 것이 평균이라는 메시지를 주면 많은 사람들이 그 상품을 한 번쯤 사게 된다는 것이다. 상품을 살까 말까 고민하기보다는 '남들도 하니까 나도 해봐야지' 하는 생각이 고민의 짐을 덜어주고, 훨씬 노력이 덜 든다.

하지만 이 모방 행동이 늘 고민을 줄여주지는 않는다. 그 행동 기준이 나의 평소 기준과 다를 때에는 내면에서 충돌이 일어난다. 새로운 환경에서 새롭게 속하게 된 집단이 내 가치관과 다른 행동 양식을 갖고 있는 것을 발견했을 때 느끼는 긴장과 이질감을 '소외감sense of alienation'이라고 한다. 이 감정은 집단의 기준과 내 기준 사이의 충돌이 일어났다는 징후로 정상적인 감정 반응이다. 시간이 흐르면 집단에서 내가 따라야 할 규칙과 내 기준을 구분하게 되고, 낯설게 느껴지던 규준에 익숙해지면서 소외감이라 불릴 만한 이질감은 사라지는 게 일반적이다. 이 저항이 강한 사람은 자기 주관이 상대적으로 뚜렷한 사람이고, 타협이나 순응이 어려운 사람이다.

일반적으로 집단의 압력은 한 개인이 버텨내기 쉽지 않을 정도로 강하다. 이에 관한 고전적 실험이 있다. 사회심리학자 솔로몬 애쉬Solomon Asch는 1950년대 다음과 같은 실험을 했다. 시지각 연구를 위한 피험자를 모집한 후 일곱 명을 한 조로 하여 반원형 탁자에 앉게 했다. 피험자 한 명을 제외한 나머지 여섯 명은 애쉬가 고용한 실험 협조자들이었다.

피험자에게 두 장의 카드를 보여줬는데, 한 카드에는 기준선이 그려져 있고, 두 번째 카드에는 기준선과 동일한 길이의 선과 함께 길이가 다른 두 개의 선이 더 그려져 있었다. 그리고 그 선들과 기준선의 길이 차이를 분명하게 표시했다. 피험자는 두 번째 카드에서 이 기준선과 같은 선을 찾아 대답하는 과제를 받았다. 순서대로 돌아가면서 대답하게 했는데, 처음 두 번은 실험 협조자들에게 정확한 대답을 하도록 지시했지만 세 번째부터는 오답을 지목하게 했다. 피험자는 당황했고, 일부는 여전히 정답을 지목했으나 상당수는 실험 협조자들을 따라 오답을 정답이라고 말했다.

50명을 대상으로 실험해보니 이 중 37퍼센트가 협조자들을 따라 오답을 지목했고, 열세 명은 동조하지 않았다. 여기에 한 명에서 열다섯 명까지 집단의 크기를 달리했더니, 한 명이 오답을 말하면 피험자는 흔들리지 않았다. 일곱 명일 때 가장 많은 피험자들이 집단을 따라서 오답을 선택했고, 일곱 명이 넘으면 더 이상 오답 선택 비율이 늘어나지 않았다. 재미있는 점은 중간에 한 명이라도 정답을 말하는 사람이 등장하면 오답을 따라가는 확률이 4분의 1로 감소했다는 것이다.[28]

애쉬는 이를 동조conformity라고 부르며 '집단을 따라 하는 것이 안전하다고 여기고, 배척당하지 않으려는 반응'으로 해석했다. 집단 내에서 보이는 인간 행동의 두 번째 특징이다. 동조를 조금 깊이 들여다보면 흥미로운 점이 있다. 한 명이 자신과 다른 답을 말할 때는 동조가 일어나지 않는다. 일대일 상황에서는 동등하게 생각하는 것이다. 그리고 한 명의 동지가 있을 때 역시 판단이 흔들리지 않는다. 인간에게 '나와 뜻을 같이하는 단 한 명이 있다'는 것이 얼마나 중요한지 알려주는 증거다. 또한 사람들이 모두 순서대로 다른 답을 말하면 일곱 번째 사람은 "제 생각은 다릅니다"라고 말하는 것이 영 쉽지 않다는 것을 알려준다.

한편, 오답을 말한 사람이 일곱 명을 넘으면 오히려 그에 동조하는 비율이 늘지 않는다는 것은 위안을 준다. 집단이 100명이 되어 압력을 준다고 해서 100퍼센트가 동조하는 것은 아니다. 동조를 쉽게 하는 30~40퍼센트의 보통 사람들이 존재한다는 것이다.

이런 심리가 개인의 고민 상황에서 일어난다고 생각해보자. 일곱 명 정도의 소수집단이라 하더라도 집단의 잘못된 판단이 개인의 평소 윤리와 가치관에 영향을 미쳐 개인의 고민과 결정, 행동을 완전히 다른 방향으로 이끌 수 있다. 사회 전체로 보면 작은 집단일지 모르나, 일곱 명은 두 테이블에서 식사를 같이할 수 있는 수다. 한 개인이 이들에게 둘러싸였을 때 혼자 자기 주장을 해낼 수 있는 사람은 겨우 3분의 1 정도에 불과하다. 효율적인 선택을 위해 나와 가까운 집단의 조언을 듣고 집단의 논리에 따라갈 가능성이 높다.

특히 이제는 일상화된 SNS에서 특정 의견이나 사상에 동조하는 사람들을 주로 팔로우하고 있다면 자연히 그에 동조하기 쉽다. 정치나 사회적 이슈에 대해 최소 일곱 명의 SNS 지인들이 같은 이야기를 한다면 별 고민 없이 그들을 따라갈 수 있다. 더구나 딱히 내 의견이 없거나 경험이 없던 일이라면 더욱 그럴 가능성이 높다.

만일 주관이 뚜렷한 3분의 1에 속하면 집단의 압력에 심한 감정적 저항이 일어나고 심리적 불편이나 혼란을 경험할 것이다. 그렇게 되면 자신의 생각을 바꾸거나 혹은 팔로잉을 끊고 관계를 정리해야 한다는 압박을 받을 수도 있다.

집단 속에서 동조는 늘 일어나는 일이다. 그래서 타인과 오래 지내거나 한 집단에서 오래 함께하다 보면 자연스럽게 그들의 규준을 따르고 내면화하게 된다. 바로 집단 안에서 보이는 인간 행동의 세 번째 특징인 '순응conformity'이다.[29]

한국인들은 자신을 소개할 때 자신이 속한 집단을 먼저 말하고 맨 나중에 이름을 밝힌다. 은연중에 집단에 속해 관계를 맺는 누구라는 것을 우선시하는 것이다. 예를 들어 30대 여성 직장인 강은주 씨는 밖에서는 "저는 ○○에서 근무하는 ××팀 과장 강은주입니다"라고 소개하지만, 이웃 사람에게는 '종현이 엄마'이다. 아들 종현이는 '8층 5호네 아들'이고, 학교에서는 '3학년 2반 10번' 학생으로 정의된다.

특히 우리나라의 가족 구조는 다른 나라와 비교했을 때 특징적인 점이 있다. 개인이 아니라 가족 전체가 하나의 자아로 인식되는 '가족 자아family ego'를 갖고 있다는 점이다. 부모와 자식 사이에 강한 애착이 있으며, 개별 구성원들의 성취는 가족 전체의 성취가 되고 구성원의 과오 역시 가족 전체의 과오가 된다.

이런 곳에서 태어나서 자란 사람은 1차 집단인 가족, 내가 속한 집단의 영향에 순응하는 데 익숙할 수밖에 없다. 고민의 짐은 덜지만, 비윤리적·비합리적·비이성적 판단에 나도 모르게 따르게 될 위험이 있고, 자신의 가치관과 충돌이 일어날 때 집단을 따르게 될 가능성도 상대적으로 높다. 그리고 이를 따르지 않았을 때 치러야 할 대가도 크다.

집단의 논리가 개인의 양심과 가치관을 대체하게 되면, 고민 자체가 필요 없다. 개인으로서는 개인적 자유를 포기하는 순간 마음의 제복을 받게 되고, 제복 위 계급장만큼의 힘을 갖게 된다. 집단 혹은 리더의 룰을 따르고, 매뉴얼대로 행동하면 된다. 더 이상 고민할 필요가 없어진다.

순응이 저항보다 쉬운 이유는 뇌의 메커니즘을 보면 이해할 수 있다. 신경학자 그레고리 번즈Gregory Berns는 뇌 영상 촬영을 통해 순응할 때 뇌의 전두엽이 활성화되지 않는다는 것을 발견했다. 에너지가 필요한 의식적 결정을 하지 않는 것이다. 대신 지각을 담당하는 후두엽occipital lobe과 두정엽parietal lobe이 활성화되었다. 순응하기로 결정하고 나면 더 이상 복잡하고 에너지와 노력이 드는 일을 하지 않는다. 사고 활동에 따른 에너지 소모가 줄어들어 에너지 효율 1등급의 뇌가 된다. 집단이 보는 것을 지각하는 데 집중하면 되는 것이다. 에너지를 훨씬 적게 쓸 수 있다.

반대로 집단의 결정에 순응하지 않고 저항하는 상황일 때의 뇌 활동을 측정해보니 공포 반응과 연관된 감정중추인 편도체가 강하게 활성화되었다. 뇌가 집단으로부터의 배척을 위험하거나 공포스러운 상황으로 인식하고 반응한 것이다.[30]

인간의 두 가지 기본 행동 원칙을 다시 상기해보자. 첫째, 뇌는 어떻게든 에너지가 덜 드는 효율을 추구한다. 둘째, 쾌락을 얻는 것보다 고통을 피하는 것을 우선시한다. 순응은 이 두 가지 원칙에 잘 부합한다. 집단의 논리를 따르기로 결정하면 에너지가 훨씬 덜 들고, 개인의 주관과 집단의 원칙 사이에서 충돌이 일어나 집단으로부터 배척당할 위험과 소외로 인한 아픔을 느끼지 않을 수 있다.

이렇게 보면 순응의 순항을 깨고 싶지 않은 마음이 드는 것은 당연하다. 그래서 어느 순간부터는 집단의 논리 안에서는 당연하지만 상식적으로 보면 분명한 결함과 오류가 있는 사실을 그냥 눈감고 넘어가는 '과한 순응'이 일어나기도 한다. 갈등과 저항을 일으키고 싶지 않기 때문이다.

또 주어진 정보를 내가 속한 집단의 큰 흐름에 맞게 조합하고 추려서 판단하는 경향이 생긴다. 편향된 추론을 하고 그 추론에 어울리는 순응적 판단을 하면 보상 회로가 가동되어 쾌락을 느끼면서 긍정적 강화가 일어난다. 간단하게 말해서, 집단의 논리에 순응하면 '잘했어'라고 스스로를 칭찬하면서 자기만족을 얻는다는 것이다. 뇌는 갈등으로 인한 고통과 에너지 낭비를 싫어한다. 집단 안에 있는 게 전체적으로 더 안전한 선택이라고 여긴다. 실패의 결과와 책임이 분산되기 때문이다. 또한 집단의 가치를 지키기 위해 오류를 입증하는 증거들을 쉽게 외면하는 맹점blind spot을 만들어낸다.

모방, 동조, 순응은 결국 개인이 고민을 하는 데 드는 에너지를 줄이기 위해서 사용하는 집단 내의 인간 행동이라고 할 수 있다. 그리고 이 패턴은 개인의 고민을 줄여주기도 하지만 비윤리적이고 비이성적인 판단을 내리게 만들기도 한다. 고통과 불편함을 피하면서 나보다 한 명이라도 더 많은 집단에 순응하고 기존의 개인적 주관을 포기해버리는 선택을 하는 것이다. 뛰고 싶지 않고, 남과 다르게 행동하고 싶지 않고, 개성을 주장하다가 배척당하고 싶지 않다는 심리가 집단과 개인 사이에서 집단이 우위에 서게 하는 요인이 된다.

뇌는 모호함과 불확실성을 혐오한다

——————"100퍼센트 치료 가능한가요?"

의사들이 가장 듣기 싫어하는 질문이다. 인간의 신체와 정신은 아직 모르는 것투성이다. MRI, 유전자 검사와 같은 의학의 발전은 신체와 질환의 불확실성을 줄여나가는 과정이라 해도 과언이 아니다. 그렇지만 여전히 잘 모르는 것이 많다. 환자들은 분명한 진단과 똑 떨어지는 치료법을 원하지만 의사들은 불확실하고 애매한 가능성을 안은 채 진단하고 치료하는 것을 숙명으로 여긴다.

이탈리아에서 다양한 경력을 가진 전공의 200여 명을 대상으로 불확실성을 견디는 능력과 진료 스트레스를 측정하는 연구를 한 적이 있다. 그들의 경력과 전공을 모두 감안한 후에도 불확실성이 주는 스트레스를 민감하게 받아들이는 의사는 진료 스트레스를 34퍼센트 더 크게 받았고, 애매함을 잘 견디는 의사는 상대적으로 17퍼센트 정도 스트레스를 덜 받았다. 의과대학을 다닐 때부터 불확실함의 숙명을 교육받았음에도 여전히 불확실함과 애매함에 대한 개인적 내성이 진료 스트레스의 큰 요인으로 작용한 것이다.[31]

인간은 본질적으로 애매한 상태에 머무르는 것을 매우 싫어하고 최대한 빨리 결론을 내고 싶어 한다. 그게 비록 나쁜 방향이라고 하더라도 애매하게 기다리느니 나쁜 뉴스라도 빨리 듣는 걸 원하는 것이다.

네덜란드의 심리학자 기드온 캐런Gideon Keren은 사람들이 얼마나 애매한 것을 싫어하는지 알아보기 위해 이런 연구를 했다. 사람들에게 두 가지 기상 예보를 4일간 보게 한 후 어느 쪽을 더 신뢰하는지 물었다. 4일 중 3일간 비가 온 후였는데, 첫 번째 예보는 비올 확률을 90퍼센트라고 했고, 두 번째 예보는 75퍼센트라고 했다. 확률로 보면 두 번째 예보는 매우 정확한 것이었다. 하지만 응답자의 50퍼센트가 "4일 중 3일 동안 비가 왔지만 전반적으로 비가 온 셈이니, 90퍼센트라고 확실히 짚어준 예보를 더 신뢰한다"라고 답했다. 한쪽으로 확실하고 선명하게 선을 그어주는 것이 고민의 폭을 줄여준다고 여긴 것이다.[32]

이러한 모호함에 대한 혐오ambiguity aversion를 엘스버그 패러독스Ellsberg paradox라고 한다. 1961년 대니얼 엘스버그Daniel Ellsberg가 처음 검증한 학설이다. 그는 커다란 단지를 두 개 놓았다. 첫 번째 단지에는 검은 구슬 10개, 흰 구슬 10개가 들어 있다. 두 번째 단지에는 몇 개씩 들어 있는지 알 수 없이 20개가 들어 있다는 정보만 주었다. 이를테면 검은 구슬이 20개 들어 있을 수도 있는 것이다. 피험자들에게 둘 중 하나에서 구슬을 고르게 하고, 만일 검은 구슬이 나오면 100달러의 상금을 주는 실험이었다. 만일 단 한 번만 단지를 선택할 수 있다면 어느 것을 고르겠냐는 질문에 대다수가 50퍼센트의 확실성을 주는 첫 번째 단지를 골랐다.[33]

뇌 영상 연구로 최근 이와 관련해 뇌의 어느 부위가 활성화되는지가 밝혀졌다. 모호하고 불확실한 정보를 선택해야 하는 상황이 되면, 뇌의 전두엽 부위에 있는 안와전두피질orbitofrontal cortex과 편도체가 활성화된 것이 관찰되었다. 연구자들은 이를 '모호함에 대한 혐오'라고 이름 붙였다. 인간은 공포 반응과 연관된 곳이 활성화될 정도로 불확실한 상황을 위험하다고 여기고, 이를 회피하려고 안와전두피질을 이용해 신속한 의사결정을 해서 회피 행동의 실행

계획을 세운다.[34]

스트레스를 증가시키는 대표적 두 요소는 불확실성과 조절 불가능성이다. 고민은 어떤 결정을 내려야 끝이 나는 일이다. 그런데 내 앞에 놓인 변수들이 확실하지 않고 주변 상황의 변화 때문에 미래를 예측하는 게 불확실하다면 어떤 결정을 내리기는 훨씬 어려워진다. 결국 고민을 끝내지 못하고 지속하게 될 수밖에 없다. 고민만 하다가 지치는 상황이 일어나기 쉽다. 에너지의 낭비가 일어난다.

뇌는 모호한 상황을 잠재적 위험 요인으로 간주한다. 불확실함은 부정적 사건이 일어날 가능성을 높인다고 여긴다. 그래서 어떻게든 해결하고 싶어 한다. 충분한 검토나 확인 절차를 건너뛰고라도 성급하게 결정을 내리고 이 사안을 종결하고 싶은 욕구가 생긴다. 모호한 요인으로 가득 찬 불확실한 상황이 오면 한편으로는 고민의 양이 많아지고 끝도 나지 않고, 동시에 뇌에서 "이제 그만 끝내!"라고 마무리를 지어버리라는 브레이크 신호가 온다. 마음은 어느 장단에 맞춰야 할지 몰라 더욱 혼란스러워진다.

에너지를 덜 쓰는 자동화 시스템

———— 뇌는 지출을 최소화하고 에너지를 효율적으로 이용

하려는 긴축재정의 대장이다. 방마다 돌아다니면서 불을 끄고, 콘센트의 플러그를 뽑고, 한여름에도 실내 온도를 28도로 유지하려는 관리자 역할을 한다. 그런 면에서 뇌는 한번 정해진 세팅을 그대로 가져가려는 습성을 갖는다. 굳이 고민하지 않아도 되는 것을 가장 좋아하기 때문이다. 그러면 에너지가 하나도 들지 않게 되니까 제일 좋은 방법이 된다.

뇌의 입장에서만 보면 최선의 전략이지만, 문제는 환경이 바뀌거나 다른 변수가 생겼는데도 기존의 세팅을 고집할 때다. 대표적인 예가 자율신경계다. 음식을 보면 알아서 침이 나오고, 바짝 긴장하면 침이 말라버린다. 심장을 바라보면서 분당 80회에서 120회로 올리라고 명령하지는 못한다. 자율신경계는 뇌가 팔을 위아래로 움직이라고 명령하듯이 우리 몸을 제어할 수 없다. 하나의 세팅을 맞춰놓고 그에 따라 심박, 근육, 침샘, 내장기관 등이 동시에 움직이게 만들어놓았다. 그래야 빠르고 정확하게 반응하고 환경 변화에 맞춰 적절히 대응할 수 있기 때문이다.

뇌 역시 자율신경계처럼 나름의 세팅을 만들려고 한다. 바로 직관intuition과 편견bias/prejudice이다. 사실 뇌는 언제나 헷갈려 한다. 기억 장치가 정확하고 정교하지 않기 때문이다. 예를 들어 여권이나 도장같이 자주 사용하지 않는 물건을 오랜만에 찾으려고 하면 기억이 잘 나지 않는다.

친구들끼리 여행을 갔던 상황을 생각해보자. 함께 시간을 보냈지만 있었던 일을 서로 다르게 기억하기도 한다. 이런 일이 반복되면 자아는 뇌를 믿지 못하고 혼란이 생긴다. 매번 이게 진짜 맞는지 처음부터 점검해야 하니 에너지도 많이 들고 괴롭기 짝이 없다. 이런 일이 생기지 않게 하기 위해 뇌는 준비를 한다. 일종의 '신념 체계'라는 걸 만들어 몇 가지 정보를 가지고 맥락을 유추하고 상황이나 사람을 판단할 수 있도록 세팅을 하는 것이다. 한번 정해지고 나면 외부의 환경이 변화하거나 다른 자극, 새로운 정보가 들어와도 그 문을 넘어 들어가 만들어진 세팅을 건드리지 못한다. 그렇게 해놓으면 에너지가 덜 들고, 효율적으로 판단하고 결정할 수 있다.

그러나 적당한 피드백으로 이 세팅을 스스로 교정하지 못하면 실제 정보와 새로운 사실들을 무시하고 잘못된 판단을 내릴 수밖에 없다. 이 시스템이 잘 작동할 때는 직관적인 사람이 되고, 업데이트가 안 되면 편견에 의해 움직이는 사람이 되는 것이다.

뇌에서 쉽고 빠르며 에너지가 덜 들게 하는 자동화 시스템은 섬엽insula와 전측대상회anterior cingulate의 활성화와 연관되어 있다. 이들 부위는 '이게 맞을 것 같아'라는 느낌을 주는 직관적 판단이 일어날 때 작동한다. 또 이 부분은 통증이나 불쾌감과 연관돼 있는 것으로 밝혀진 곳인데, 빠른 판단과 반응을 해야 한다는 점에서 공통적이다.[35]

일반적으로 사회 경험이 적으면 새로운 곳에 처음 정착할 때 에너지가 많이 든다. 경험을 통해 만들어놓은 세트가 많지 않기 때문이다. 예를 들어 처음 회사에 들어가면 모든 것이 낯설고 힘들어서 별로 한 일도 없이 파김치가 되기 쉽다. 뇌가 에너지를 많이 소모하기 때문이다. 몇 달 정도 지나 일이 익숙해지고 나면 예전처럼 피곤하다는 생각이 덜 든다. 뇌에서 대부분의 업무를 자동 시스템으로 판단하고 세팅했기 때문이다. 고민과 자동 시스템이 충돌한다면? 그때는 에너지가 덜 드는 자동 시스템을 따르도록 기본값이 설정되어 있다고 생각하면 된다.

이를 직관이라고 한다. 단박에 그 사람이 어떤 사람인지 파악하고, 이유를 설명할 수 없지만 현재 상황의 위험성을 판단하고, 어떤 분위기인지 알아내는 능력이다. 이는 같은 시스템이 작동한 결과다.

사실 직관과 편견은 동전의 앞뒷면과 같다. 평소 자신이 직관적이라고 생각하던 사람들일수록 스스로 생각했던 것보다 훨씬 편견을 많이 갖고 있을 가능성이 높다. 수많은 입사 원서를 보고 면접을 진행하는 인사 담당자들은 자신이 효율적으로 사람을 고르고 뽑는다고 생각한다. 그렇지만 그들이 뽑아놓은 결과를 보면 꼭 그렇지만은 않다. 자신들은 여러 가지 이유로 부정할지 모르나 그들이 뽑은 사람들은 출신 학교, 외모, 발성, 인상, 옷차림 등에서 일정한 유사점이 보일 가능성이 많다.

한마디로 뇌는 고민하기를 싫어한다. 직관을 전적으로 믿는 사람은 일단 생긴 신념에 반하는 정보가 나타나도 자기가 믿어온 신념이 옳다고 여긴다. 이는 편견으로 이어지기 쉽다. 인간은 '믿음 체계'를 만든다. 그리고 일단 만들면 그것을 쉽사리 없애지 않는 경향이 있다. 'A형 성격은 소심해'라고 믿게 되면, 아무리 그 사람이 대범한 행동을 해도 그럴 리가 없다고 여기고 그 정보는 무시해버린다. 게다가 믿음은 점점 비타협적으로 변한다. 그래야 모호함과 불확실성을 줄일 수 있고, 믿음이 주는 안전감과 확신이 유쾌한 심리 상태를 만들어주며, 뇌의 에너지 소모량도 최소화할 수 있으니 말이다. 이를 '믿음 보존 편향belief preserverance bias'이라 부른다. 지나치게 강한 신념 체계는 어떤 방향이든 보수화, 이른바 '꼰대'가 되는 급행열차의 티켓이다.

그러므로 자신이 '믿는 대로 본다'는 걸 잘 알고 있어야 한다. 특히 자신이 평소 직관적이고 판단이 빠른 사람이라고 여기거나 고민을 깊이 하지 않는 사람일수록 굳어지고 왜곡된 신념 체계에 따라 너무 쉽게 판단을 해버리는 게 아닌지 스스로 돌아볼 필요가 있다. 너무 낡고 오래된 데이터베이스는 정기적으로 수정해야만 한다. 그러지 않으면 업데이트를 하지 않은 내비게이션을 달고 운전하는 모양새가 될 위험이 있다.

직관적 판단이 행동화되면 '습관habit'이라고 한다. 미국 텍사스 주립대학의 심리학자이자 마케팅 학자인 아트 마크먼Art Markman은 저서《스마트 체인지》에서 습관은 인간 뇌의 관성에 의해 만들어진 것으로 네 가지 특징을 갖고 있다고 설명한다.

첫째, 습관이 된 행동은 왜 그 행동을 하는지 인식하지 못한 채 하는 것이다. 예를 들면 걸어가다가 무심코 주머니에서 스마트폰을 꺼내는 행동처럼 그 행동을 의식하지 않은 채 자동적으로 하는 행동을 가리킨다.

둘째, 습관이 된 행동은 노력이나 의식적 지향성이 필요한 행동과 동시에 할 수 있다. 간단한 타자를 치면서 옆 사람과 대화하는 것이 가능한 것이 그 예다. 타자 치기는 자동적 행위가 되었으므로 뇌의 지분을 차지하지 않으니, 에너지가 드는 다른 행위를 할 여유가 있는 것이다.

셋째, 환경이 바뀌면 습관은 흔들리고 의지와 에너지가 쓰인다. 친구의 전화기를 빌려서 사용하면 자판이나 앱의 배열이 달라서 버벅대는 것, 렌터카를 빌리면 운전에 더 신경이 쓰이는 것도 같은 원리다.

마지막으로 습관적 행동은 아예 기억에 남지 않는다. 어제 이를 닦을 때 오른쪽 몇 번, 왼쪽 몇 번을 닦았는지 기억하는 사람은 없다. 아니, 기억할 필요가 없다.

즉, 습관은 뇌의 신경회로에 선이 그어진 것이고, 습관적 행동은 직관적 판단과 마찬가지로 뇌의 효율성 관점에서 보면 매우 에너지가 적게 드는 저비용의 행동이다.[36] 이런 습관들이 많을수록 뇌는 에너지가 덜 든다. 행동적 측면에서 망설임이나 주저함이 없어지고, 의지와 동기가 없이도 거의 힘들이지 않고 물 흐르듯 행동하게 된다.

스웨덴 칼롤린스카 연구소의 안나 핀호Ana Pinho는 39명의 프로 피아노 연주자가 즉흥연주를 할 때의 뇌 활성도를 아마추어 연주자와 비교했다. 이들이 연주할 때 뇌의 활성도를 검사해보니 아마추어 피아니스트는 사고력을 관장하는 전두엽의 활동이 증가하는 데 반해 프로 연주자는 운동중추만 움직이고 전두엽은 크게 변화가 없었다.[37]

아마추어 피아니스트의 연주는 습관이 되지 않아 어떻게 연주할지 고민하면서 건반을 누르기 때문에 전두엽을 많이 사용해야 하지만, 프로 연주자는 자동적으로 손이 움직이지, 생각하거나 망설이지 않는다는 것이다. 에너지가 덜 드는 만큼 프로 연주자는 두 시간의 공연을 해낼 수 있고, 남는 에너지를 작은 디테일과 세밀한 표현에 투자할 여유가 있다.

고민도 마찬가지다. 익숙한 일을 하거나 직관과 습관이 많이 만들어진 상태에서는 고민으로 인한 에너지 소모가 적고, 신속하고 효율적으로 결정하고 실행한다. 반면, 너무 쉽고 빠르게 직관적 판단과 습관적 행동에만 우선권을 주다 보면 완고하고, 편향되며, 변화에 뒤처질 수도 있다. 이는 변화된 환경에 맞춰 적절한 판단과 결정, 실행으로 이어질 수 없게 한다.

의사 결정 과정을 줄이려고 노력하는 뇌

———————— 뇌는 생각을 최대한 단순하게 만들려고 노력한다. 그 노력의 일환이 바로 앞에서 설명한 일종의 세트 메뉴들을 만들어놓는 것이다. 심리학자들은 이를 '휴리스틱heuristic'이라는 멋진 단어로 설명한다. 사람은 생각의 프레임을 만들어놓고 자극이 들어오면 그 프레임에 따라 반응한다. 특별한 견제가 있거나 위기 의식, 큰 압박이 없다면 일반적으로 사람은 휴리스틱에 따라 움직인다. 작곡할 때 전형적인 코드 진행을 하는 것, 공장에서 부품을 세트로 묶어 모듈화하는 것, 레스토랑에서 세트 메뉴를 제공하는 것은 고민의 여지를 줄여줄 뿐만 아니라, 업무의 효율성을 높인다. 이것은 휴리스틱이 마음에 작동하는 방식과 비슷하다. 고민하기 싫어하는 사람일수록 간단한 것을 원하고, 그럴수록 휴리스틱에 의존할 가능성이 높다. 편하기는 하지만 큰 오류에 빠지거나, 나중에 돌이켜보면 후회할 판단을 할 위험도 있다.

휴리스틱은 '부족한 시간이나 정보로 인해 합리적으로 판단할수 없거나, 체계적이면서 합리적인 판단이 굳이 필요하지 않은 상황에서 사람들이 빠르게 사용하는 어림짐작의 방법'으로 정의할수 있다. 과제를 단순화하고 나름의 규범적 판단으로 의사결정의 규칙을 만드는 것인데, 이러면 편하기는 하나 생각의 오류에 빠지기 쉽다. 휴리스틱은 직관과 달리 나름대로 생각하고 판단하는 과정을 거친다. 객관적이고 합리적인 추론이라고 포장되지만, 사실은 짐작에 불과하다. 각자가 가지고 있는 주관적 심성과 인간이라면 누구나 가질 수밖에 없는 인지적 오류나 대중적 상식에 근거한 추론이기 때문이다.

그리고 가장 이상적인 답은 아니나 주어진 시간과 제한된 정보 안에서 최선의 선택을 했다고 자위하게 되는 게 휴리스틱의 함정이다. 그러니 우리가 빠지기 쉬운 휴리스틱을 알고 주의를 기울인다면 고민의 괴로움을 어느 정도는 피할 수 있을 것이다.

다음은 고민의 전략을 세우기 위해 알아두면 좋을 대표적 휴리스틱이다.

●기준점 휴리스틱 anchoring heuristic

한번 기준점이 만들어지면 그 기준점을 중심으로 사고하게 된다. 닻을 내린 곳에 배가 머물 수밖에 없는 것과 같다. 예를 들어 어떤 회사가 상품에 터무니없이 높은 가격을 매긴 후 시간이 어느 정도 흐르고 20퍼센트 할인해서 판매한다고 광고하면 아주 싼 것처럼 느껴진다. (사실은 그 가격도 너무나 비싼데 말이다!) 의사결정에 대한 임의의 기준점 설정을 어떻게 하느냐에 따라 선택이 달라지는 것이다.

기준점 휴리스틱이 작동하면 고민의 초점이 잘못 맞춰질 수 있다. 컴퓨터가 고장났는데 전자상가나 서비스센터에 가는 것이 아니라 남대문 시장에 가서 컴퓨터 수리점을 찾는 셈이다. 아무리 애쓰고 노력해도 답이 나오기가 어렵다고 느껴질 때에는 기준점을 잘못 잡은 게 아닌지 확인해볼 필요가 있다.

● **가용성 휴리스틱 availability heuristic**

어떤 사건의 빈도나 확률을 판단할 때 실제 수치에 근거하기보다 구체적으로 떠오르기 쉬운 정도나 기억할 수 있는 정보의 양에 의존해서 추론하는 방식으로, 기억이 더 잘 나는 대상에 대하여 상대적으로 높은 평가를 내리는 현상이다. 예를 들어 "영어에서 't'로 시작하는 단어와 't'가 세 번째 오는 단어 중 어느 게 더 많을까?"라는 질문을 받는다고 하자. 이때 't'로 시작하는 단어가 생각이 더 많이 나는 게 일반적이다. 그러므로 't'로 시작하는 단어가 더 많다고 답할 확률이 높다.[38] 또한 반복적으로 노출된 대상에 대해 느끼는 친숙함을 장점이 많은 것이라고 잘못 해석하기도 한다.

가용성 휴리스틱의 덫에 빠지면 고민의 늪에서 빠져나오기 어려울 수 있다. 어떤 일에 대해 고민을 할 때 평소 고려하던 것들만 놓고 생각을 하는데, 사실은 이들 가지고는 해결이 안 되는 것일 수 있기 때문이다. 이럴 때는 기존 생각의 틀을 과감히 벗어나서 더 넓은 시야에서 문제를 바라봐야 하는데 우리는 쉽사리 그러지 못한다. 작업 기억의 가용성에 한계가 있기 때문이다.

● 대표성 휴리스틱 representativeness heuristic

'하나를 보면 열을 안다'라는 속담처럼 어떤 집합에 속하는 임의의 한 특징이 그 집합의 특성을 대표한다고 간주하고 빈도와 확률을 판단하는 것이다. 이를테면 우리는 흔히 의사는 이럴 것이다, 판사는 이럴 것이다, 일본인은 이런 특징이 있을 것이라고 판단해버리곤 한다. 한 개인의 직업이나 출신 국가에 대한 자신의 고정관념을 바탕으로 그 사람의 성격을 추론하는 것이다.

어떤 사안에 대해 판단할 때 단편적 정보 하나로 전체를 파악해버리고 결정을 내리는 오류가 발생할 수 있다. 여러 각도에서 충분히 고민할 기회를 막는 휴리스틱이다.

● 감정 휴리스틱 affect heuristic

어떤 사건이나 상황에 대해 판단할 때 경험으로 형성된 감정에 따르는 것이다. 평소 신중한 쇼핑을 하는 성향이라고 자신하는 사람이 있다고 하자. 제주도 여행을 갔는데, 같이 간 사람들이 지역 특산품이라면서 옥돔을 구매하는 것을 보자 여행 분위기에 들뜬 감정에 편승해 고민 없이 바로 구매를 했다. 그리고 집에 돌아와서는 자신이 옥돔을 별로 좋아하지 않다는 걸 깨닫고 냉동실에 처박아버리고 말았다.

또 불안이나 우울과 같은 감정이 올라오면 현재의 상황을 부정적이고 위협적 상황으로 해석하고 그 방향으로만 고민을 하는 것도 감정 휴리스틱 때문이다.

우리를 비합리적으로 만드는 인지적 오류들

───────── 사람들은 자신이 매우 합리적이라고 생각하지만 사실은 그렇지 않다. 자신이 만든 생각의 틀이 한번 굳어지면 상황이 바뀌어도 언제나 그 방식을 적용하려고 한다. 심사숙고하고 다른 가능성을 생각하기보다는 그동안 해오던 방식대로 생각하고 판단하기를 원한다. 여기에는 동시에 다양한 생각을 하기가 어려운 뇌의 구조도 한몫한다. 진실이 무엇이건 간에 일단 주관적으로 편안하다고 느끼고 싶어 하기 때문에 사실과 다르더라도 왜곡해서 받아들이고 주관적으로 해석하는 것이다. 영국의 철학자 버트런트 러셀Bertrand Russell은 "인간은 경솔한 신념의 동물이다. 반드시 뭔가를 믿어야만 한다. 신념에 대한 좋은 토대가 없을 때에는 나쁜 것이라도 일단 믿어야만 만족할 것이다"라고 말한 바 있다.[39]

매우 합리적인 듯해 보이나 우리를 비합리적으로 만드는 대표적인 인지 오류들을 소개한다. 인지 오류 안에서 세상을 바라보면 마음은 편할지 모른다. 그러나 이로 인해 나의 고민이 주관적 만족 안에 머물러 객관적 사실로부터는 멀어질 위험이 있다는 것을 알아야 한다.

● 도박사의 오류 gambler's fallacy

타율이 2할 5푼인 타자가 오늘 경기에서는 앞선 세 번의 타석에서 안타를 치지 못했다. 그렇다면 네 번째 타석에서는 안타를 꼭 치게 될까? 많은 사람이 네 번째에는 안타를 칠 것이라고 생각하지만 사실은 다른 타석과 마찬가지로 똑같이 25퍼센트의 확률이다. 이는 관찰자뿐 아니라 판단하는 본인도 빠지는 오류이다. 앞 사건의 결과가 뒤 사건의 결과에 영향을 주지 않는 독립적 사건임에도 연결되어 있다는 막연한 추측을 하는 것이다.

망명 신청 여부를 판단하는 판사들을 관찰해보면 직전 판결에서 망명을 허용할 경우 그다음 신청자에게 망명을 허용할 확률이 1.5퍼센트 낮아졌다. 그리고 두 번 연속 허용하는 경우는 2.1퍼센트나 낮아졌다. 실제로 망명 자격을 갖췄는지 여부와 상관없이 앞선 판결의 연속선상에서 판단한다는 것이다. 각각의 케이스를 독립적으로 판단하지 못한다. 이러한 도박사의 오류는 10년 경력 미만의 판사에게서 더 많이 관찰되었다.

또 다른 예를 보자. 신입사원을 채용하기 위해 면접을 하는데 마음에 드는 지원자가 있어서 최고점을 주었다. 그런데 바로 다음 지원자도 이전 지원자 못지않게 준비를 잘해 왔고, 어떤 면에서는 그 지원자보다 나은 점이 관찰되었다. 점수를 어떻게 줄지 고민이 되는데, 이때 이전 지원자에게 준 점수가 영향을 미치기 쉽다. 이전 지원자와 상관없이 현재 지원자를 독립적으로 평가해야 하는

데도 불구하고 말이다. 거꾸로 앞의 지원자가 너무 엉망이었다면, 다음 지원자는 상대적으로 보통만 해도 꽤 잘하는 것으로 판단하게 될 가능성이 크다. 독립적이어야 할 사안이 연속선상에 있으면 서로 영향을 주게 되는 오류가 발생하는 것이다.

● 사후 확신 편향 hindsight bias

사건이 터진 후에 돌이켜보면 마치 모든 것이 분명한 개연성에 따라 일어난 것처럼 생각되는 편향이다. 어떤 일이 벌어지면 스스로 충분히 납득될 때까지 '왜'를 생각하게 된다. 큰일에는 큰 이유가, 작은 일에는 작은 이유가 있을 것이며, 모든 일은 다 연결되어 있을 것이라고 믿고 그 이유를 찾는다. 진짜 우연히 벌어진 일일 수도 있는데, 그것을 받아들이기 어렵다.

● 확증 편향 confirmation bias

사람들은 자신이 기존에 가지고 있던 생각을 강화시키는 정보만 듣는 경향이 있다. 자신이 갖고 있는 믿음 시스템을 작동하는 것이다. 그렇게 하는 것이 쉽게 답을 얻을 수 있으므로 확증 편향은 아주 쉽게 작동한다. "내가 그럴 줄 알았어"라는 말을 자주 하는 사람들은 확증 편향에 빠져 있는 경우가 많다.

● 정보 오류 information bias

정보는 많을수록 좋은 것이라 여기고 정보 수집에만 열을 올리고 얻은 정보를 잘 분석하지 않는 오류이다. 물론 정보는 충분한 것이 좋지만 어디까지가 충분한 것인지 적정한 수준을 알고 멈추는 것은 쉬운 일이 아니다. 고민을 할 때에도 너무 많은 정보는 도리어 결정에 혼란을 줄 뿐이다.

● 최신 편향 recency bias

과거 자료보다 최신 정보를 무조건 높게 평가하는 경향을 말한다. 당뇨병으로 치료를 받고 있는 사람이 새로운 당뇨 치료법이 나왔다는 연구 결과를 해외 의학 뉴스에서 보았다고 하자. 지금까지 받고 있던 치료법보다 훨씬 좋아 보이고 당뇨가 완치될 것이라는 코멘트에 그는 큰 충격을 받는다. 외국에 가서라도 그 치료법을 시도해보고 싶어져 고민이 된다.

이처럼 특히 과학이나 의학 관련 정보가 최신 편향에 빠지기 쉬운 대상이다. 그러나 사실 해외 연구 결과는 새로운 가설이 동물 연구 등으로 밝혀졌다는 의미가 있을 뿐이고, 실제 인간에게 사용할 정도로 상용화하기까지는 꽤 오랜 기간 동안 여러 단계를 거쳐야 한다. 그리고 지금 사용하는 의학적 치료는 모두 그 효과가 검증된 안전하고 확실한 것들이다. 그렇지만 새로운 의학 관련 뉴스는 언제나 유혹적이고, 고민을 하게 만든다.

● **착각 상관** illusory correlation

자신의 믿음이 틀렸다는 것을 입증하는 증거보다 그 믿음을 강화하는 증거를 선별해 기억하는 것이다. 어떤 사람이 한번 마음에 들지 않았다면 그 사람의 선행이나 좋은 성격적 측면에 대해 다른 동료가 말해줘도 그것을 깎아내리거나 어쩌다 한 번 있는 일이라 여기고, 그가 작은 실수를 한 것은 그의 성격적 특성의 전형적 결과물이라고 해석하는 것이 착각 상관이 작동한 결과다. 착각 상관은 고민을 할 때 자기가 보고 싶은 방향으로만 판단하게 해서 객관적 판단을 하지 못하게 한다.

● **전망 이론** prospect theory

발생 확률이 낮은 것은 과대평가하고 발생 확률이 높은 것은 낮게 평가하는 오류도 있다. 비행기 사고와 자동차 사고를 비교해보자. 9·11사건 이후 뉴욕에서 플로리다로 여행하는 사람들이 비행기를 타지 않고 자동차를 선택하는 비율이 대폭 증가했다. 자동차로는 며칠을 가야 하는데도 불구하고 비행기 사건이 준 강한 인상이 판단의 축을 바꾼 것이다. 실제로는 자동차로 먼 거리를 이동하는 경우 사고가 날 확률이 비행기로 이동할 때보다 훨씬 높은데도 말이다.

● **생존자 편향** survivorship bias

특정한 상황에서 무사히 살아남은 사람에게게만 집중함으로써 그 상황을 잘못 판단하게 하는 경향이다. "하루 여덟 시간 잠을 충분히 자고, 학교 수업에 충실하고, 사교육은 받지 않았습니다." 어려운 환경에도 좋은 대학에 입학한 사람들의 전형적 고백이다. 이런 내용의 인터뷰를 보고 나면 학원에 다니는 것은 불필요하다는 생각을 하기 쉽다.

뉴스가 되는 것은 매우 예외적인 일이기 때문이라는 것을 우리는 쉽게 잊는다. 이처럼 예외적인 생존자를 보고 일반화하는 판단을 하는 오류가 생존자 편향이다.

몸이 아파도 고민하기 힘들다

————————— 고민은 정신적인 문제로만 생각하기 쉽지만, 몸이 아파도 고민은 힘들어진다. 아플 때 느끼는 통증은 우리 몸의 위험을 알리는 신호에 가깝다. 통증이 있어야 위험을 자각하고 그에 대처할 수 있기 때문이다. 신경 신호가 통증을 인식하면 그때부터 모든 의식은 이 통증의 원인을 찾아내서 없애는 것으로 모아진다. 통증이라는 불을 끄는 것이 무엇보다 우선이라고 여기기 때문이다. 그래서 자원 배분에 있어서도 우선권을 갖는다.

불안이 외부의 위험을 감지하는 센서라면 통증은 반대로 내부의 고장을 찾아내라는 몸의 신호다. 두 경우 모두 현재 중요하고 급한 일이 벌어졌으니 빨리 대처하라는 신호다. 그래서 불안할 때와 마찬가지로 통증을 느낄 때에도 고민에 집중하기 어렵다.

미국 애리조나 주립대학의 크리스토퍼 산체스Christopher Sanchez는 구강청정제로 통증을 주는 실험을 통해 작업 기억 능력과 통증의 연관성을 연구했다. 구강청정제로 입을 헹구어본 사람은 바로 감이 올 것이다. 입안에 오래 머금고 견디는 것 자체가 고통을 주는 것인데, 인체에는 무해한 행위다. 산체스는 대학생들을 모집해 입에 21.6퍼센트의 알코올을 포함한 구강청정제 20밀리리터를 45초 정도 머금고 있다가 한 번 가글하는 방식으로 입안을 헹군 후에 통증 수준을 평가하게 했다. 그리고 구강청정제를 사용하기 전과 후의 작업 기억을 측정했다.

실험자는 45초 동안 구강청정제를 입에 머금고서 20개의 단어를 외우거나 '(5×1)+6=?'과 같은 간단한 수학 문제 24개를 최대한 많이 풀도록 지시했다. 실험 결과, 통증 자극을 주기 전에 작업 기억이 높은 수준으로 평가된 학생은 구강청정제를 줘도 영향을 받지 않았지만, 작업 기억이 다소 낮은 수준으로 평가된 학생은 구강청정제를 머금은 상태에서 과제를 주자 결과치가 37퍼센트나 떨어졌다.

마음의 여유가 있다면 통증이 고민에 큰 부담을 주지 않지만,

작업 기억이 적은 상황, 즉 마음의 여유가 적은 상태에는 통증이라는 신체적 문제가 고민하는 능력의 공간을 잡아먹어 하드웨어적 능력치를 감소시킨 것이다.[40]

정신과 의사이자 《스스로 치유하는 뇌》의 저자 노먼 도이지 Norman Doidge는 인간의 뇌는 수행하는 활동이 무엇이냐에 따라 각 부위의 자원을 훔쳐서 그 활동에 필요한 공간을 확장해가는 과정을 거친다고 설명한다.[41] 예를 들어 시각 정보를 처리하는 곳으로 할당된 공간이라고 해도 청각이나 촉각 정보를 더 많이 활용하는 활동을 한다면, 원래 청각이나 촉각 정보를 위해 할당된 공간을 시각 정보에까지도 쓸 수 있게 되는 것이다. 제한된 공간을 두고 땅따먹기 놀이를 하는 것과 같은 일이 뇌에서도 벌어진다. 마치 사무실 공간이 업무 성과에 따라 재배치되는 것과 같다.

이때 통증을 경험하면, 이를 처리하고 느끼고 인식하기 위해 뇌 전반의 다양한 영역이 통증 처리에 배분된다. 그러다 보면 원래 그곳을 쓸 수 있게 지정되어 있던 기능을 사용할 공간이 매우 좁아진다. 그래서 갑자기 심한 통증을 느낄 때나 만성 통증에 시달리고 있을 때에는 생각, 감각, 이미지, 기억, 동작과 같은 다양한 정신 활동에 제한이 생긴다. 이는 통증이라는 스트레스로 뇌의 활동이 위축되는 차원을 넘어, 원래 그 활동을 하도록 지정된 곳이 통증 처리 기능에 빼앗겨버린 결과다.

대뇌피질의 일부인 후두정엽posterior parietal lobe은 시각 자극과 통증을 함께 처리한다. 통증에 시달리던 사람에게 시지각 이미지를 연상하는 훈련을 시켰더니 통증이 줄어드는 결과를 보였다. 후두정엽에서 통증을 처리하는 데 가동되는 영역이 적극적인 시지각 활용으로 점유율이 줄었기 때문에 통증을 지각하는 기능조차도 줄어든 것이다. 이 실험으로 뇌에서 한정된 영역을 두고 통증이 어떻게 원래 기능과 경쟁하고 있는지 검증할 수 있었다.

더 나아가 통증이 만성적으로 반복되면 통증과 관련된 신경 전달 연결망이 다른 어떤 신호보다 우선하게 된다. 특히 통증은 두정엽과 측두엽의 아래에 있는 섬엽이 느끼지만, 이와 관련한 불쾌감을 지각하는 것은 전전두엽 한가운데에 위치한 전측대상회이다. 이 부분이 강화되면 통증이 사라지더라도 불쾌감은 지속되고, 이어 이 불쾌감의 원인을 편도체가 감정적으로 해석해 우울이나 불안으로 연결시키기도 한다. 통증의 원인을 피하기 위한 회피 행동의 계획을 세우는 전전두피질이 강화되면 통증은 더욱 만성화된다. 그렇게 되면 통증, 통증에 의한 불쾌감, 그로 인한 감정적 반응이 뇌의 전 영역을 점령하면서 마음 안에서는 다른 영역에서 필요한 고민을 할 자원이 모자라는 상태가 된다.

뇌의 용량은 한정돼 있고, 통증은 급박한 문제로 인식된다. 때문에 당장 쓸 수 있는 유연한 작업 기억을 장악한다. 더 나아가 뇌의 빈 공간을 어디든 쑤시고 들어가 통증에 대처하는 자원으로 삼는다. 그러므로 문제를 평가하고, 감정을 저울질하고, 행동 계획을 세우는 것과 같은 복잡한 고민을 하는 능력이 급격히 떨어질 수밖에 없다.

이런 메커니즘을 알고 나면 암과 같은 중증 질환이 있는 사람이 치료 과정에 적절한 의료 행위를 선택하는 데 어려움을 겪는 것을 이해할 수 있다. 처음 경험하는 것이고, 삶과 죽음의 기로에 있다는 심리적 압박에다가, 통증과 신체적 불편감이 뇌의 한정된 자원을 점유하게 되어 주어진 고민을 충분히 할 수 없기 때문이다. 꼭 암이 아니더라도 두통, 치통, 몸살 기운과 같은 자잘한 통증도 집중력, 판단력, 기억력에 필요한 뇌 용량의 지분을 잡아먹는다. 특히 순간순간 심해지는 편두통 같은 통증은 능력의 일관성을 흐트리기 쉽다. 그러면 고민에 집중하지 못해 혼란스러워지거나, 성급한 결정을 내릴 위험이 있다.

4장

뇌와
마음을 다루는
전략들

· · ·

우리가 고민을 하는 과정에는 생각보다 많은 장애물들이 있는 것처럼 보인다. 그러나 앞에서 살펴보았듯이 합리적 판단을 방해하는 감정과 뇌의 작동원리를 이해하면 해결책을 찾기 힘든 것만도 아니다. 그 길을 따라가면 내 인생에 던져진 고민의 고차방정식을 푸는 방법도 보인다.

혹시 여기까지의 내용이 딱딱하고 이론적인 내용이 많아서 머리가 지치지는 않았는지? 지금까지가 산의 오르막이라면 이제부터는 기분 좋게 산등성이를 걷는 과정이다. 원인에 대해 이해만 해도 실천하는 데 훨씬 도움이 되지만, 지금부터 나오는 내용까지 알면 금상첨화다. 구체적이고 유용하며 검증된 방법만 제시할 것이기 때문이다. 머리가 지끈지끈하게 아팠다면, 혹은 다시 뇌를 혹사시키기로 마음을 굳게 먹은 독자라면 마음을 놓아도 된다. 다리를 쭉 펴고 편하게 읽어도 좋겠다.

이 책은 개별 고민의 해법을 하나하나 제시하는 것을 목적으로 하지 않는다. 언제 어디서 어떤 고민을 맞닥뜨리더라도 혼자서 풀어낼 수 있는 방정식과 대응 전략을 소개하는 것이 이 책의 목표다. 내가 원하는 것은 모든 문제의 답을 다 아는 것이 아니라, 고민의 큰 틀을 파악해 일상의 과제들을 잘 해결하고 정리하는 것이다. 그러기 위해서는 다음의 네 가지 기본 원칙을 먼저 마음에 새겨야 한다.

① 고민할 이유 자체를 줄인다.
② 고민하기 전에 컨디션을 점검한다.
③ 고민에 필요한 마음의 공간을 확보한다.
④ 고민보다 실행에 비중을 둔다.

만일 이제부터 나올 내용을 잘 꺼내 쓸 수 있다면 언젠가 당신도 상담소를 차려도 되지 않을까? 실은 우리는 웬만한 일에 대한 답을 알고 있다. 다만 에너지와 공간이 부족해서 답을 찾기가 어려울 뿐이다. 우리에게 필요한 것은 제대로 고민할 수 있는 판을 까는 것이지, "와!" 하는 탄성이 나오는 기상천외하고 통찰력 가득한 답을 얻는 것이 아니다. 이제는 그 이야기를 하려고 한다.

뇌 용량 확보하기

우리는 뇌도 근육처럼 쓰면 쓸수록 능력이 강해질 것이라고 생각한다. 인간은 뇌의 1퍼센트만 사용할 뿐이라고 하니, 쉬지 않고 노력하면 비어 있는 99퍼센트의 황무지를 개간할 수 있을 것이라고 믿는다. 그러나 그건 뇌의 성향을 모르고 하는 말이다. 뇌는 1450그램에 불과할 정도로 작지만, 인간이 소모하는 전체 에너지의 20퍼센트를 사용하는 고비용의 기관이다. 이런 고비용 기관을 마냥 확장성이 있게 만들어놓을 수는 없다. 뇌는 정해진 용량이 있는 하드디스크나 메일함에 더 가깝다.

인간의 뇌는 이미 정해진 크기에서 더 커지지 않는다. 노력한다고 이미 만들어진 찻잔을 냉면 그릇으로 바꿀 수는 없다. 그러므로 용량이 제한돼 있다는 대전제가 필요하다. 괜히 뇌의 용량을 늘리는 방법을 찾는 데 애를 쓰다가 좌절하지 말고, 내게 주어진 용량을 효율적으로 사용하는 데 집중해야 한다. 관심의 방향을 분명히 하는 것이다.

그렇다면 뇌의 용량을 어떻게 효율적으로 이용할 수 있을까? 가장 좋은 방법은 문제를 질質보다 양量의 관점에서 보는 것이다. 질의 관점에서 보면, 시급하고 위험한 상황이라고 여겨지는 일은 크고 중요하게 여겨진다. 완벽주의적 성향의 사람은 무엇 하나 쉽게 버리지 못한다. 다 중요하기 때문이다. 때문에 내 뇌의 정해진 용량이 턱없이 모자란다고 여길 수 있다. 그럴 땐 차라리 중립적으로 고민의 가짓수를 세는 편이 낫다. 내가 지금 결정하고 선택해야 할 것들이 몇 가지인지, 하나하나 세어보자. 중요성이라는 질적 계급장을 떼고 숫자만 세어보는 것이다. 그래야 지금의 지형도가 한눈에 들어온다.

메일함의 용량이 다 차서 얼마 남지 않으면 어떻게 하는가? 제일 먼저 하는 일은 중요하지 않은 메일을 지워 용량을 확보하는 것이다. 고민을 위한 공간을 확보하는 방법도 비슷하다. 현재 사용 빈도가 낮은 것들, 당장 해결하지 않아도 되는 것들을 마음 안에서 과감히 꺼내서 던져버리자.

만일 무엇을 버려야 할지 결정하기가 어렵고 직접 정리하기 어렵다면, '자동 정리 기능'을 이용하면 된다. 바로 '잠'이다. 잠을 잘 때 뇌는 우리가 생각하는 것처럼 모든 활동을 중단하고 쉬는 것이 아니다. 은행은 오후 4시에 문을 닫지만 직원들도 퇴근하는 것은 아니다. 그때부터 직원들은 결산 및 필요한 서류 작업을 한다. 마찬가지로 뇌도 눈과 귀를 닫아서 더 이상 새로운 정보가 들어오지 않게 한 다음에 비로소 그날 하루 들어온 정보를 자동 분류해서 남겨놓을 것은 남기고 쓸모없는 것들은 폐기 처분한다. 만일 뇌가 정지한 것처럼 피곤해서 어떤 것도 결정하기 어렵다면 오늘치 용량이 다 차버렸다는 신호다. 그럴 때에는 무리하지 말고, 일단 멈추고 휴식을 취해야 한다. 신기하게도 다음 날이 되면 한결 가벼워진 마음을 발견할 수 있다. 의식적으로 마음속 공간을 확보할 기술을 체득하기 전까지는 훌륭한 자동 정리 기능을 수행해주는 잠을 최대한 이용하도록 하자.

잠을 잘 시간이 아니라면? 잠시라도 뇌의 활용을 줄이기 위해 멍때리거나, 목적 없는 산책을 해보자. 공원을 산책하고 나면 작업 기억 능력이 20퍼센트 정도 증가한다는 연구 결과도 있다.[42] 엄청나게 큰 공간을 단번에 확보할 수는 없지만 수면과 잠깐의 휴식은 빈틈없이 꽉꽉 들어찬 뇌를 비워준다. 짐작건대 5~10퍼센트의 여유 공간은 충분히 만들 수 있다.

미국 미주리주의 세인트존스 병원에서 있었던 일이다. 이 병원에서는 1년에 약 3만 건의 수술이 32개 수술실에서 이루어진다. 2002년, 수술실 가동률이 100퍼센트가 되다 보니 응급환자가 오면 예정된 수술을 뒤로 미루게 되고, 결국 새벽 2시에 수술을 시작하는 일까지 벌어지게 되었다. 수술실을 마냥 늘릴 수도 없고, 간호사들의 야간 및 추가 근무수당도 경영에 부담을 주었다.

이 상황에 대한 해결책은 무엇이었을까? 바로 강제로 여유 공간을 만드는 것이었다. 수술실 하나를 언제나 비워놓도록 스케줄을 짜고 이곳에서는 언제나 응급수술만 하게 했다. 그러자 신기하게도 나머지 31개 수술실에서 모든 수술을 감당할 수 있게 되었다.

수술실 전체의 용량이 부족했던 것이 아니라, 응급수술과 같은 긴급 상황이 갑자기 발생하면서 전체의 균형이 깨져버렸고, 이 상황에 대처할 능력이 부족했던 것이다. 이런 원칙을 고수하자 수술 건수가 도리어 5퍼센트 증가했고, 새벽 수술이 확연히 줄어들었다.[43]

의도적으로 느슨하게 하고 여유 공간을 확보하는 것이 조직의 경제성과 효율성에 더 효과적인 솔루션이 될 때가 많다. 우리 뇌도 비슷하다. 이렇게 여유 공간을 만들어두면 끝없는 고민에 치여서 중요한 문제를 뒤로 미루거나, 고민에 너무 많은 에너지를 써버려 결정한 후 제대로 실행하지 못하는 문제를 해결할 수 있다.

루틴 만들기

──────── 고민의 경중을 분류해서 뇌의 용량을 확보했다면, 이번에는 마음의 여유 공간을 확보해야 한다. 가장 좋은 방법은 처음부터 고민을 할 이유를 없애는 것이다. 즉, 자잘한 일상의 선택들을 줄이고 결정해야 하는 일의 가짓수를 줄이면 그만큼 마음의 여유 공간을 만들 수 있다.

자잘한 일상의 선택을 할 필요 없이 정해진 대로만 한다면 지루하고 따분한 삶이 되어버리지는 않을까? 그러나 현대사회에서 개인이 해야만 하는 결정이 너무나 많아졌다. 더욱이 그 결정에 대한 책임도 전적으로 개인이 짊어지고 가야 할 짐이 된 지 오래다. 마음의 공간은 한정적인데, 결정해야 할 가짓수는 많아졌다. 그런데 후배가 한 실수의 뒤처리를 위해 거래처에 연락을 해야 하는 큰일과, 짬뽕이냐 짜장면이냐와 같이 뭘 결정해도 삶에 큰 문제가 없는 일이 같은 자리를 차지하고 있다면 어떤 일이 벌어질까? 우리 뇌는 진짜 중요한 일에 집중할 넉넉한 공간과 에너지를 배정하기 어려워진다. 이때 일상적인 일은 처음부터 고민할 필요가 없도록 바꿔버리면 여유 공간을 확보할 수 있다.

이처럼 일상의 선택을 최선은 아니더라도 적당히 안전하고 검증된 선택으로 고정해서 반복하는 행동을 '루틴routine'이라고 한다.

1973년생으로 불혹의 나이를 훌쩍 넘어선 일본의 야구선수 스즈키 이치로는 2018년까지 메이저리그에서 뛰었다. 그는 자기 관리가 철저한 것으로 유명한데, 오직 야구에 집중하기 위해서 하루의 일상을 모두 루틴으로 만들었다. 매일 같은 시간에 일어나 오후 2시에 야구장에 도착하고, 거의 일정한 메뉴를 먹는다. 똑같은 시간에 훈련하고 똑같은 시간에 잠든다. 출근길 코스와 차선까지도 일정하다. 이렇게 함으로써 오직 야구에만 전념할 수 있었다.

의식적으로 생각을 하는 순간 에너지가 쓰이기 시작하고, 뇌의 자동화 과정은 방해를 받는다. 자동 주행 기능을 켜면 매뉴얼보다 빠르게 반응하거나 즉흥적으로 방향을 정하지는 못한다. 그렇지만 에너지가 적게 들고 부드러운 운항이 가능하다. 생각이라는 것은 기본적으로 에너지가 들고, 에너지가 많이 들수록 생각의 속도도 느려질 수밖에 없다. 그래서 루틴과 같은 자동화 과정의 가짓수를 늘리는 것이 중요하다.

그런데 어떤 개입에 의해 루틴이 깨지면 두려움이 커지고, 지금까지 자동적으로 하던 행동 전체에 대한 의문점을 가지게 되어 뇌는 더 이상 자동 주행 모드로 작동하지 못한다. 에너지 소모는 급격히 늘어나고, 행동 속도가 느려지며, 긴장도도 올라간다. 고민의 가짓수가 많아져 실제 중요하게 집중해야 할 일에 투여할 에너지가 상대적으로 줄어든다. 스즈키 이치로가 아내와 다투고 화가 나서 평소보다 일찍 나와 식당에 가서 혼자 밥을 먹어야 했다면? 아마 그날은 운동장에 도착하기 전에 너무 많은 것을 결정한 다음이라 이미 피곤한 상태가 되었을 수도 있다.

나는 신발에 까다로운 편이다. 직업상 정장 구두를 신어야 하는데, 걸어 다니는 날이 많아서 가능하면 걷기 편하고 가벼운 신발을 신고 싶었다. 여러 번의 시행착오 끝에 한 외국 브랜드의 모델을 낙점해 몇 년간 만족하며 신었다. 한번은 구두가 낡아서 같은 모델을 사러 매장에 갔더니 내게 맞는 사이즈가 없다는 것이었다. 점원이 전산으로 검색을 하더니 본사 창고에 세 켤레가 있다고 말해주었다. 나는 바로 세 켤레를 모두 구매한 후 배송을 부탁했다. 내년에 수입이 안 되거나 단종이 될 수도 있다는 생각에 남은 신발을 다 사버린 것이다. 마음이 한결 편해졌다. 앞으로 최소 몇 년은 출근할 때 어떤 구두를 신어야 할지 고민하지 않아도 되니 말이다.

물론 모든 옷과 구두를 이런 식으로 구입하라는 것은 아니다. 하지만 이러면 어떨까? 샤워를 하고 이를 닦는 것을 의식하지 않듯이, 아침 출근길에 전철역까지 가는 방법, 어느 문 앞에서 기다릴지, 점심은 어느 곳에서 먹을지 등을 정해놓고 사는 것이다. 그리고 일단 정해지면 큰 문제가 생기기 전까지는 그대로 루틴으로 만들어보자.

루틴은 다른 의미로 습관화라고도 할 수 있다. 의식하지 않고도 그 행동을 하고, 그 행동을 하면서 다른 생각이나 반응을 어렵지 않게 할 수 있는 것이 습관이다. 엘리베이터를 기다리면서 핸드폰을 꺼내는 행동은 어떤 의식도 없이 하는 행동이다. 굳이 왜 그 행동을 하는지 인지하지 않는다. 루틴을 많이 만들면 그만큼 여유 공간이 생기고, 그 행동을 할 때에는 뇌가 거의 거저 움직이는 것이라고 할 수 있다. 무엇보다 좋은 점은 루틴으로 한 행동은 기억에 남지 않는다는 것이다. 기억이라는 저장 공간도 사용하지 않는다. 비교나 검토를 할 필요가 없는 안정적인 반복 행동이기 때문에 흔적도 없이 사라져버려 부담도 없다. 에너지도 덜 들고 보관 비용도 안 드는 것이 루틴이다.

여기서 중요한 것은 일상에서 매일 반복하는 일과, 공적인 일이나 사회적인 관계에서 책임을 지고 결정해야 하는 일을 구별해야 한다는 점이다. 전자는 루틴을 적극적으로 도입하는 게 좋고, 후

자는 조심해야 한다. 관성대로 하다가 자칫 위험한 결과를 초래할 수 있기 때문이다. 모든 일에 루틴을 만드는 것이 아니라 집중할 일에 집중하기 위해 루틴을 만드는 것이라는 점을 기억하자.

루틴을 통해 융통성을 포기하는 대신 얻을 수 있는 것은 뇌의 빈 공간이고, 내적 안정성이다. 루틴은 내 마음 안에서 동요되는 것을 줄여주는 지지대와 같은 역할을 해준다.

자아의 고갈을 막기 위한 체크리스트

─────── 뇌는 아주 연비가 낮은 비효율적 기관이면서 아주 예민한 시스템이다. 에너지도 많이 소모하고, 몸이 지치면 제일 먼저 기능이 떨어진다. 이러한 에너지의 결핍은 자아의 고갈을 가져오고, 감정 조절과 충동 억제, 결정과 선택 능력의 마비를 불러온다. 큰일을 고민해야 할 때일수록 자아가 고갈되지 않도록, 혹은 고갈될 정도로 지치지 않도록 자신의 상태를 점검하는 것이 필요하다.

기본적인 체크리스트는 다음의 다섯 가지이다.

① 배고픔
② 통증
③ 수면 부족

④ 촉박한 시간

⑤ 금전적 압박

배고픔과 통증, 수면과 같은 신체적인 요인도 있고, 촉박한 시간 이나 금전적 압박 같은 상황적 요인도 있지만, 이들 모두는 정신적 에너지를 소진시킨다는 면에서 같은 역할을 한다.

그러므로 이런 사전 점검에서 걸리는 것이 있다면 먼저 그것을 해결해보자. 해결하지 못했다 할지라도 이 문제가 고민의 과정과 결정에 영향을 준다는 점을 이해하는 것만으로도 충분하다. 그리 고 다시 고민을 시작하자. 그러면 너무 성급히 결정하거나, 보수적 으로 결정하거나, 다른 요소들을 충분히 유연하게 검토하지 못해 서 후회할 일을 만들지 않을 수 있다.

고민의 위치 파악하기

나를 곤혹스럽게 하는 사안을 해결할 방법을 찾기 전에 먼저 해야 할 일이 있다. 고민의 GPS를 켜서 현재의 위치를 파악하는 것이다. 내 삶이라는 큰 지도에서 이 문제가 어디에 위치해 있는지, 그리고 그 깊이나 높이가 어느 정도 수준인지를 찾는 데서부터 시작해야 한다. 다음의 세 가지 기준으로 고민의 위치를 측정할 수 있다.

첫째, 고민하는 사안에 대한 내 반응을 감정적 영역이 주도하는지, 인지적 영역이 주도하는지 구별한다. 만약 고민을 앞에 두고 '이 일이 잘못되면 나는 망할 거야' 같은 불안이 앞선다면, 이는 감정이 주도적인 상황이다. 우울이나 불안과 같은 감정이 개입되면 같은 문제라도 더 무겁고 힘들게 느껴질 수 있다. 반대로 특별한 감정의 움직임 없이 '내일 여행 예약하기, 회의 준비하기, 보고서 검토하기, 아이 학원 등록하기'와 같이 너무 많은 일이 한꺼번에 몰려와서 복잡한 상황이라면, 이것은 인지적 영역으로 분류한다.

둘째, 지금 당장 해결해야 할 일과 나중에 해도 될 일을 구별한다. 내일 해도 되는 일과 먼 미래에 일어날 일은 바로 처리해야 할 일이 아니다. 더구나 미래의 일은 생길 수도 있고 안 생길 수도 있는 가능성의 영역 안에 있는데, 이를 현재의 일로 판단해 갑자기 중요한 일이 되어버린다면 고민에 고민을 더하는 꼴이다. 더 나아가 과거의 일이 지금 이 고민에 어느 정도 영향을 미치고 있는지도 파악해보자. 과거의 경험이 현재의 고민과 결정에 지나치게 많이 개입하는 것도 문제가 되기 때문이다. 감정과 이성을 구분하는 다음으로 중요한 것은 과거―현재―미래 사이에서 지금 하고 있는 고민의 시간성을 확실히 하는 것이다.

셋째, 지금 내가 가지고 있는 마음의 자산을 점검한다. 많이 피곤하고 지쳐 있을 때와 에너지가 충분할 때 할 수 있는 행동은 다를 수밖에 없다. 우리는 이런 부분을 쉽게 무시하고 사안의 중요성에만 초점을 맞춰 에너지를 투자하려 한다. 하지만 그래서는 안 된다. 주머니가 가벼울 때는 지출을 줄이고 목돈이 드는 물건을 사기 전에 통장 잔고를 머릿속에서 확인하듯이, 지출될 에너지와 지금 사용 가능한 에너지의 수준을 먼저 가늠할 줄 알아야 한다. 하루가 끝나가는 늦은 저녁과 충분히 푹 쉬고 난 오전 10시의 에너지 총량은 다르다. 같은 고민이라도 깊이 생각해야 하는 일이라면 가급적 지친 오후보다는 오전이 낫고, 에너지가 많이 모자라는 것 같다면 생각의 덩어리를 쪼개서 일부만 정리하겠다는 계획을 세워야 한다.

작업 기억 활용하기

──────── 작업 기억의 개념을 이용하면 더 많은 뇌의 공간을 확보할 수 있다. 앞에서 언급했듯이 작업 기억이란 컴퓨터의 '캐시'의 개념과 유사하다. 사용할 가능성이 높은 정보를 의도적으로 임시 저장하는 작고 빠른 기억 장치, 즉 작업 기억을 활용하면 매번 해마와 같은 주기억 장치에서 정보를 불러들이지 않아도 된다. 기억을 작고 빠른 기억과 크지만 느린 기억의 두 가지로 나눈 것이다. 이는 1960년대 슈퍼컴퓨터를 설계하면서 개발된 개념인데, 인지심리학이 발달하면서 인간의 뇌에서도 거의 유사한 시스템이 작동하고 있다는 것을 알게 되었다.

고민을 위해서는 작업 기억의 개념을 잘 알고 활용해야 한다. 작업 기억 능력은 기억력과는 다르다. 작업 기억이 잘 작동하면 정보의 우선순위를 정하고, 중요한 정보에 집중하며, 당장 쓸 정보들을 용이하게 조합해서 임기응변을 하고 빠른 판단을 할 수 있다.

작업 기억을 활용하는 첫 번째 방법은 재빨리 기억을 꺼내 쓸 수 있도록 분류를 잘하는 것이다. PC의 '내문서' 폴더에는 파일이 두서없이 잔뜩 깔려 있을 때가 있다. 워드, 파워포인트, 한글, PDF 등 온갖 종류의 파일이 내가 작성한 것, 메일로 받은 것 등이 뒤섞인 채로 수백 개가 늘어서 있다. 매번 적당한 폴더에 분류하지 못한 게으름의 결과다. 그러니 필요한 파일을 찾아야 할 때가 되면 난감하다. 파일 제목이 생각이 안 나면 언제쯤 작성한 것인지 기억을 더듬어 파일생성일로 정렬한 후 훑어보지만, 쉽지 않다. 다양한 확장자의 수백, 수천 개의 파일 목록이 죽 늘어서 있는 걸 보면 머리가 작동을 멈출 지경이다. 그래서 시간이 많은 날을 하루 잡아 정리를 한다. 지정된 폴더로 재분류하는 일은 아주 귀찮은 일이지만 마치고 나면 훨씬 보기도 좋고 찾기도 편하다. 종류와 업무별로 10여 개의 폴더를 만들어 정리하니 한눈에 들어온다.

'내문서' 폴더 안의 파일들이 내 마음에 떠도는 수많은 해야 할 것들의 기억들이라면, 폴더로 재분류해주는 작업은 작업 기억의 측면에서 보면 필수적인 과정이다. 자잘하고 단편적인 고민들을 종류별, 주제별로 뭉쳐놓으면 가상의 여유 공간이 넓어진다.

여행을 갈 때 호텔, 관광지, 교통편, 식당을 하나하나 고르려고 하면 머리의 용량에 금방 제한이 온다. 더구나 일을 하면서 여행 계획을 세워야 한다면 업무를 할 때 사용할 뇌의 공간이 부족할 수밖에 없다. 그러므로 점심시간이나 퇴근 후에 여행 계획을 다시 펼쳐놓고 적극적으로 고민을 할 때를 제외하고는 '여행을 간다'는 가상의 마음속 폴더를 만들어 그 안에 호텔, 관광지, 교통, 식당 등에 대한 생각들을 다 집어넣어버린다. 그러면 일곱 개를 담을 수 있는 작업 기억 공간 중 네 개를 차지하고 있던 여행 관련 생각들은 하나로 줄어들고, 그것도 아주 작은 파우치같이 압축되어서 자리도 덜 차지할 것이다.

작업 기억을 활용하는 두 번째 방법은 맥락과 이야기로 엮는 것이다. 어떤 일을 하려면 꼭 해야 할 일들이 있기 마련이다. 이들을 각각 생각하고 결정하려면 머리에 부담이 된다. 그런데 물 흐르듯이 전후 관계를 생각하면서 하나의 문장으로 만들어 맥락을 파악하면 대여섯 가지 일을 하나의 문장으로 완성할 수 있다. 본 것, 들은 것, 느낀 것과 같이 다른 감각기관으로부터 온 것들이라 해도 맥락이 있는 문장으로 만들면 훨씬 단순해진다. 많은 기억력 전문가들이 사용하는 방법이다. 이럴 때 하나하나의 단위 기억보다 맥락으로 묶어놓은 큰 덩어리로 상황을 파악하면 도움이 된다. 이렇게 하면 일단 큰 그림이 잡히고 이후에 필요한 것 위주로 안으로 들어가서 살펴보는 방식을 취하면 뇌의 부담을 훨씬 덜 수 있다. 단순화를 위해서는 지금 상황을 하나의 문장이나 카피, 메모지에 적을 내용으로 축약하는 연습을 하는 것도 좋다.

예를 들어, A씨는 지금 새로운 프로젝트를 맡았다. 6개월간 진행될 프로젝트를 위해 팀원을 모으고, 업무 공간을 새로 확보해야 한다. 같이 일하고 싶은 후배 B가 있는데 출장을 가서 다음 주 초에 온다. 한 번 만나자고 이메일을 쓸 생각이다. 기획안을 보니 아무래도 예산이 모자란다. 본부장에게 추가 예산을 요구하기 위한 미팅을 요청해야 한다. 그리고 8층의 회의실 옆에 있는 빈 공간을 프로젝트 팀 사무실로 사용할 수 있는지 총무팀에 문의해야 한다. 앞으로 6개월 동안은 많이 바빠질 것이라고 식구들에게 설명도

해야 한다. 여름 휴가는 아무래도 못 갈 것 같다. 언제 말을 하는 게 좋을까?

이 많은 것들이 머릿속에 담겨 있으면 복잡해지는 것이 당연하다. 다른 일이 끼어들 여지도 없어질 것이다. 이럴 때 짜증이 나기 쉽다. 이미 정보의 양에 압도당해서 새로 밀고 들어오는 사안은 밀리는 차로에서 내 앞에 끼어드는 차같이 미워 보이기 때문이다. 하지만 결국 A씨가 결정해야 할 일들임은 분명하다. 이 모든 것을 이렇게 정리해보자.

반년 프로젝트 K, 도약의 기회!

이처럼 나름의 카피로 만들어 사안을 단순화하고 목적을 명료하게 만든다. 그러면 많은 것들이 맥락을 가지면서 문장 안으로 들어와 자리를 잡고, 일을 풀어갈 흐름과 순서가 자연스럽게 만들어진다.

이번에는 사용하지 않는 정보들을 과감히 버리는 방법에 대해 생각해보자. 고민을 잘하기 위해서는 언제든 필요할지 모른다는 마음으로 기억 속에 담고 있던 정보를 과감히 삭제해야 한다.

나는 책을 많이 사는 편이다. 언제나 서가 공간이 모자라다. 집뿐만 아니라 연구실에도 빽빽하게 책이 꽂혀 있고, 책상 위에는 읽지 못한 책들도 쌓여 있다. 그러다 보니 막상 필요한 책을 찾기 어려울 때도 많다. 물론 샀던 책을 또 사는 일도 비일비재하다. 이래서는 안 되겠다는 위기의식에 나름의 원칙을 정했다. 바로 다음의 세 단계 정리법이다.

첫 단계는 최근 구매해서 읽기 시작했거나 읽을 예정인 책으로 책상 위에 한 줄로 쌓아놓는다. 다 읽은 후에는 다시 보거나 참고할 가치가 많은 책, 다시 볼 필요는 없으나 꽤 재미있게 읽은 책, 다시는 보지 않을 책으로 나눈다. 세 번째 그룹에 속한 책은 필요한 사람에게 주거나 중고서점에 판다. 두 번째 그룹은 일반 서가에 꽂고, 자리가 없으면 가장 오래전에 산 책 중에서 한 번도 펴보지 않은 책을 무조건 꺼낸다. 첫 번째 그룹의 유용한 책들은? 이들도 예외는 없다. 이 책들은 내가 아주 아끼는 책만 모아놓은 하나의 책장에 보관한다. 약 150권 정도가 들어가는데, 나는 이곳을 '부속 뇌', 혹은 '명예의 전당'으로 부른다. 이미 150권이 다 차 있는 상태에서 이곳에 들어갈 새 책이 등장하면 그 자리에서 나와야 할 한 권의 책을 고른다. 나온 책은 버리지 않고 다른 일반 서가로 옮겨지는데, 만일 일정 기간 그 책을 보지 않았다면 역시 세 번째 그룹에 속해 내 서가에서 영영 사라진다.

이런 식으로 책을 정리하지 않았으면 아마도 내 서가와 연구실은 일본의 독서광이자 애서가인 다치바나 다카시가 20만여 권의 장서를 보관하고 있다는 '고양이 서재'만큼 무시무시한 혼란의 공간이 되어버렸을 것이다. 나는 우리의 뇌도 이런 방식으로 정리를 하는 것이 좋다고 생각한다. 사용 빈도가 낮은 정보는 과감히 삭제하고 잊어버리려 노력하는 것이다. 그렇다면 어떤 원칙으로 정보를 삭제해야 할까?

정보 삭제의 원칙은 무작위, 선입 선출(가장 먼저 발생하거나 도착한 데이터를 가장 먼저 처리하는 방식), 최저 사용 빈도 삭제의 세 가지로 나눈다. 연구에 따르면 무작위나 선입 선출보다 최저 사용 빈도 삭제가 정보 관리에 가장 효율적이다.[44] 그러므로 시간적으로 등록된 지 오래된 정보보다는, 얼마 지나지 않았어도 한 번도 열어보거나 관심을 둔 적 없는 정보라면 그것부터 과감히 머릿속에서 지워버리는 것이 낫다. 최근에 자주 쓰는 정보일수록 가까이에 두고, 그 외의 것들은 저 멀리 있다는 마음의 이미지를 그려보는 습관을 들이면 작업 기억을 효율적으로 관리하는 데 도움이된다.

쓸모없는 정보를 지우고 공간을 확보하는 건 말로는 쉽지만 바로 실천하기란 쉽지 않은 일이다. 만일 당장 머리는 복잡해서 꽉 찬 느낌인데, 해야 할 일들이 산적해 있다면? 아주 쉬운 작업 공간 확보 방법이 있다. 바로 낙서를 하는 것이다.

영국의 플리마우스 대학 심리학과의 재키 안드레이드Jackie Andrade는 40명의 참가자를 20명씩 두 그룹으로 나눴다. 그리고 참가자들에게 지루한 통화 내용을 듣게 하면서 굳이 기억할 필요는 없다고 알렸다. 절반에게는 종이를 주고 낙서를 하게 했고, 나머지는 그냥 듣게 했다. 녹음된 통화를 다 들려준 후, 내용을 최대한 세세하게 기억해내라고 요구했다. 결과를 보니 그냥 듣기만 한 사람들에 비해서 낙서를 하면서 들은 사람들이 대화 내용을 29퍼센트나 더 잘 기억해냈다. 작업 기억을 최소한의 작동 모드로 켜놓고 있게 해서 자연스럽게 들어온 정보에 대한 주의를 기울이는 데 도움을 준 것이다. 더욱이 낙서와 같이 큰 에너지가 들지 않는 행동은 작업 기억의 공간을 차지하지도 않았다. 그래서 흘러가는 정보들이 더 잘 기억이 된 것이다.[45]

카페에서 공부를 하면 잘 되는 것을 백색 소음white noise의 영향으로 보는 견해가 있듯이, 지루한 상황이 계속되거나 일의 압박감이 올 때 낙서와 같은 아주 최소한의 에너지가 드는 행동을 하면 작업 기억의 활용도가 올라간다.

큰 고민을 작게 쪼개기

———————— "고민이 너무 많아서 머리가 터질 것 같아요. 고민거리를 생각해야 한다는 생각만으로도 질려버려요."

많은 이들이 고민 때문에 괴로워하면서 하는 말이다. 산적한 고민거리들로 마음의 공간이 10퍼센트도 남아 있지 않으니 이런 감정이 드는 것은 당연하다. 이제 우리는 공간을 확보하는 방법을 알게 되었다. 비로소 고민거리를 펼쳐놓고 볼 수 있게 되었다. 이런 상황을 상상해보자.

나는 지금 옷장 앞에 서 있다. 매일 집에 돌아오면 옷을 벗어 옷장 속에 쑤셔 박아놓는다. 그리고 재빨리 옷장 문을 닫는다. 쏟아져 내릴지 모르니까. 입었던 옷들은 점점 뒤로 밀리고, 맨 앞에 놓인 옷만 꺼내 입는다. 저 깊숙한 곳에 뭐가 있을지 몰라 두렵기까지 하다. 가을, 겨울이 지나 봄옷을 입어야 하는데, 여전히 옷장 맨 앞쪽에는 겨울옷들만 있다. 어떡하지?

이것이 고민거리로 머리가 꽉 찬 사람의 심정이다. 무작정 고민거리를 우겨 넣었지만, 정리도 안 되어 있고 엉켜 있는 고민거리들을 다시 꺼내기도 무섭다. 이럴 때는 하나하나 꺼내서 열어봐야 한다. 그래야 버릴 것과 버리지 않을 것, 상황이 바뀌면서 새로 고민해야 할 것을 앞쪽으로 내놓을 수 있다. 바람직한 고민은 내가 뭘 갖고 있는지 파악하는 것에서 시작한다. 이를 위한 가장 효율적인 방법은 글로 써보는 것이다.

포스트잇 뭉치를 하나 꺼내서 책상 위에 놓아보자. 그리고 지금 머릿속에 있는 것을 생각나는 대로 하나씩 써보자. 작업 기억의 덩어리 개념을 이용한다면 비슷한 주제를 한 장에 써도 괜찮다.

- **일요일 가족 모임 장소 정하기**
- **식당 예약하기**

- 어머니께 안부 전화하기
- 적금 해약 여부 결정하기
- 마음에 안 드는 후배와의 관계
- 이가 계속 시큰거리는데, 치과를 가야 하나?
- 휴대전화 약정 연장 여부 결정하기
- 지금 직장은 계속 다닐 만큼 비전이 있나?
- 사놓은 책 읽기

다 쓰고 난 다음 테이블 위에 올려놓고 찬찬히 쳐다보자. 문제를 해결하려고 하지 말고 그냥 응시만 한다. 마음 안에 있을 때에는 보이지 않지만 이렇게 써서 눈앞에 놓으면 각 고민거리들의 무게와 시급성이 보인다. 묵직하게 자리하던 감정적 덩어리가 마음 밖으로 나와 한결 가벼워지는 것을 느낄 수 있다.

이제 이들을 오늘 해야 할 것, 일주일 안에 할 것, 그리고 장기적 과제로 나누고 포스트잇을 테이블 위에서 재배치한다. 당장 해도 되는 것들, 예를 들어 모임 장소를 정하고 식당을 예약하고 어머니에게 전화하는 것은 후딱 해버리자. 그리고 종이를 구겨서 버린다. 나머지를 시간순으로 두고 휴대전화로 촬영한다. 끝!

할 일 목록을 작성해서 갖고 다니는 것보다 편하다. 머릿속이 복잡하고 마음이 무거워질 때 한 번씩 해보자. 고민거리가 무엇인지 실체를 확인하는 것만으로도 고민의 무게는 훨씬 가볍고 감당할 만한 것으로 손안에 남는다.

딱히 새로운 방법은 아니다. 그런데 사람들은 왜 이 좋고 쉬운 방법을 잘 쓰지 않을까? 예전에 작은 제과점 상자를 선물로 받았다. 출출할 때 먹을 요량으로 감사한 마음으로 연구실로 가져왔다. 그 이후 계속 바빴던 나머지 선물을 받았다는 사실조차 까맣게 잊었고, 상자 위로 서류, 책 등이 쌓였다. 거의 몇 달이 지나 연구실이 지저분하다는 걸 깨달은 나는 방을 치우기 시작했고, 비로소 그 상자를 발견했다. 언제 받았는지조차 기억이 나지 않았다. 슬쩍 흔들어보니 과자는 아니었고, 케이크 같았다. 겁이 덜컥 났다. 혹시 생크림 같은 것이 들어가서 썩어버렸을까 무서웠다. 벌렁거리는 가슴을 부여잡고 뚜껑을 개봉했다. 상상만으로도 토하기 직전의 상태가 되었다. 막상 열어보니 다행히 화과자였다. 가장 무서웠던 구더기는 보이지 않았다. 마음이 놓였다. 방부제를 많이 쓴 탓이겠지만 말이다.

고민을 꺼내놓지 못하고 회피하는 이유는 이렇게 보고 싶지 않은 것이 튀어나올까 봐 걱정되기 때문이다. 그동안 어떻게든 생각하고 싶지 않아서, 감당을 못할까 봐, 너무 괴로운 일이라 뒤로 미뤄놨던 일을 직면해야 하니 말이다. 그런 감정적 공포가 고민을 그냥 안고 가게 만든다. 그러나 내가 제과점 상자 안의 물건을 결국은 해결해야 했듯이, 마냥 문제를 안고 갈 수만은 없다. 아무리 방부제를 많이 쳐도 언젠가는 해결해야 한다.

고민의 덩치가 너무 커도 압도당해버리기 쉽다. 주제가 너무 크면 감당이 안 된다. 인생의 목표, 어머니와의 관계, 성격적 콤플렉스 등은 답도 나오기 어렵고, 해결하려고 해도 숨부터 턱 막힌다. 꼭 이렇게 모호하고 추상적인 것이 아니라 해도, 유학이나 창업과 같이 새로운 일이나 꼭 해보고 싶은 일을 고민할 때에도 비슷하다. 물론 행복한 고민이 될 수 있지만 일상을 살면서 함께 처리하기에는 덩치가 커서 '언제 여유 있는 날을 잡아서 확실히 생각해보자'라는 혼잣말을 하고 뒤로 미루기 십상이다. 이렇게 삼 개월, 반년, 일 년이 지나간다. 흘러간 날이 길어질수록 자책과 후회는 늘어나고, 이미 늦어버린 것이 아닌가 하는 불안만 커진다.

영업 기법 중에 '일단 발을 들이밀기'라는 것이 있다. 물건을 팔기 위해 집집마다 문을 두드리며 찾아가는데, 참 막막한 일이다. 그래서 일단 상대가 내 말에 응답을 해주고 관심을 갖게 만들었다면 절반은 성공했다고 할 수 있다는 것이다. 상대의 호기심을 자극하거나 일상의 대화로 시작해서 상대의 적대심이나 경계를 누그러뜨리는 전략이다. 집 안으로 들어가거나, 문을 열어주고 말을 나누기 시작하면 언젠가는 그 사람에게 무엇이라도 팔 수 있다. 큰 덩어리는 이렇게 잘게 쪼개서 봐야 한다. 일단 발을 들이미는 것이다.

현재 내가 붙잡고 있는 문제가 너무 커서 막막하고 내가 어떻게 할 수 없는 구조적 문제라는 생각이 든다면 좌절감만 커질 뿐이다. 이럴 때는 아주 조금만 잘라서 보자. 문제의 10~20퍼센트만 자르는 것이다. 바닷물을 다 마셔봐야 바닷물이 짠지 확인할 수 있는 것은 아니다. 그리고 나머지는 신경을 끈다. 사람의 심리는 날 잡아서 한 번에 해결하는 걸 더 선호한다. 물론 해결해버리고 마음에서 치우는 것이 당연히 속 시원하고 좋다. 이를 '종결심리'라고 하는데, 다른 심리보다 우선권을 갖고 작동한다.

종결심리가 앞서기 시작하면 마음만 급해진다. 골치 아픈 중요한 문제는 아예 미뤄두고 당장 눈에 보이는 일에만 몰두하면서 '나는 뭔가 열심히 하고 있어'라고 합리화만 하기 쉽다. 그러나 그런다고 큰일이 사라지지는 않는다. 작은 일은 가만히 둬도 그냥 해결되는 경우가 많지만 큰 사안은 결국 이자까지 쳐서 되돌아온다. 그러므로 오늘 할 수 있는 만큼 잘라서 조금씩 해결해보자.

방을 치우는 문제로 나를 찾아온 아이가 있었다. 엄마도 어떻게 손을 댈 수가 없고, 아이도 발 디딜 공간도 없어서 난감한데 도저히 치울 엄두가 안 난다고 했다. 나는 아이에게 팔을 들라고 해서 반원을 그려보게 했다. 그리고 그 정도의 공간만 치워보자고 했다. 아이는 가능하다고 고개를 끄덕였다. 다음 주 상담에서 그 공간을 치운 것을 확인했다. 아주 작은 반원이었지만 책상 위를 치우고, 책상 옆 침대 머리맡도 치웠다. 이렇게 치울 수 있다는 걸 알게 된 아이와 엄마는 아주 조금씩 반원의 크기를 늘려갔다. 결국 2주가 채 못 되어 방은 꽤 깨끗해질 수 있었다. 물론 미니멀리스트의 방처럼 되기를 바랄 수는 없고 곧 다시 지저분해질 테지만, 이제는 반원을 그리는 팔만큼만 치우는 쪼개기 기법을 알게 되었기에 방 청소가 이전같이 큰 걱정과 공포를 주는 사안이 되지 않을 것이다.

고민거리도 그렇다. 팔을 쭉 펴서 반원을 그린 만큼만 처리한 다는 마음으로 다가가보자. 일단 발을 들이미는 것부터 시작한다 는 마음으로 10퍼센트만 떼어내서 머릿속에서 굴려보자. 실마리 가 풀리거나, '이거 할 만한 일이었네'라는 낙관적 기대가 생길 수 있다. 여전히 들이밀기에는 단단하고 어디에서부터 시작해야 할지 견적이 나오지 않는 경우도 있다. 그렇다고 풀죽을 필요는 없다. 아직 이 사안은 내가 건드릴 시기가 아니라는 의미라는 신호이기 때문이다. 당장은 안타깝겠지만, 일단 그대로 두고 보도록 하자.

고통과 불편 구분하기

───────── 혹시 조바심으로 고민거리들이 커 보이거나 절박한 마음에 어떻게든 빨리 해결해야 한다고 여겨진 적 있는가? 그렇다 면 뇌가 놀랐기 때문일 수 있다. 변연계의 작동으로 고민거리가 위 험으로 인식되고 고통의 원인이 되었기 때문이다. 이럴 때는 고민을 시급히 해결하려 온몸을 던지는 것이 아니라, 시급하게 해결할 것 과 그렇지 않은 일을 구별하는 것이 우선이다. 그러면 문제의 반이 자연히 없어진다. 나는 이것을 '고통과 불편 구분하기'라고 한다.

우리 뇌는 '고통'과 '불편'을 한 가지로 묶어서 인식한다. 둘 다 피할 대상이고 없으면 더 좋다고 여긴다. 물론 이것들이 뇌가 좋아할 일은 아니다. 문제는 이런 식으로 인식하면 우리 앞에 놓인 아주 많은 것들이 다 여기에 해당된다는 점이다. 특히 뇌의 변연계가 놀라서 예민해진 상태일 때는 위험한 정도와 해결의 시급성이 아주 높아진다. 에너지를 불필요하게 소모하거나 성급한 판단을 하게 해서 생각을 합리적으로 할 수 없게 된다.

고통은 위험을 알리는 신호이고 생존을 위해 불가피한 신호다. 이에 반해 불편함은 견뎌내면 될 일이고, 불편이 지속된다고 해서 위험해지거나 생존에 위협을 줄 일은 벌어지지 않는다. 고통은 내성이 생기지 않고 시간이 지나도 대부분 계속되는 것이 특성인 데 반해, 불편함은 시간이 지나면서 서서히 그 세기가 줄어들고 견딜 만해진다. 그런 면에서 건강한 마음 상태란 고통이 전혀 없는 상태라기보다(이런 상태를 기대하면 영원히 건강해질 수 없다), 불편한 것을 안고 가지만 불편을 견뎌내며 편안과 안전을 찾고 일상의 기능을 하는 상태라고 정의할 수 있다.

이제 당장 해결해야 한다고 느껴지는 일에 뛰어들기 전에 먼저 그 문제를 고통과 불편함으로 나눠보자. 이 중 불편은 견뎌내도 될 문제이므로 당장 해결할 필요가 없다. 그것은 고민거리에서 빼자. 고통을 주는 일만 남긴다. 몇 개 남지 않을 것이다. 다음 예를 보자.

- 이번 여름이 너무 덥다. 에어컨을 방마다 하나씩 설치해야 할까?

- 출근할 때마다 광역버스를 타는 것이 힘들다. 차를 사야 할까?

- 거래처를 가는데 버스와 전철을 세 번 갈아타야 한다. 돈이 들어도 택시를 타고 갈까?

- 추석에 친척들이 전부 모인다. 언제 결혼할 거냐 물을 텐데, 어떻게 피할 수 있을까?

위의 고민들은 모두 '불편한 것'이지 고통스러운 것은 아니다. 하지만 심한 고통의 하나라고 여기는 이들이 많다. 특히 대인관계에서 예민함은 불편을 넘어서 고통의 영역으로 분류되기 시작했다. 미국의 심리학자 마크 쉔[Marc Schoen]은 《편안함의 배신》에서 이것이 사회문화적 현상의 하나라고 볼 여지가 많다고 지적한다.[46]

변연계에서 문제를 위험 신호로 받아들이는지 여부를 결정할 때에는 문턱, 즉 '역치[threshold]'가 존재한다. 어느 정도 이하의 자극에는 신호가 발현되지 않고(0), 설정한 수준 이상일 때만 스위치가 켜진다(1). 그런데 현대에 들어와 안락해지고 편안해진 삶이 오랜 기간 지속되면서 조금씩 이 역치의 기준점이 내려갔다. 어느 순간부터는 이전에는 스위치가 켜지지 않았을 수준의 자극에도 생존 본능과 연관된 위험 신호에 불이 들어온다. 불편함을 고통의 영역인 '1'로 인식하고 그에 준하는 반응을 하게 된 것이다. 불편함에 대한 내성이 전반적으로 떨어졌고, 그 결과 안락함과 편안함, 안전함에 대한 요구가 올라가도록 마음의 세팅도 변화했다. 이제 작은 흔들림, 사소한 어려움, 견딜 만한 불편함조차도 아예 처음부터 생기지 않기를 바라거나, 만일 생기더라도 당장 해결되기를 바라는 조바심을 갖게 되어버렸다. 0.3이나 0.5 정도인데 바로 1로 인식하도록 변한 것이다.

그러니 한번 변연계가 작동하라는 신호가 오면 무리를 해서라도 불편을 제거하지 않으면 안 된다고 여긴다. 대인관계에서 기질적으로 예민한 사람들이 관계를 끊고 혼자 지내는 것, 일정 수준의 무례함에 대해서 최고조의 까칠함으로 반응하는 것을 당연하게 여기고, 비슷한 기질의 사람들끼리 서로 북돋고 옹호하는 것이 확산된다. 위험 신호에 대한 적극적인 집단적 대처다.

100년 전의 사회가 고통을 참고 지내도록 강요하는 봉건적 사회였다면, 현대 사회는 불편을 고통으로 치환하여 인식하게 되어 행복과 안녕감을 느낄 상황이 도리어 줄어들어버린 모순적 상황이 된 셈이다. 100년 전에 비해 훨씬 편하게 살고 있는데 말이다. 안락함이 주는 배신이며, '불편함을 참지 말라'는 자본의 광고가 개인에게 던진 역설적 고통이다. 마크 쉔은 모든 측면에서 생활이 더 편안해졌는데도 불편에 더 과민해지는 이 같은 현실을 '편안의 역설cozy paradox'이라 부른다. 항우울제, 항불안제, 수면제의 사용이 증가하고, 교통체증이나 감정노동자에 대한 분노, 층간소음과 같은 공동체 내 민원의 증가가 일상화되는 것 역시 이에 기인하는 부분이 크다.

내가 느끼는 고통은 내가 참을성이 없는 성격이라 그런 것이 아니다. 지금 가지고 있는 고민거리 중 시급하다고 여겨지고 조바심으로 몸이 근질근질해지는 것은 불편함이 고통의 영역으로 오인되어서 발생했을 가능성이 크다. 그러므로 빨리 해결해야 한다고 느껴지는 사안들일수록 먼저 '고통과 불편'의 관점에서 재분류를 해보는 것이 필요하다.

고통의 영역에 있던 것들을 불편함으로 재분류하면 고통의 전체 영역이 줄어든 만큼 안정감이 증가하는 것을 느낄 수 있다. 문제를 해결한 것이 아닌데도 말이다. 고민을 할 이유가 없어지니, 고민을 해결할 필요도 없어지고 고민에 필요했던 공간과 에너지가 확보된다.

편안함에 길들어 일상의 많은 일들을 고통의 영역으로 치환해서 급히 해결할 문제로 인식하면, 작은 흔들림에도 '생존 센서'가 켜져서 강력한 해결책을 꺼내 든다. 외부와 내부 환경 변화의 센서도 매우 예민해진다. 내면의 평화로움과 조화로움을 유지하기가 아주 어렵다. 1킬로그램의 변화를 감지하면 되는 저울의 눈금이 1그램의 변화에도 획획 흔들리는 작은 스케일의 저울로 바뀌었다고 상상해보자. 세상을 보는 관점은 시장에서 쓰는 큰 저울이면 되는데, 요리할 때 소금 같은 양념을 계량하는 전자저울로 바꿔서 쓰는 것과 같다.

인간에게는 어떻게든 항상성homeostasis를 유지하려는 본능이 있는데, 작은 출렁임을 태풍의 전주곡으로 받아들이니 마음 안은 전투 준비 태세를 갖추고 있을 수밖에 없다. 에너지의 소모는 많고 경계심은 올라가는 악순환에 빠져, '이건 고통이 맞다'는 확신만 강해진다. 긴장을 풀지 못하고, 작은 저울의 흔들림에도 쉽게 동요한다. 주말에도 편히 쉬지 못하고 이메일을 확인하고, 기름진 음식을 폭식하고, 친구들과 자극적인 놀이에 빠져 긴장을 유지하려 하는 자극 중독이 되기 쉽다. 그 끝에는 공황발작이나 알코올 문제가 발생할 수도 있다.

원칙적으로는 바람직한 사회적 변화인 '안락함의 추구'가 개인에게는 이런 역설적 어려움을 던져준 것이다. 그러므로 고민에서나를 해방시키는 방법은 고통과 불편을 구별해서 불편의 영역을 확보하고, 이들의 존재가 고통과는 다른 것이라는 걸 내 마음이 깨닫고 받아들이도록 선을 긋는 것이다. 그래야만 마음의 동요를 줄이고, 조바심과 다급함에 빠지지 않고 현 상황을 합리적으로 바라볼 수 있다.

여기서 한 가지 더 생각해봐야 할 문제가 있다. 이사를 하거나 이직을 한 후 후회를 할 때가 있다. 큰마음 먹고 이사했는데 동네 분위기가 좋아 보이지 않고, 마트와 빵집도 멀어졌다. 새 회사를 가니 팀원들과 서먹하고 어울리기 쉽지 않다. 새로 시작한 업무는 어렵고 뭐가 뭔지 모르겠다. 전에 다니던 회사에서는 다른 부서 사람들과도 친해서 쉽게 도움을 받았는데, 이곳은 모든 업무에 일일이 협조전을 보내야 한다.

이것은 고통의 영역일까? 전에 살던 곳, 전에 다니던 회사로 돌아가는 게 맞을까? 물론 이 안에는 고통으로 봐야 할 것도 분명히 있을 것이다. 하지만 90퍼센트 이상은 고통스럽게 느껴지지만 진짜 고통은 아닐 때가 많다. 불편의 영역인 '낯설다'는 감정으로 봐야 한다. 외국에 처음 갔을 때, 써보지 않은 물건을 쓸 때, 처음 맛보는 음식을 먹을 때 느끼는 감정이다. 불편은 견딜 문제이지만 낯선 것은 좋은 것이다. 시간이 지나면 없어질 일이니 말이다. 그러니 기다리면 된다. 이는 자연적이고 생리적인 현상이다.

인간은 본능적으로 낯선 곳에 가면 기존의 가치관과 부딪히는 것을 느낀다. 내 것과 남의 것을 구분하고 내 가치관과 다른 것을 불편하게 여긴다. 그러면서 서서히 받아들일 것과 그렇지 않은 것을 걸러내어 내 기준과 가치관을 지켜낸다. 낯선 상황을 위험 신호, 고통의 영역으로 인식하기에 앞서서 둘을 구분하자. 나는 보통 3개월 정도를 제안한다. 만일 그 시간이 지나도 그 낯선 기분이 해결되지 않고 지속되며 그 강도가 더욱 강해진다면, 문제가 분명해질 것이다. 그럴 때는 그 조직이 위기 상황이거나 정말로 문제가 있는 조직일 수 있다. 혹은 실제로 나랑 맞지 않는 것일 수 있다. 나에게 문제가 있다기보다 나와 맞지 않고 내가 적응하기 어려운 곳이라는 의미이다. 하지만 3개월 이내라면 '낯설다'의 관점에서 자연스러운 현상으로 바라보자. 고민의 부담이 한결 줄어드는 걸 발견할 것이다.

고민의 우선순위 정하기

─────── 테이블 한가운데에 김치찌개가 보글보글 끓고 있다. 점심으로 주문한 김치찌개 백반이다. 오늘은 좋아하는 소시지 부침과 고등어 조림이 반찬으로 나왔다. 젓가락은 소시지 부침에 먼저 간다. 빨리 집어 먹고 한 접시 더 달라고 하고 싶다. 그렇지만 두 접시나 먹으면 김치찌개를 많이 못 먹을 것 같다. 소시지가 맛있어 보이지만, 메인 메뉴에 집중하는 게 좋을 것 같다.

이렇게 반찬으로 무엇을 얼마나 먹을지 우선순위를 정하고 교통정리를 하는 것처럼, 고민거리도 마찬가지로 순서 정리가 필요하다. 고민의 우선순위를 정하려면 시급성과 중요도 등에 따라 세 가지 기준을 가지고 접근하는 것이 좋다.

첫째, 어려운 것과 불가능한 것을 구별한다. 사실 두 가지 모두 힘든 고민거리다. 에너지가 꽤 많이 들고, 상당한 부담을 갖고 판단해야 하며, 또 실행하려면 여러 난관을 거칠 것이 분명한 일이다. 하지만 불가능한 것은 아무리 고민해도 답이 나오지 않고, 당장 해결할 수 없는 일이다. 그런 것을 쥐고 고민하다 보면, 공회전만 하다가 엔진이 타버리듯이 에너지가 바닥나기 딱 좋은 일이다. 다음의 일이 불가능한 것인지 어려운 것인지 구별해보자.

- 일본어를 배워서 혼자 일본의 시골 여행하기
- 사사건건 부딪치고 내게 냉담한 어머니의 성격 바꾸기
- 사소한 일마다 시비를 거는 후배를 설득하기
- 음치지만 노력해서 〈히든싱어〉에 도전하기
- 근육량 5킬로그램 늘리기
- 키 10센티미터 키우기

일본어를 배우거나 근육량을 늘리는 것은 쉽지 않지만 몇 개월 혹은 1~2년 안에 가능하니 어려운 일로 분류할 수 있다. 시비 거는 후배를 설득하기? 난관은 있겠지만 내 자존심을 꺾든 힘으로 누르든, 충격은 있을 수 있지만 불가능한 건 아니다. 하지만 성인이 키를 10센티미터 키우는 것, 음치가 〈히든싱어〉에 나갈 정도의 노래 실력을 쌓는 것은 불가능의 영역에 가깝다. 이미 나이가 든 어머니의 성격을 바꿔서 나를 인정하고 사랑하게 만드는 것 역시 불가능의 영역이다. 사람의 성격은 잘 바뀌지 않는다. 특히 노인의 성격은 더 완고해서 바뀔 수 없다. 이렇게 어머니의 성격, 노래 실력, 키는 과감히 고민의 영역에서 제외시킨다. 이제 남은 것들을 놓고 생각해보면 어떨까?

어려움은 '오래 걸리고 노력이 많이 들지만 결국 실현 가능한 것'이다. 어려운 것은 당장 해결하기는 어렵다. 그러나 마침내 해낼 수 있다. 일종의 버킷리스트라고 할 만한 일이다. 이런 일은 잘게 쪼개서 시간이 들더라도 조금씩 해나가는 마음을 가지면 된다. 그러다 보면 고민의 크기가 내 팔 안에 감당할 만한 크기로 들어와 있는 것을 알 수 있다. 불가능한 것에 집착하면 해결은 되지 않은 채 제풀에 지치기만 할 뿐이다. 이런 것들은 빨리 마음속에서 던져버려야 한다.

둘째, 상수와 변수를 구별한다. 상수는 내가 어떻게 할 수 없는 것이다. 바뀌지 않을 것이기 때문에 고민할 이유가 없다는 점에서 불가능한 것과 유사하다. 그러나 불가능한 것은 아예 고민하지 않아도 되는 것인 데 반해서, 상수는 내 인생에 저절로 주어진 디폴트 값과 같은 것이라 버릴 수 없다. 앞의 예로 보면 '노래 실력' '키 크기'와 달리 '어머니와의 관계'는 상수다. 부모와 자식 간의 관계는 인생의 상수로, 변경이 불가능한 내 마음 안의 기본 존재다. 부정하려고 해도, 연을 끊고 산다고 해도 그 존재가 사라지지 않는다. 이에 반해 변수는 훨씬 간단한 것들이다. 매일 새로 등장하는 일들이다. 점심 약속, 이메일 답장 여부, 제안에 대한 승낙과 거절, 친구와 소소한 갈등 등은 모두 변수의 영역이다.

상수는 덩어리가 크고, 과거의 경험과도 연결되며, 감정이란 요소가 개입해 있는 경우가 많기 때문에 빨리 결정해서 해결해야 할 일로 보이기 쉽다. 그래서 이걸 먼저 해결할 고민거리로 보고 달려들게 된다. 하지만 상수는 애초에 해결할 수 없는 문제로, 오히려 떠안고 가야 할 삶의 무게와도 같은 경우가 많아서 공회전만 하다가 지치기 쉽다. 이런 문제는 내가 원하든 원하지 않든 언젠가 테이블 위에 올라와 내게 요구할 것이다. 고민하고 해결하라고. 하지만 그런 날이 오기 전에는 내가 먼저 꺼낼 이유가 없다.

상수에만 매달리면 피해를 입는 것은 변수들이다. 어머니와의 관계 같은 거대하고 감정적인 이슈가 우선순위가 되면 출퇴근하거나 이메일 쓰기, 점심 약속 잡기 등 일상의 문제들은 진짜 하찮고 시시한 일로 보일 수밖에 없다. 그러니 맨 뒤로 밀린다. 그러다 보면 일을 망치고, 그르치고, 후회할 일만 만들 수 있다. 답 안 나오는 고민에 빠져서 현실적인 작은 일들을 뒤로 미루거나 대충대충 처리해서 문제가 생기는 과정이다.

오늘 해야 할 일을 다 마치고 여유가 생겼는데, 마침 걸려온 어머니의 전화에 또 한 번 상처를 받았다. 이때는 진지하게 관계에 대해서 고민을 해봐도 된다. 그렇지만 만일 아침부터 어머니와의 대화로 화가 치민다면? 자칫 모든 현안이 뒤로 밀릴 수 있다. 굳게 마음먹고 감정의 문제는 뒤로 미루자. 이건 상수니까. 모든 일을 다 마치고 난 다음에 그래도 시간이 남으면 천천히 고민하자고 마음을 먹자. 고민 자체를 하지 말라는 말이 아니다. 물론 이때 '어머니의 성격이 바뀌어야 해'라는 불가능 영역이 아니라, 좀 더 구체적으로 어머니의 말 습관, 어머니와 나 사이의 대화의 문제점 등 구체적인 관계와 소통의 이슈를 놓고 고민을 하는 것이 바람직하다.

셋째, 싫은 것과 못하는 것을 구분한다. 싫은 것은 여러 이유로 하기 싫은 것일 뿐 못하는 것과 다르다. 반면 못하는 것은 지금 내 능력으로는 할 수 없는 것이다. 둘 다 망설여지기는 마찬가지다. 부정적 감정이 고민거리 위에 덧칠된다. 하지만 둘을 구별해야 한다. 못하는 것에 달려들면 다치기 쉽다. 싫은 것은 에너지가 들고, 오래 노력해야 할 것 같으며, 감정적으로 내키지 않을 뿐 못할 일은 아니다.

먼저, 할 수 있는 것과 못하는 걸 구별해야 한다. 그러고 나면 할 수 있는 일에서 좋아하는 일과 싫은 일이 남는다. 좋아하는 일이면 고민할 필요도 없지만, 싫은 일이라면 몇 가지를 생각해봐야 한다. 여기서부터는 인생관이 작동한다. 그 일이 금전적 보상이 크거나 혹은 명예나 평판, 사회적 의미처럼 부여할 가치가 있거나 새로운 영역에 도전할 기회를 주는지 생각해보자. 이런 조건들을 감안한 후에도 여전히 '싫은 일'이라면 굳이 할 필요가 있을까? 과감하게 '할까 말까'의 고민 목록에서 지워버리자. 돈, 의미, 기회를 감안해서 다시 보니 '싫은 일'이 '좋은 일'로 바뀌지는 않았으나, '해보지 뭐' 정도로 된다면? 이제는 '할까 말까'의 고민이 아니라 '어떻게 할까'의 고민으로 전환된다.

이런 기준으로 먼저 큰 덩어리의 고민을 나누어 우선순위를 정하면, 그때 비로소 지금 다뤄야 하는 고민거리가 내 눈에 보일 것이다. 좋은 고깃집의 일등급 고기일수록 도축 후 손질 과정에서 떼어내서 버리는 힘줄, 기름, 뼈, 잡부위의 비중이 크다고 하지 않는가? 고민도 이렇게 잘 손질해서 해야 한다. 우선순위를 정하고 고민거리를 잘 정리하는 것만으로도 고민의 부담이 줄어들고, 더 중요한 문제에 집중할 수 있다.

관계를 유지하는 데 너무 많은 에너지를 쓰지 말 것

──────── "카톡을 보냈는데 왜 답이 없을까요? 분명히 읽었는데요."

남자친구와의 관계 문제로 고민이 많은 한 여성이 상담 때마다 되풀이하는 질문이었다. 남자친구에게 카톡을 보내 답이 없으면 불안해하면서 사고가 났는지, 화가 났는지, 바람을 피는지 등등 갖가지 상상을 했다. 그리고 남자친구가 한마디를 하면 오랜 시간 그 말의 진짜 의미를 곱씹고, 꼬리에 꼬리를 무는 생각에 하루 종일 고민만 했다. 이런 고민이 마음에 자리 잡고 있으니 일에 집중도 안 되고, 마음은 계속 불편한 상태였다. 막상 아무 문제가 아니라는 걸 확인해도, 곧바로 다음 고민이 머리를 가득 채웠다.

관계에 예민한 사람은 언제나 관계의 문제가 고민의 큰 부분을 차지한다. 여기에 에너지를 많이 소모하기 때문에 쉽게 지친다. 관계의 디테일에 집착하고, 상대방의 반응에 민감하다. 디테일을 잘 아는 것은 물론 중요하지만 모든 관계에서 사소한 문제 하나하나에 반응하고 고민하는 것은 피곤한 일이다.

이때 필요한 것은 전체적 흐름을 먼저 보는 것이다. 전체적으로 상대방과 나의 관계가 좋을 때에는 굳이 호감과 비호감 사이에 자잘한 일상의 문제로 1점을 잃고 얻는 것에 연연하지 않는 것이 좋다. 그런 아슬아슬한 마음은 오직 관계의 위기가 왔을 때, 즉 호감과 비호감이 51대 49로 0.5점이라도 중요한 영향을 미칠 때 작동하면 된다. 너무 무던한 사람은 아예 그런 상황 자체를 인식하지 못해서 문제지만, 예민한 사람은 80대 20으로 호감이 훨씬 더 많은 상황에서도 1점에 일희일비하며 고민하는 것이 문제다. 이건 관계에 최선을 다하는 태도가 지나친 것이다.

심한 경우, 관계 자체에 중독되어버린 것같이 보일 때가 많아 안타깝다. 사람을 좋아하고, 사람을 통해서 힘을 얻는 것은 괜찮다. 하지만 관계 자체에 중독이 되면 주객이 전도되는 일이 벌어진다. 관계를 통해 내가 얻는 것이 있어야 하는데 관계라는 방법론 자체에 매몰돼서 오도가도 못하는 것이다. 내가 있어야 남이 있는 것인데, 관계를 유지하는 데 에너지가 너무 많이 드니 일상을 제대로 유지할 수 없다.

인간관계가 내 고민의 전부가 되는 것도 문제지만 풀 수 없는 관계로 고민하느라 다른 고민들이 뒤로 밀려버리는 것도 문제다. 부모와 나 사이와 같이 바꾸기 힘든 관계를 고민하느라, 잘 안 맞는 상사와 나 사이처럼 어쩔 수 없이 유지해야 하는 관계를 고민하느라 마음의 공간을 소모해버리는 사람이 있다.

관계에 대한 고민의 대부분은 '어떻게 하면 저 사람을 바꾸고 내가 편해질 수 있을까?'이다. 하지만 솔직히 사람은 바꾸기 어렵다. 차라리 내 마음을 바꾸는 것이 성공률이 더 높다. 내 마음의 맷집을 늘리고, 포기할 것은 포기하고, 관계의 기대치를 적절한 수준으로 낮추는 것을 관계와 관련된 고민의 일차 전략으로 삼는 것이 좋다. 그러면 지금 하고 있는 고민의 50퍼센트는 털어낼 수 있다. 싫지만 유지해야 하는 관계에서, 그 관계를 호의적 관계로 전환하거나 상대방이 나를 좋아하게 만들겠다는 고민은 결국 나를 갉아먹기만 하는 일이고, 해결될 수 없는 고민으로 일상이 피폐해지기만 할 뿐이다. 그러므로 우리가 인간관계에서 꼭 명심해야 할 것이 있다.

첫째, 이 세상에서 나와 관계를 맺는 열 명이 있다면, 내가 무슨 짓을 해도 나를 싫어하는 한 명은 존재할 수밖에 없다. 이를 인정해야 한다. 반대로 두 명 정도는 나를 좋아한다. 그들은 내가 나쁜 짓을 해도, 심지어 그들을 막 대한다고 해도 나를 좋아하는 마음을 돌리지 않는다. 나머지 일곱 명은 나를 좋아하지도 싫어하지도 않는다. 좋게 말해서 중립이고, 객관적으로 말해서 관심이 없다.

열 명 모두가 나를 좋아하기를 바라기 때문에 고민하게 되는 것이다. 하지만 그런 사람은 존재하기 어렵다. 만일 모두가 다 같이 원만하게 잘 지내고 있는 일터라면, 그곳은 뭔가 구조적 문제가 있거나, 갈등을 애써 회피하거나, 무능한 사람들만 남아 있을 가능성이 있다.

나를 싫어하는 한 명이 있다는 것이 가슴 아프고 힘들 수 있다. 좋은 감정보다 나쁜 감정이 더 깊고 오래가기 때문이다. 그러나 그 한 명이 나와 사사건건 부딪히거나 나를 악의적으로 괴롭히지만 않으면 그건 괜찮은 관계다. 그렇게 생각하는 게 훨씬 이롭다. 차라리 내게 별 관심 없는 일곱 명이 10퍼센트라도 내게 호감을 가질 수 있게 신경을 쓰는 것이 효율적인 전략이다. 호감을 갖게 하는 것이 부담스럽다면, 최소한의 기준을 정하자. 나는 "타인에게 친절하기"를 권하고 싶다. 내게 여유가 있을 때 작은 호의를 베푸는 것이다. 나에게 무관심한 사람에게 무리해서 호의를 보여주면 부담스러워할 가능성이 높다. 그러니 여유가 있을 때, 짐을 들어주거나, 문을 열어주거나, 자잘한 일을 대신해주는 것 정도면 충분하다. 날 좋아하는 두 명을 놓치지 않는 것도 필요하다.

둘째, 관계의 압박이 강하고 마음이 불편해서 고통스러울 때면 '설마 나를 죽이겠어?'라는 말을 떠올려보는 것이다. 내가 다시는 그 사람을 안 보면 그만이지 죽을 일은 아니다. 거기서부터 시작하는 것이다. 최후방의 선을 그은 후에 관계에서도 '이 정도면 됐어'의 선을 긋고 최소한의 관계를 이어나갈 최소 충분 조건을 맞춰보자. 어렵고 불편한 사람이지만 어떤 이유로든 어차피 관계를 유지해야 한다면, 이런 태도가 나를 보호하며 사회생활을 해나갈 수 있게 해준다.

셋째, 아무 이유 없이 나를 미워하는 사람이 있다면 조금 유치할 수도 있지만 이렇게 생각해보자. '부러워서 그런가 보다' '내가 잘하고 있구나'라고. 베스트셀러가 된 기시미 이치로의 《미움받을 용기》의 책 제목처럼, 미움받는 것은 모두가 싫어하고 감당할 용기가 필요한 일이다. 그러나 열 명 중 한 명은 내가 어떻게 하든 날 좋아하지 않는다. 그걸 견디는 것이 바로 미움받을 용기요, 더 나아가 아들러 심리학에서 말하는, '날 미워하는 사람이 있다면 내가 지금 잘하고 있고, 그가 나를 부러워하고 있다는 것이다'라고 여기는 태도다. 이런 마음을 먹으면 미움을 견뎌내는 방어벽이 강화되면서 해결되기 힘든 관계에 대한 고민에 투자되던 에너지를 줄일 수 있다. 그리고 진짜 내 삶에 닥친 문제를 고민할 여유 공간과 에너지를 확보해낼 수 있다.

넷째, 아주 거슬리거나 분명히 선을 넘는 행동을 하는 것이 반복적으로 관찰되지 않는 한, 일단은 그와 나 사이의 관계는 우호적이며 상대방은 선한 사람일 것이라는 기본 전제를 갖도록 하자. 내가 경계를 갖고 상대를 대하면 그것이 본능적으로 전달되어 상대도 내게 방어적으로 반응하고, 그 반응은 내 경계심을 확인시키면서 관계 자체가 부정적이고 공격적인 방향으로 흐르기 쉽다. 분명한 증거가 없는 한, 관계는 좋고 상대는 괜찮은 사람일 것이라는 전제를 갖는 것이 관계에서 발생할 수 있는 불필요한 예민함과 방어 심리로 인한 고민을 처음부터 덜 할 수 있는 길이다.

이런 기본 원칙을 바탕으로 '나'를 중심으로 관계를 이끌어가는 네 가지 방법을 살펴보자.

먼저 누군가에 의해 화가 났다면 바로 반격하거나 분노를 표현하지 말고, 딱 3초만 참아보자. 3초는 충분히 긴 시간이지만, 남들은 알아차리기 어려운 짧은 시간이다. 화가 확 치밀어 오르는 것은 마치 국수를 삶는 냄비의 물이 올라오는 것과 같다. 국수를 삶다 보면 어느 순간 냄비 안의 물이 끓어 거품이 확 부풀어 오른다. 이때 냉수를 한 컵 부으면 거품이 가라앉는다. 이렇게 세 번 정도 반복하면 국수가 다 삶아진다.

화도 마찬가지다. 거품이 끓어오른다고 무서워서 불을 끄거나 넘치게 두거나 혹은 바로 국수를 건져내서는 안 되듯이, 화가 난다고 바로 실행에 옮기는 것이 아니라 세 번의 호흡을 하는 것이 필요하다. 마치 냉수를 붓듯이 말이다. 관계에서 생긴 감정은 특히 강렬하고 매워서 자극적이다. 더욱 빠르게 반응하고 싶고 감정에 휩싸여 고민을 압도해버린다. 이때 세 번의 호흡은 마음의 공간을 만들어준다.

두 번째로는 '거절'을 잘하는 것이다. 사람들이 관계에서 제일 어려워하는 것이 '거절하기'이다. 답을 미루거나 결국 요청을 수락하게 되면, 그 문제는 내 작업 기억의 한 공간을 차지한다. 그러니 다른 생각이 들어올 자리 하나를 차지해버려서 내 마음을 제대로 사용할 공간은 그만큼 줄어들고, 그 고민을 안고 있는 것 자체만으로도 유지비용이 발생한다.

거절하기로 마음먹은 일이라면 바로 거절하자. 한 번 거절했다고 해서 끊어질 관계라면 원래도 큰 의미가 없었다고 봐도 무방하다. 또 내가 거절을 할 수 있고, 해냈다는 만족감은 자기 효능감을 경험하게 한다. 적극적으로 누군가에게 무언가를 얻어내지는 못하더라도 나에 대한 부당한 요구를 거절하는 소극적 저항은 내 영역이 정확히 어디인지를 그려주는 기능을 하며, 자아가 지니는 자유의 근원이 된다. 한 살이 된 아이가 "엄마" "맘마"를 말한 후 하는 다음 말이 "싫어"라는 말이고, 이것은 아이가 엄마와 심리적으로 분리되는 것을 의미하는 '제2의 탄생'이라 할 만한 사건이라고 정신분석가들이 말하는 것도 같은 맥락이다.

게다가 일찍 거절하는 것은 상대에 대한 배려이기도 하다. 상대는 내가 최선의 대상이기 때문에 연락한 것이 아니라 내가 성공 가능성이 가장 높다고 판단했기 때문에 연락한 것이다. 이미 마음은 정해졌는데 며칠 묵혔다가 "생각해봤는데 안 되겠어요"라고 하면 그 사람의 시간을 빼앗은 것까지 부담이 더해진다. 그저 거절했을 뿐인데, 빚진 마음이 든다. 차라리 바로 거절하면 그는 목록의 다음 사람에게 바로 연락할 것이다.

세 번째로 관계에 예민해질 때는 우선순위를 분명히 하는 것도 고민의 짐을 줄인다. 친구들이 인사도 잘 받아주지 않고 자기만 따돌리는 것 같다고 나를 찾아온 대학생이 있었다. 이 관계를 풀고 싶은 것이 이 학생의 큰 고민이었다. 내가 제안한 것은 일의 중요성에 따라 우선순위를 생각해보는 것이었다.

기본적으로 학교는 공부하고 학위를 따러 가는 곳이다. 우선은 학업에 집중하는 것이 먼저다. 만일 친구들이 팀플레이에 넣어주지 않거나 수업을 방해하는 등의 불이익을 준다면 문제가 된다. 그게 아니라 친하지 않은 것 같다는 느낌이 불편한 것이라면 그건 그저 불편한 것일 뿐이고, 나 혼자만의 억측인 경우가 더 많다. 열 명 중 일곱 명은 내게 관심이 없다. 그러니 학교에서는 공부의 비중이 70퍼센트이고 나머지 30퍼센트를 교우관계 등으로 보는 게 옳다. 직장도 마찬가지다. 일하면서 동료들과 좋은 관계를 맺는 것은 '플러스 알파'로 봐야 한다. 우선순위를 이렇게 규정하면, 관계의 불편함과 어색함의 비중이 확 줄어든다. 해결해야 할 필요 자체가 줄어드니, 고민을 할 이유가 없어진다.

마지막으로 나에 대한 평판을 관리하는 것에 너무 많은 에너지를 들이지 말자. 평판은 내가 위기에 처했을 때만 진가를 발휘한다. 평소에는 다들 좋게 말한다. 그러다 내가 어려운 상황에 처하면 사람들은 나를 돕거나, 나를 위해 행동하거나, 나를 최소한 나쁜 쪽으로 몰지 않는 소극적 행동을 하는 방식으로 평소 나에 대한 생각을 표출한다. 비로소 내가 그동안 어떤 평가를 받아왔는지 알 수 있는 순간이다.

평판은 '나쁘지는 않다' 정도면 충분하다. 왜냐하면 평판은 보험을 드는 것과 같은 것이기 때문이다. 평판을 좋게 유지하려고 시간과 에너지를 쓰는 것 역시 어느 선을 넘으면 낭비적 요소가 크다. 앞날을 위해 평판을 관리하는 것은 필요하지만, 환급이 없는 보험료를 내는 수준으로 관리하는 것이 좋다.

이러한 마음의 태도를 가지면 관계에 의해 발생하는 불필요한 고민의 가짓수를 줄이고, 관계로 인해 마음이 번잡해질 가능성을 없앨 수 있다. 그리고 중립적이고 고요하게 사유에 집중할 마음의 공간을 넉넉하게 확보할 수 있다. 인간관계를 풀어내는 테크닉을 아는 것보다, 스스로 관계에서의 중요도를 정하고 남이 아니라 나를 중심으로 관계를 이끄는 것이 결국은 더 건강한 인간관계를 만들고 더 행복한 일상을 만들 수 있는 길이다.

타협할 수 없는 최소한의 원칙 만들기

─────── 이런 경우를 생각해보자. 어떤 집단 안에 처음 들어

갔는데 '여긴 뭔가 좀 다르네?'라는 소외감을 느낀다. 아는 사람이 없어서 외롭기도 하고, 내가 이 집단과 어울리지 않는다고 여기면서 우울해지기 쉽다. 눈치 보고 주눅 들어 지내면서 외톨이가 되었다고 여기고, 작은 일 하나하나에 민감하게 반응하며 고민을 하고, 막상 해야 할 일보다는 이곳의 기준과 내 가치관 사이의 자잘한 충돌에 더 신경을 많이 쓰는 주객전도가 일어난다. 집단이 내 고민에 영향을 주는 동시에, 집단으로 인해 고민이 더 생겨나는 것이다. 이럴 때 우리는 어떤 전략을 세울 수 있을까?

우선 소외감은 자연스러운 현상이고, 내가 소외감을 느낀다는 것은 나만의 가치관이 이미 확립되어 있다는 의미라는 점을 이해해야 한다. 다행스러운 점은 이러한 소외감은 그리 오래가지 않는다는 것이다. 내 머릿속의 CPU는 매일매일 내 가치관 안에 새로 들어간 집단의 표준을 보고받고 비교한다. 그리고 받아들일 것, 맞춰나갈 것, 그렇지 않을 것을 구분해서 필요한 경우 내 가치관을 살짝 변경하기도 한다. 일정 시간이 지나면 소외감은 서서히 사라지고, 내가 끼어들 공간과 그렇지 않을 공간을 의식적으로 구별하거나, 몸으로 차이와 배척을 느끼지 않고 비껴나갈 수 있게 된다. 뇌는 효율성을 중요하게 여기고, 아픔을 싫어한다. 새로운 집단에 들어가 느끼는 소외감이 내 고민의 중심이 되고 내가 해야 할 일에 대한 고민을 건드릴 때에는 이런 뇌의 특징을 기억하는 것이 좋다.

집단 안에 속해 있을 때 순응은 대부분의 경우에는 안전한 선략이다. 집단의 논리를 따르면 매번 내가 고민을 해야 하는 에너지를 덜 쓸 수 있고, 개인의 주관과 집단의 원칙 사이에 충돌이 일어나 집단으로부터 배척당할 위험을 느끼지 않을 수 있다.

집단의 평균 안에 들기 위해 노력하다 보면 어느새 내 가치관이 집단의 가치관에 80퍼센트 이상 맞춰지는 순응이 일어난다. 순응은 인간이 가장 싫어하고 위험하다고 여기는 배척, 외톨이, 죽음의 가능성이 올라가는 것을 확실히 줄여준다. 상황에 따라 나도 모르게 내 가치관과 다른 것을 선택하기도 한다.

미국의 판사들은 정치적 성향이 상당히 잘 드러난다. 어느 당이 그 판사를 지명했는지를 보면 분명히 알 수 있다. 하버드 법학대학원의 캐스 선스타인Cass R. Sunstein은 미국의 항소법원의 판결을 통해 판사의 정치적 성향과 판결의 일치도를 분석했다. 항소법원은 통상 세 명이 판결을 한다. 6000건의 판결을 분석한 결과, 일반적으로 판사는 자신의 정치적 성향에 따라 판단하며 아주 중립적이지는 않다는 것이 밝혀졌다.

민주당은 보통 환경 문제에 우호적인 편이다. 그런데 평소 환경 문제를 제기한 원고를 43퍼센트 정도 지지하던 민주당 지명 판사들이 세 명 중 두 명이 공화당 지명 판사일 때에는 10퍼센트로 원고를 지지하는 비율이 떨어졌다. 매우 전문적인 훈련을 받은 판사들조차 집단 내 순응 논리가 분명히 작동하고 있었던 것이다. 불필요한 갈등을 일으키고 싶지 않은 마음과 판사라는 집단의 동질성이 판단에 더 중요한 기준이 된 것이다.[47] 이렇게 몰리면 집단극화group polarization가 일어나고 점점 가치관의 선택이 한쪽으로 몰리는 부작용이 발생하지만, 그 안에 속한 개인은 그것을 문제로 인식하지 못한다.

또한 개인이 자신의 소신을 접고 집단의 흐름을 쫓아가기로 결정하는 것은 전체의 분위기가 반전되어 어느 한 방향으로 쏠리게 되었다는 걸 분명히 감지하게 된 다음이다. 일종의 티핑 포인트가 존재할 것이라 짐작할 수 있다.

펜실베니아 대학의 데이먼 센톨라Damon Centola는 온라인 커뮤니티의 전체적 분위기 반전을 분석하면서, 새로운 변화는 전체 그룹의 25퍼센트를 넘는 순간부터 확연히 일어난다는 것을 밝혀냈다. 지금까지는 전반적 분위기 반전은 민주주의가 그렇듯 과반수의 동의가 있을 때 가능할 것이라고 짐작되어왔다. 그러나 이 연구에 따르면 최소 25퍼센트의 동의를 얻게 되면 그 후에는 사람들이 새로운 규범이 자신의 평소 소신과 다르다 하더라도 그걸 따르는 데 이전만큼의 저항을 보이지 않게 된다는 것이다. 이렇듯 순응이 일어날 때에는 대세를 따르는 경향이 있고, 자기 주변의 4분의 1이 넘어섰을 때 새로운 변화를 분명히 감지하고 따르게 된다.[48]

일단 개인의 관점에서만 보자면 순응은 안정적 선택이고, 집단 전체에 큰 문제가 없다면 집단의 가치관과 기준을 따르려고 노력하는 것이 옳은 선택이다. 일단 큰 흐름을 그렇게 갖고 가야 작은 충돌과 갈등을 줄여줄 뿐만 아니라 세세한 일에 대한 고민도 줄어든다. 이때 조심해야 할 것은 집단이 내 성격이나 가치관 등과 매우 다른 집단일 때는 순응 자체를 지속할 수 없다는 점이다. 자아가 건강한 사람은 나와 잘 맞지 않는 조직에서도 잘 순응할 수 있지만 그렇다고 5년, 10년씩 할 수는 없다. 어느 순간 근본적 고민을 해야 할 시점이 온다. 적어도 그 전까지는 다양한 경험을 통해 나를 확장하고 외연을 확대해본다고 생각할 필요가 있다.

집단에 순응하는 것을 우선순위로 한다 하더라도, 이때 나를 완전히 잃어버리지 않으려는 아주 핵심적인 마음만은 절대 잃어서는 안 된다. 모든 것을 따르지만 아주 작은 나만의 공간과 내 취향을 남겨놓는 등의 행동과 선택이 나를 지켜준다. 우리는 집단과 나 사이에서 힘겨루기를 하는데, 힘 대 힘으로 나는 집단을 이길 수 없다. 그렇다고 나를 그 집단에 전부 갈아 넣으면 나는 흔적도 없이 사라지고, 나중에 찾으려고 해도 찾을 수 없게 된다.

고민을 줄이기 위해 순응에 일차적 우선권을 주되, 온전한 나의 개성이라는 작은 불씨를 지키기 위한 비밀스러운 노력만은 잊지 말아야 한다. 그래야 나중에 집단이 무너지거나 집단에서 배척되었을 때에도 독립적으로 나를 지키면서 살아남을 수 있다.

그러기 위해서 일상적으로 노력해볼 수 있는 것이 '반대가 되는 대안을 생각해보기'다. 갑자기 집단 쏠림이 생기면서 한쪽으로 가는 것 같을 때 본능적 브레이크를 걸어보는 버릇을 들이면 고민을 너무 줄이려고 순응만 하다가 크게 위험해지는 일을 막을 수 있다.

특히 가족이나 종교 같은 집단의 이름으로 강한 압박이 있을 때, 그 압박을 견뎌내고 내가 옳다고 여기는 선택을 고수하려면 이 브레이크가 도움이 된다. 프레임 자체에서 벗어나고자 하는 고민이 있다면, 평소에도 반대가 되는 반응을 생각해보는 버릇을 들여야 한다. '어째서 내 첫인상이 틀렸을까' '어째서 내 의견과 반대인 저쪽이 옳았을까'라는 질문을 자신에게 할 수 있어야 집단이 한쪽 방향으로만 가면서 발생하는 '확증 편향'에 저항할 수 있다.

마지막으로 집단의 가치관과 방향이 언제나 옳은 것은 아니라는 것을 꼭 기억하자. 집단의 확증 편향이 일어나지 않으려면, 그 집단의 구성원들이 모두 독립적으로 자기 의견을 낼 수 있어야 한다. 쉽지 않은 일이다. 모두가 서로 영향을 주고받기 때문이다. 자칫하면 집단은 쉽게 어리석은 군중이 되고 나도 그 군중 속의 1인이 돼버리기 쉽다. 이럴 때는 다른 이의 판단을 듣는 것만으로도 내 생각의 폭이 확 줄어든다. 특히 영향력 있는 사람의 의견을 듣게 되면, 어느새 내 의견이 그쪽으로 쏠려버린다. 또한 개인의 예측보다 집단의 예측이 더 정확해야 집단을 신뢰할 수 있는데, 개인이 순응만 하고 사회적인 영향력이 큰 사람에 휩쓸리다 보면 집단의 가치와 목표가 이상한 방향으로 흐르게 된다. 의견을 교환하면

할수록 정확도는 높아지지 않고, 지금까지 생각한 결론에 대한 집단적 확신만 커지는 '확신 효과'가 발생한다.

또한 집단이 지나치게 균질화되는 것도 경계해야 한다. 한 가지 생각만 하고 한 가지 목표를 향해 가되 작은 반대도 허용하지 않는 집단은 건강하지 않다. 외부의 작은 충격에도 와르르 무너질 수 있다. 모두가 평균을 지향하고 집단의 기준을 따르는 것에만 열심으로 집단의 균질성homogeneity를 높이는 것에만 열중하다 보면 생길 수 있는 현상이다. 이때에는 나 혼자라도 이 집단을 벗어나 살아날 수 있는 방법을 찾거나, 집단과 거리를 두려는 노력을 조금씩 하는 것이 좋다.

여기서는 집단에서 벌어지는 일들에 대한 고민을 해결하는 방법을 말하려는 것이 아니다. 다만, 집단의 영향이 내 고민을 객관적이고 이성적이며 합리적으로 하지 못하게 할 가능성이 있고, 이때 어떻게 하면 고민의 공간을 확보하고 집단의 영향을 합리적으로 계산하고 감안할 수 있는지에 대해서 알려주려는 것이다.

몇 가지 대원칙만 알면 충분하다. 순응과 저항 사이에서 개인의 갈등은 불가피하지만, 일반적인 원칙을 알고 순서를 정하면 고민의 필요성이 줄어든다는 것, 집단이 위험한 방향으로 쏠려갈 때 나를 지킬 방법을 알고 있으면 된다는 것, 집단 전체의 붕괴 위험성을 감지하는 능력을 갖추는 것 등이 집단과 나 사이의 건강한 상호작용을 위해, 그리고 집단 안에서 살아갈 수밖에 없는 개인이 현명하게 고민하기 위해 필요한 전략이다.

스타일의 문제라면 대세를 따라도 된다. 하지만 원칙의 문제라면 그때는 집단의 대세보다 더 중요한 '내 가치관'을 먼저 생각해야 한다. 이런 식의 우선순위를 정해놓아야 집단에 대한 순응으로 인해 나의 존재를 잃지 않고, 자잘한 일에서 고민을 덜 할 수 있다. 집단 안에서 어떻게 하면 잘 버틸까 하는, 집단 안에서 다른 사람보다 더 잘해내기 위한 노력과 연관된 고민을 얘기하는 게 아니다. 집단과 나 사이의 관계와 상호작용이라는 커다란 프레임에 대한 이해가 가끔은 '이건 내가 고민할 일이 아니네'라고 미리 교통정리를 해줄 수 있다. 아예 그 프레임 안에 들어가지 않으면 되는 경우도 많다는 의미다.

집단과 나 사이의 관계에서 개인의 저항력을 높이고 싶다면 몇 가지 원칙을 추가로 갖는 것이 좋다. 예를 들어 나의 가치관을 절대적 원칙으로 만들고 이를 고민과 타협의 테이블에 올리지 않도록 정하는 것이다. 삶의 중요한 선택에 있어서 내가 타협할 수 없는 원칙을 만들어둘수록 내가 어떤 집단에 속하게 되든 순응하려고 노력하거나 갈등할 필요가 없다. 삶의 융통성은 줄어들 수 있지만, 집단을 따르라는 순응 압력을 버틸 힘을 가질 수 있다.

한 번씩 큰 그림을 볼 것

────────── 은행에 무장강도가 들이닥쳤다. 강도가 총으로 은행 직원을 겨누며 위협했다. 몇 분 만에 강도는 금고를 털어 도주했다. 뒤늦게 도착한 경찰이 직원에게 강도의 인상착의를 물어보았지만 아무것도 기억하지 못했다. 복면을 쓴 강도의 눈 색깔, 목소리, 억양, 손목의 문신 등 범인을 특정할 수 있는 것이 전혀 없었다. 그가 기억할 수 있는 것은 오직 총부리의 모양이었다. 총의 전체 모양조차 알지 못했다.

극심한 스트레스를 받으면 집중력이 한쪽으로 쏠리게 되어 시야가 좁아지는 현상을 이 상황에 빗대어 '무기 집중 효과weapon focus effect'라고 한다. 한 가지 일에 몰입하면 전체를 조망하지 못하고 세밀한 디테일에 몰두하게 되기 쉽다. 마치 은행 직원이 총부리를 정밀하게 기억했듯이. 선택적 집중 현상이 일어나는 것이다.

고민을 깊이 하게 되면 점점 생각의 골이 깊게 파인다. 물길이 생기듯이 뇌의 신경망도 한 사안에 대해서 계속 고민을 하면 그 길로 많은 정보가 오간다. 그러면서 신경망이 커지고 깊어진다. 마치 강물의 수량이 많아지면 유속이 빨라지고 강 바닥이 깊이 패이듯이 말이다. 문제는 속도가 빨라지는 대신 파낸 흙이 강둑으로 올라가 쌓인다는 것이다. 그러면 흐르는 물길을 따라 빠른 속도로 흘러갈 수 있지만, 강변 풍경이나 강가의 사람들이 보이지 않는다.

고민이 깊어지면 이런 일이 벌어진다. 총부리같이 전체와 상관없는 정보의 디테일에 몰두하게 되고, 밖에서 무슨 일이 벌어지는지 전체를 조망하는 능력은 상대적으로 줄어든다.

고민하고 있는 사안에 몰두하느라 전체를 바라보지도 못하고, 더 중요하거나 위험한 일이 벌어진 것을 놓칠 수 있는 것이다. 그러므로 어느 정도 이상으로 깊이 빠져서 헤어나오지 못한다는 느낌이 든다면 의도적으로 잠시 멈춰야 한다.

고민이 공회전하는 것처럼 느껴진다면 카메라로 줌아웃^{zoom-out}하듯이 집중하고 있는 고민의 대상에서 선택적으로 멀어질 필요가 있다. 내비게이션을 켜고 처음 가는 곳을 운전한다고 생각해보자. 내비게이션은 100미터 앞에서 우회전을 하라고 하는데, 아무래도 직진이 맞는 것 같다. 내비게이션 화면은 바로 앞 100~200미터만 보여주니, 그다음 장소가 어딘지 알 수가 없다. 이럴 때 나는 한쪽에 잠시 차를 세우거나 옆사람에게 부탁해 지금 위치를 스마트폰 지도에서 줌아웃해본다. 그러면 내비게이션은 보여주지 않았던 도시고속화도로로 들어가는 램프가 우회전 후 나온다는 것을 알 수 있다. 비로소 안심이 되어 목적지까지 마음 편히 운전해 갈 수 있다. 몇백 미터 반경의 지도에서는 내가 가는 도로만 알 수 있지만 큰 지도에서는 내가 가는 길만이 아니라 주변 도로와 연결 도로, 큰 건물 등이 함께 보인다. 다른 지표들과의 거리 관계를 통해 나의 위치를 확인할 수 있는 것이다.

그러므로 중요한 일일수록 몰두해 있는 틈틈이 큰 그림을 봐야 한다. 지금 어디까지 진행했고, 큰 흐름에서 어디에 있으며, 전체적인 윤곽이 무엇이었는지 한 번씩 점검하는 것이 디테일에 빠져 허우적거리지 않는 방법이다.

큰 흐름을 보는 것만큼 중요한 것은 고민에 깊이 빠지면서 발생하는 복잡한 변수의 개미구멍에 빠지지 않으려는 경계심이다. 고민을 잘하려는 노력은 최대한 많은 관련 정보를 수집해서 연관성을 검토한 후 설명 가능한 모델을 만드는 과정으로 집약할 수 있다. 새 정보가 생기면 이 시뮬레이션 모델에 새로운 조건이 붙고, 과정이 복잡해진다. 관찰해야 할 변수가 너무 많아지는 것이다. 시간이 지날수록 모형은 더 복잡해져서 특정한 자료가 하나 등장할 때마다 전체 모델이 함께 영향을 받고, 때때로 전체적으로 재설정을 하게 되기도 하며, 이로 인한 해결책도 매번 달라진다. 어떤 일에 대해서 너무 많은 요인을 고려해서 복잡하게 생각하면 정교하고 확실한 답을 얻을 것 같지만, 실상은 그럴싸하게 보일 뿐 과부하만 걸리고 두루뭉술하고 애매한 답만 나온다.

점점 더 많은 요인을 고려하고 그것을 모델로 만들어 설명하는 버릇이 들면 잘못된 내용을 최적화된 답으로 착각할 수 있다. 이를 '과적합overfitting'이라고 한다. 본질과 상관없는 요인에 지나치게 민감하게 반응해서 전체에 영향을 미치는 것이다. 이때 복잡한 사고 과정을 거쳤으므로 본질에 더 다가갔을 것이라는 합리화 심리가 작동한다. 하지만 결과는 그렇지 않다.

그러니 생각을 지나치게 복잡하게 하고 있다는 느낌이 들면 '아, 내가 열심히 하고 있구나'라고 여기는 것이 아니라 거기서 멈춰야 한다. '오컴의 면도날'이라는 법칙이 있다. 단순한 가설이 가장 효과적이고 옳은 방식일 수 있다는 뜻이다. 너무 복잡한 해법이 나온다면 도리어 그것에 의문을 가져야 한다. 설명하는 원인이 많다면 진짜 답은 모른다는 뜻이다. 너무 신중한 것, 너무 많은 변수를 고려하는 것이 언제나 옳은 것은 아니다. 의외로 단순한 해결책이 강한 법이다.

감정을 막는 방파제 세우기

─────── 감정은 길들여지지 않은 동물에 비유할 수 있다. 우리의 인지가 이 감정을 조종하는 기수라고 한다면, 조랑말 정도의 감정은 어렵지 않게 다룰 수 있다. 그러나 전혀 손을 댈 수 없는 거친 코뿔소라면? 게다가 놀라서 마구 달리기 시작한다면? 전혀 통제할 수 없이, 그저 코뿔소에 매달려 따라갈 도리밖에 없다.

이렇듯 불안이나 공포와 같이 원초적이고 거친 감정을 따라가다 보면, 그 감정에 압도되어 제대로 고민할 수 없다. 고민하는 데 너무 많은 시간을 쓰거나 말도 안 되는 결정을 내릴 수도 있다. 기쁜 감정도 고민에 영향을 미치기는 마찬가지다. 들뜬 상태에서 쇼핑을 하면 과소비를 할 수 있고, 술집에서 흥분한 상태로 술값을 모두 내고 다음 날 카드 영수증에 눈물을 흘리기도 한다.

뇌의 편도체는 감정에 반응하는 곳이다. 사회심리학자이자 신경과학자인 매튜 리버만Mattew Lieberman 교수는 캘리포니아 대학에서 그의 연구팀과 함께 다음의 실험을 했다. 피험자들에게 울고, 웃고, 놀란 표정을 찍은 사진을 보여주고 기능성자기공명영상fMRI을 찍었다. 그리고 같은 피험자를 대상으로 각각의 표정에 이름을 붙여보라고 요청했다. 그런 다음 다시 fMRI를 찍었더니 편도체의 반응 정도가 줄어들었다. 그냥 감정 자체를 인식하고 반응할 때는 편도체가 매우 빠르고 강하게 반응하지만, 여기에 이름을 붙이는 순간 편도체가 안정화될 수 있었던 것이다. 내가 어떤 감정을 느끼고 있는지 인식하고 바라보고 이름을 붙이는 것, '내가 지금 놀랐나' '내가 지금 화가 났나'라고 인식하는 것만으로 감정이 나를 압도하지 않게 해주는 신기한 효과가 있다.[49]

내가 정신치료를 하는 것도 이와 비슷한 일이다. 무엇인지 알지 못했던 감정이 느껴지기만 해도 바로 압도당해버리는 사람이 있다고 하자. 이 사람이 지금 느끼는 감정에 이름을 붙이고 각각을 구별하는 작업을 하는 것이 정신치료 과정이다. 모든 것을 다 폭파해버리고 싶은 강한 분노와 스스로를 아무런 가치도 없는 사람으로만 느끼던 강한 죄의식밖에 없던 사람이라면, 그 분노와 죄의식이 세상을 다 망가뜨릴 정도로 질주하거나 자신을 파멸시켜야만 끝이 난다고 믿는다. 그래서 도리어 어떤 감정 표현도 못하고, 자기 안의 감정을 느끼지 못한 채 살아가고는 한다.

이럴 때 더욱 감정의 세분화가 필요하고, 이를 위해서 자신이 느낀 감정들에 하나하나 이름을 붙인다. 어제 친구와 다투었다고 하자. 이때 느낀 감정은 분노지만 여기에 자존심이 상했다는 다른 감정이 섞인 것이다. 그 크기와 깊이는 중학교 3학년 때 집단 따돌림을 당했을 때와 비교하면 3분의 1정도지만 쉽사리 사라지지 않을 것 같다. 이 감정에 '스타벅스에서 현주에게 당한 일'이라고 이름을 붙여보자. 이렇게 하면 그 무게와 색깔에 따라 감정을 구별할 수 있다.

감정에 스위치가 있다면 고민할 때마다 스위치를 꺼버리면 좋겠지만 이는 불가능한 일이다. 이럴 때는 발생과 통제를 나눠서 생각해보자. 지금 일어난 감정은 어쩔 수 없다. 이보다 일단 발생한 감정을 잘 조정하고 통제하는 데 집중해야 한다. 그래야 감정이라는 큰 파도에 휩쓸리지 않을 수 있다. 나는 이것을 '방파제 세우기'라고 부른다.

고민에 집중하기 위해서 내 마음의 해안가에 방파제를 세우는 것이다. 그래야 먼 바다에서 밀려오는 커다란 감정의 파도가 고민의 터전을 쓸어가버리지 않을 수 있다. 그러려면 내 행동을 통제하고, 감정의 존재를 인정하고, 그 패턴을 읽을 수 있어야 한다. 어떤 감정을 경험하면 그 감정이 무엇인지 정확히 파악하고 감정과 뒤섞인 생각들이 내 의식을 통과하게 한다. 그러면 마치 필터에 걸러지는 것처럼 감정과 생각이 어느 정도 분리된다. 감정은 감정대로 경험하면서 동시에 감정과 섞이지 않은 생각에도 주의를 기울이고 집중할 수 있다. 어렵지만 노력하는 것만으로도 상당한 분리가 가능하다. 감정이 생기는 것은 불가피한 현상이다. 불편하고 괴로울 수 있지만 인정해야 한다. 감정과 이성의 완벽한 분리는 불가능하다. 감정의 영향력 안에 있다는 것을 모르는 상태로 감정에 휘둘리지만 않으면 된다.

이런 일들을 반복하면 점점 내 감정의 패턴을 남들보다 세세하게 분류하는 것이 가능해진다. 여덟 가지 색의 크레파스를 가진 사람과 50가지 색깔의 크레파스를 가진 사람이 표현할 수 있는 그림은 아주 다르다. 내 감정의 패턴이 세분화되면 마음이 크게 출렁일 일도 줄어들고, 과도하게 감정을 억제할 이유도 없어진다. 세상을 다 무너뜨리고 자폭하고 말겠다는 0 아니면 100이라는 감정의 이분법을 버리고, 적절한 반응을 보이면 된다. 그리고 내 감정을 잘 인식하고 세분화할수록, 타인의 감정을 느끼고 그에 반응하는 것도 훨씬 자유롭고 부드러워진다. 내 대역폭이 넓어진 만큼 상대의 대역폭도 쉽게 느껴지고, 나와 튜닝하기가 쉬워진다.

프로와 아마추어의 결정적 차이는 무엇일까? 나는 실력의 숙련도나 경험의 차이도 있겠지만 감정에 따라 아웃풋이 달라지지 않는 것이 제일 중요한 차이라고 생각한다. 만일 내가 전날 집에서 아내와 다툼이 있었거나 아이와 속상한 일이 있었다고 해서 그 감정이 상담에 크게 영향을 미친다면 프로페셔널이 아니다. 세상의 수많은 상담가들에게 인생 경험이나 이론적 학습을 떠나서 자기분석과 수련이 필수적인 이유가 바로 어떤 상황에서도 감정에 휘둘리지 않는 것을 배워야 하기 때문이다.

고민도 마찬가지다. 너무 우울하거나 불안해서 감정에 압도당한 기분이 들었을 때에는 애써 싸우지 말자. 차라리 그날은 결정을 하지 말고 내버려둔다. 특히나 부정적 감정의 색채가 덧씌워져 있을 때 내린 결정은 문제가 될 가능성이 매우 높으니 말이다.

그냥 지켜보기만 해도 된다

────────── 출퇴근 시간에 전철을 기다린다. 완전히 꽉 차서 도저히 밀고 들어갈 엄두가 나지 않는다. 이럴 때 어떻게 할까? 내 경우에는 그렇게 급하지 않을 때에는 몇 대를 그냥 지나가게 둔다. 신기하게도 그 몇 대 안에 상대적으로 빈 열차가 있기 때문이다. 5~10분 정도의 여유를 둘 수 있다면 앉을 자리까지는 바라지 못해도 숨쉴 공간은 남아 있는 열차가 온다.

고민도 그렇다. 내가 해야 할 일에 마음이 쏠리면 빨리 실행을 하고 싶다. 그런데 눈앞의 상황이 만만하지 않다. 마치 승객들로 꽉 찬 전철같이 도저히 비집고 들어갈 엄두가 나지 않는다. 마음이 급해 어떻게든 밀고 들어가면 숨쉬기도 힘들고 옴짝달싹 못하고 부대끼다가 내릴 역에 내리지 못할 때도 있다. 고민도 마찬가지다. 달려들 만한 상황이 아닐 때 조바심에 몸을 던지면 원치 않는 상황에 휩쓸리기 마련이다. 그럴 때는 일단 지켜볼 일이다.

이런 마음의 태도를 이론적으로 정교하게 다듬은 것이 바로 '마인드풀니스mindfullness'다. 한국에서는 '마음 챙김'이라고 번역하기도 한다. 마인드풀니스는 동양 철학과 불교에서 나온 이론을 서양에서 체계화한 것이다.

고민이 많아서 머리가 터질 지경이고, 가슴은 조바심으로 쿵쾅거리기 시작하면 마인드풀니스에서는 가치 판단 없이 그냥 지켜만 보라고 한다. 열차 승강장에 서서 지나가는 사람들을 지켜보듯이 말이다. 그러면 '거리 두기distancing'가 되어 지금 내 몸과 마음 안에서 벌어지는 일들이 무엇인지 객관적으로 알 수 있게 된다. 생각하는 대상을 보는 것이 아니라 생각하고 있는 행위, 그 행위를 하고 있는 자기 자신을 볼 수 있기 때문이다.

그 생각의 과정을 알아차리면 모호했던 의도와 목적, 감정과 태도 등이 분명해지고 압박을 주는 상황과 내가 분리된다. 자동적으로 움직이던 사고 과정의 일부를 수정하거나 덜어낼 공간이 보인다. 그러기 위해서는 판단하지 않고, 일단 모든 것을 그대로 수용하고 관찰하기만 해야 한다. 미래를 불안해하고 과거를 후회하지 않으며, 현재에 집중하고 거리를 둔 채 지켜보기만 하는 것이다. 쉽지 않은 일이다. 하지만 고민이 많아서 뭐가 뭔지 모를 때에는 일단 멈춰서 마인드풀니스를 해보기를 권하고 싶다. 감정을 언어화하는 것도 도움이 된다. 아주 쉽고 간단하게는 '-구나'를 붙이는 것도 방법이다.

예를 들어 우울한 마음이 마음속에 가득해서 터질 것 같다고 하자. 그런데 어디서부터 풀어야 할지 모르겠다. 나도 모르게 "아, 힘들고 우울해. 죽고 싶어"라고 혼잣말을 하고 있다면, 이렇게 바꾸는 것이다. "내가 지금 힘들어하는구나. 우울해서 굉장히 답답해하는구나"라고 말이다. 이런 식으로 바꾸어 다시 '되뇌어보면 rephrasing', 상황이 구체화되고 문제의 규모가 어느 정도인지 알 수 있다. 감정을 내 안에서 활활 태우는 것이 아니라 한 걸음 물러서서 객관화시킬 수 있다. 그저 바라보는 것만으로 의외로 마음은 편안해지고, 고민은 감당할 만해진다.

마인드풀니스는 이처럼 내가 이런 감정을 느끼고 있다는 것을 인식하는 것이며, 가치 판단을 하지 않고 보기만 하는 것이다. 현실을 바라본다는 것은 내게 주어진 현실을 그 자체로 본다는 것이다. 이때 내가 원하는 것, 상상한 것이 아니라 있는 그대로를 보는 것이 중요하다.

내 고민을 더 객관화시킬 수 있는 방법이 있다. "만일 이 고민을 친구가 물어본다면?"이라고 나에게 묻는 것이다. 훨씬 쉽게 답할 수 있다. 신기하게도 남의 일이라고 생각하면 같은 문제도 객관적으로 보이는 마법이 일어난다. 우리는 타인의 고민을 얘기할 때 더 객관적이고 합리적이며 균형 잡힌 생각을 하는 경향이 있다. 감정에서 벗어난 덕분이다. 고민을 어떻게든 객관화하고 바라보는 것만으로도 도움이 되는 이유다.

강을 건너야 한다고 생각해보자. 그런데 물 흐름이 너무 빠르다. 지금 건너면 휩쓸려 죽을 것 같다. 이럴 땐 어떻게 해야 할까? 급한 마음에 수영 실력을 믿고 뛰어들까? 아니면 포기하고 안전한 숲으로 들어가서 쉬다가 나중에 다시 와볼까? 나는 물가에 앉아서 기다리라고 조언한다. 물길을 그냥 지켜만 보고 있으라고. 위험하게 뛰어드는 것도, 숲속으로 들어가서 눈 감고 쉬는 것도 아니다. 물길을 지켜보다 보면, 부여잡고 갈 만한 큰 통나무가 떠내려오거나, 도움을 줄 누군가가 배를 타고 오거나, 유속이 갑자기 느려지는 순간이 오기도 한다. 그때 건너면 된다.

고민이 감당할 수 없을 정도로 많거나 복잡하면 확 포기해버리기보다는 '이런 일이 있어'라는 정도로 여기고 그냥 지켜보자. 그런 일은 에너지가 거의 들지 않는다. 그러다 보면 기회가 온다. 그때 움직이면 된다.

뇌를 행동 모드로 맞추기

─────── 불교에서 수행에 전념하는 선승禪僧들은 여름과 겨울에 몇 달씩 바깥출입을 하지 않고 정좌를 하고 참선을 한다. 세상의 이치와 도리를 얻고자 하는 종교적 마음 수행이지만, 이들을 방해하는 것은 정작 사소한 잡념들이다.

선승들은 결혼을 하지 않았으니 교육 문제, 주거 문제로 고민할 일이 없다. 일반 직장을 다니는 것도 아니고, 세상과 떨어져 지내는 분들이다. 기본적으로 고민할 거리가 일반인보다 적다. 게다가 매일 하는 일이 참선을 하고 관련 공부를 하면서 '용맹정진勇猛呈進'의 의지로 잡념을 제압하는 것이다. 그런데도 어렵다. '프로'조차 그럴진대, 우리 일반인들에게는 더욱 어려운 일이다.

고민거리가 머릿속에서 떠나지 않아서 일상생활이 힘들다고 찾아오는 사람들이 있다. 그럴 때 나는 청소를 하거나 샤워를 하면서 몸을 움직여보라고 조언한다. 그러면 일시적이지만 그 고민이 자리를 비켜주기 때문이다. 나도 고민이 많아 골치가 아플 때 사용하는 방법이다. 몸을 움직이는 게 어떤 영향을 주기에 이런 처방이 가능한 걸까? 나는 우연히 보게 된 〈동물의 왕국〉에서 그 답을 얻었다.

사바나 초원에서 영양 떼가 한가로이 풀을 뜯고 있었다. 사자 한 마리가 다가와 멀리서 무리를 쳐다봤다. 영양들은 사자의 존재를 알고 긴장하며 간격을 좁혔다. 무리에서 떨어진 채 혼자 풀을 뜯어 먹는 영양 한 마리가 카메라에 잡혔다. 사자의 눈이 그곳을 향했고, 사자가 준비 자세를 취하는 것과 동시에 영양 무리는 뛰기 시작했다. 뒤늦게 고개를 든 한 마리 영양은 다른 방향으로 도망가기 시작했지만 이미 늦었다. 사자는 그 영양을 쫓아가서 목덜미를 물었다.

그런데 그 장면에서 이상한 점을 하나 발견했다. 멀리서부터 사자가 목표했던 먹잇감을 쫓는데, 그 길목에 다른 영양 한 마리가 놀라서 서 있었던 것이다. 내가 만일 사자라면 서 있는 영양을 잡는 것이 더 이득이었을 것이다. 그런데도 사자는 그냥 달려가서 원래 목표물을 잡았다. 실패할 확률이 훨씬 높은데도 말이다. 왜 그랬을까?

뇌는 한 번에 두 가지 일을 못한다. 뇌는 '탐색'과 '행동'이라는 두 가지 모드를 갖고 있는데, 탐색을 할 때에는 탐색만, 행동으로 옮길 때는 행동에만 집중하도록 자원을 투여하고 세팅을 바꾼다. 뇌의 효율성을 높이고 행동 모드에서 성공 가능성을 높일 수 있는 방법이다.

사자가 어느 놈을 잡아먹을까 찾을 때에는 탐색 모드다. 그리고 결정을 내리고 타깃을 향해 달리기 시작하면 바로 행동 모드로 전환한다. 오직 먹잇감을 향해 전속력으로 전진한다. 그래서 바로 영양이 옆에 그냥 서 있는 것을 보지도 못하고, 본다 해도 만만한 놈인지 아닌지 탐색하는 행위도 하지 않는다. 뇌는 이미 행동 모드로 전환된 상태다. 놀란 영양이 살아남을 수 있었던 것은 뇌의 이 두 가지 모드 전환 시스템 덕분이다. 탐색도 하지 않다가 바로 행동 모드로 돌입해야 하니 방향을 잡지 못했고, 행동 모드로 전환이 느려져 아예 꼼짝도 못한 것이다.

고민이 많다는 것은 자원 대부분이 탐색 모드에 집중하고 있다는 의미이다. 이때 탐색 모드 자체를 끄는 것은 어렵다. 마치 한 번 흥얼거리기 시작하면 3절까지 불러야 끝나는 노래 같다. 그만큼 한번 생긴 생각의 흐름을 막는 것은 어려운 일이다. 우리가 할 수 있는 것은 그저 채널을 돌리는 정도다. 예를 들어 뉴스 채널에서 듣기 싫은 정치 이야기를 하고 있다면 채널을 음악이나 스포츠 중계 채널로 돌리는 것이다. 그건 가능하다. 골치 아픈 문제로 머리가 아플 때는 몇 달 후의 즐거운 휴가를 떠올리고, 여행지나 맛집, 비행기편을 알아보는 것으로 고민을 분산시키는 것이다. 같은 탐색 모드지만 훨씬 즐겁고, 덜 괴롭고, 내가 통제할 수 있고, 답도 낼 수 있다.

그러나 탐색 모드를 완전히 끄기는 어렵다. 과감히 뇌의 모드를 전환해야 한다. 간단한 일일수록 좋다. '가방을 싸서 헬스장에 가서 러닝머신을 타야지' 같은 생각은 실행으로 옮기는 데 망설임이 있을 수 있다. 간단하고, 에너지가 덜 들고, 할 필요가 있는 일이 모드를 바꾸기에 좋다. 집이라면 청소하기, 세탁기 돌리기, 설거지 하기, 침대 정리하기 같은 것을 추천한다. 직장에서라면 커피 한 잔 내리기, 컴퓨터 파일 정리하기(이것도 행동이다), 좋아하는 게임 5분 정도 하기, 잠깐 사무실 밖을 나가서 산책하거나 계단 오르기 정도가 좋다.

그중에서도 산책은 탐색과 행동을 함께 할 수 있는 움직임이다. 가벼운 산책은 꽉 짜이고 조직화된 연상 활동을 이완시켜 창의적 아이디어를 떠오르게 하거나 생각을 정리하는 데 도움이 된다. 만 일 탐색 모드 자체를 끄고 싶다면 산책보다 두 단계는 수준이 높 은 움직임이 필요하다. 그 일에 집중하느라 탐색 모드가 꺼질 정도 로 목표가 있고 꽤 노력이 필요한 행동을 해야 한다. 예를 들어 요 가 동작은 균형을 잡고 정확한 자세를 취하는 데 집중해야 하므 로 고민에 휩싸인 뇌의 탐색기를 끄는 데 효과적이다.

탐색 모드에서 행동 모드로 스위치를 바꾸면 자연히 탐색 모드 는 강제 종료된다. 마음의 복잡함은 사라지고 뇌의 기능이 지금 해야 할 행동을 잘하기 위한 계획과 목표 집중으로 모아지면서 리 셋할 수 있다. 단순하지만 효과적이다. 실은 많은 사람들이 이미 무의식적으로 하고 있는 일이기도 하다.

반대로 행동 모드에서 탐색 모드로 돌리면 모든 것이 엉키고 행 동 능력이 확연히 떨어지게 된다. 프로 피아니스트가 연주하는 장면을 떠올려보자. 보면대 위에 악보가 놓여 있기는 하지만 거의 보지 않는다. 충분히 연습을 하기도 했고, 의식보다 몸이 약간 더 빨리 움직인다는 것이 뇌파 연구로 검증된 바 있다. 그런데 만일 '지금 맞게 연주하고 있나?'라는 의심이 들기 시작하면 문제가 생긴다. 자동화 시스템으로 원활하게 돌아가던 손가락에 긴장과 머뭇거림이 생긴다. 두려움에 의해 브레이크가 걸리고, 편도체가 각 시스템에 영향을 줘서 속도를 늦추고, 자동적으로 움직이던 모든 것을 전두엽이 검열한다. 악보를 의식하고 제대로 하는지 검증하는 인식적 과정이 물 흐르듯 움직이는 손가락과 감정의 합일을 깨버린다.

어떤 일은 특히나 탐색 모드에 깊이 빠져서 쉽게 전환이 안 된다. 내 경험으로는 '처음 해보는 일'이 대표적이다. 해보지 않은 일일수록 고민이 많아지고 탐색만 하고 행동으로 옮기기를 주저한다. 해보지 않은 일이니 어디까지 검토하고 결정해야 할지 '견적이 나오지' 않기 때문이다. 우리는 보통 처음 해보는 일일수록 더욱 완벽한 계획을 세우고 난 다음에 행동해야 한다고 믿는다. 그러나 이는 틀린 말이다. 뭘 얼마나 해야 하는지 알 수 없는데 어떻게 100퍼센트 완벽한 계획을 세울 수 있겠는가? 그러므로 경험이 없는 일일수록 빨리 탐색 모드에서 행동 모드로 전환시키는 것이 필요하다.

다만 저강도 탐색 모드를 켠다는 태도를 유지해야 한다. '간을 보다가 언제든지 다시 탐색으로 돌아가자는 마음' 정도가 딱 적당하다. 실행력 하면 세계 최강이라 할 미국 해병대에는 '70퍼센트 룰'이라는 것이 있다. 즉, 100퍼센트가 아니라 70퍼센트 정도 확신이 들면 일단 실행하라는 말이다.

신기하게도 이렇게 한번 행동 모드를 100퍼센트 작동하고 나면 이후의 탐색도 잘 된다. 행동을 할 때에는 전전두엽에서 탐색 모드로 일단 판단하고 난 다음 근육의 움직임을 조절하는 소뇌 cerebellum에서 움직임의 궤적을 그리고 예행 연습을 한다. 그다음부터는 신체 부위가 영역별로 구획되어 대응되는 운동피질motor cortex이 팔다리를 움직인다. 최선은 전전두엽의 개입 없이 자동적으로 소뇌-운동피질만 열심히 활동하는 것이다.

여기서 더 나아가 탐색 모드로 돌아가서 반성과 재조정을 하는 과정도 필요하다. 스포츠 심리학자 테리 맥모리스Terry McMorris는 영국 치체스터 대학에서 운동과 인지 능력 사이의 관계에 대한 여러 연구를 했다. 몸을 혹사시킬 정도로 운동을 하게 되면 일정한 방식으로 운동을 자동적으로 하는 행위만 남는다. 운동의 순서를 계획하고 준비하는 작업 기억을 담당하는 전전두엽은 쉬고, 오직 운동 행위를 관장하는 소뇌-운동피질 네트워크만 활발히 활동한다. 전두엽이라는 컨트롤 타워를 건너뛰고 운동에만 집중하게 되니, 실제 운동 자체의 효율성은 증가한다.

한편 이렇게 전전두엽은 쉰 셈이 되니, 운동을 강도 있게 한 다음 30분 정도 후에는 작업 기억 능력도 이전에 비해 더 좋아진다. 그 결과 다음 행동에 대한 계획을 세우고 재조정을 하는 작업이 원활해진다. 그리고 계획을 세워 행동하는 것을 유기적으로 연결해서 통합적으로 실시한다. 가끔은 이처럼 완전히 행동 모드에 몰입해서 운동만 강하게 해보자. 계획을 하는 전전두엽을 의도적으로 꺼서 탐색 모드를 오프로 만들면 지친 머리에 휴식을 주는 효과가 있다.[50]

행동 모드로 전환하는 것을 방해하는 가장 큰 적은 비관주의다. '안 될 텐데' '망하면 어떡하지' '이러다 더 큰 일이 벌어지면 어쩌지?'라는 생각 말이다. 물론 잘 안 될 수 있다. 하지만 탐색만하고 행동하지 않는 것은 의미가 없다. 그리고 잊지 말자. 목표는 완벽한 성취가 아니라 탐색 모드에 머물러서 산더미 같은 고민이 엉켜버리는 것을 막는 것이다. 최선의 행동을 위한 탐색이 아니라 무의미한 탐색을 멈추기 위한 스위치 전환이다. 여기에 낙관주의를 추가하면 된다. 무조건 잘된다는 대책 없는 자신감이 아니라, 일단 '나는 잘 버텨낼 것이고, 해결해나갈 것'이라는 '나' 중심의 마음가짐이 핵심이다. 이런 마음만 있다면 탐색 모드를 행동 모드로 변환시키는 것이 한결 쉬워진다.

고민으로 가득 차 더 나은 해결책을 찾아 헤매고 있을 때, 그 안에 답은 없다. 과감히 뇌를 행동 모드로 전환시켜야 한다. 복잡하고 어려운 일이 아닌, 단순하고 쉬운 행동을 시작하자. 뇌가 리

셋되고, 다시 처음부터 시작할 수 있다. 자, 여기까지 읽은 당신. 책을 잠시 덮고 일어나자. 충분히 뇌에 정보가 축적되었다. 움직일 때다.

최선을 찾기보다 최악을 피할 것

─────── 전세 계약 기간이 만료되어서 이사를 가려고 집을 알아보고 있다. 고려해야 할 요소가 한두 가지가 아니다. 이번 기회에 최대한 대출을 받아서 '내 집 마련'을 할지, 직장까지 얼마나 걸리는지, 가까운 지하철역은 있는지, 아이 학교는 걸어 다닐 만한지, 이용하기 편한 대형 마트가 있는지, 너무 낡은 아파트는 아닌지, 채광이 잘되는지 등 생각해봐야 할 게 너무 많다.

도대체 이런 집이 있기는 한 걸까? 현실적으로 최선의 선택을 하려고 하면 많은 요소가 맞아떨어져야만 한다. 체크리스트의 90퍼센트 이상이 괜찮아도 한두 가지가 안 맞으면 망설여진다. 더 나은 것이 있을지 모르니까. 그러다 보면 시간이 흐르고 지쳐버리기 일쑤다. 이사, 결혼, 이직과 같이 큰일일수록 가능하면 최선의 선택을 하고 싶은 마음이 드는 것은 당연하고, 그만큼 고민의 깊이와 고통도 커진다. 하지만 단언컨대, 최선을 찾은 다음에 행동하려 해서는 안 된다.

우리는 최선의 선택을 원한다. 후회와 실패에 대한 두려움 때문이다. 그렇지만 그 선택이 진짜 최선의 선택인지는 알 수 없다. 최선을 선택하느라 아주 많은 요소를 고민해서 겨우 하나를 찾아냈다고 해보자. 선택하고 행동하는 과정에서 처음 생각했던 것과 다른 일이 벌어진다. 그러면 내 선택이 훼손되었다는 실망감이 이만저만 큰 게 아니다. 최선을 선택하기 위해서 들인 노력이 큰 만큼 고려했던 요소 중 하나라도 잘못되면 완벽의 성이 무너지면서 좌절감은 더욱 커진다.

차라리 가끔은 결정 자체를 하지 않는 것도 좋다. 뇌의 에너지 효율 우선주의를 다시 떠올려보자. 비용을 최대한 줄이는 게 좋다. 꼭 바꿔야 하는 게 아니라면 하던 대로 하는 것이다. 굳이 매번 새로운 것을 찾을 필요는 없다. 휴가를 간다면 새로운 곳에 가는 것도 좋지만, 특별히 가고 싶은 곳이 떠오르지 않는다면 가봤던 곳을 또 가는 것은 어떨까? 만족스러웠던 숙소, 맛있게 먹었던 식당을 다시 방문하는 것이다. 전에 보지 못했던 것들이 눈에 들어오고 더 좋아질 것이다. 새롭게 개선되었다는 광고의 유혹에 넘어가지 않는 것도 중요하다. 트렌드에 뒤처질지 모른다는 마음에서 해방되는 것이 최선의 선택을 향한 강박적 고민에서 놓여나는 길이다.

그러니 애초부터 최선의 답을 찾으려고 하지 않는 게 낫다. 그보다 더 효율적인 고민의 방식은 '최악을 배제하라'이다. 처음부터

확실하게 아닌 것부터 제거하는 것은 최선을 찾는 노력보다 한결 쉽고 간단하다.

이 관점에서 이사할 곳을 다시 생각해보자. 감당할 수 없는 전셋값, 1시간이 넘는 출퇴근 거리, 가까이에 없는 지하철역 등 최대한 피하고 싶은 것들을 떠올린다. 이런 것들을 우선적으로 제치면 선택지가 분명해진다. 선택은 최선—차선—차악—최악으로 나눈다. 최선을 바라보지 않고 최악을 피하면, 남는 것은 차선과 차악이다. 그러면 당연히 차선을 선택하는 게 나아 보인다. 상식적인 판단으로 보이지만 그래서는 안 된다.

차악이건 차선이건 일단 최악은 피했으니 합격이다. 나쁜 요소가 더 많아서 차악으로 분류되더라도 마음이 든다면 그걸 선택하는 게 더 낫다. 회사에서는 조금 더 멀지만 거실에서 공원이 시원하게 내다보이는 점이 마음에 든다면 그곳으로 결정하는 것이다. 고민에서는 감정의 영향을 배제하는 것이 원칙적으로 옳지만, 이 경우만은 감정적 요인을 고민에 고려한다. 호감이 가는 것이면 그것을 선택해도 된다.

최악을 피했으니 결정적인 오류는 없다. 호감을 갖고 고른 것이니 비록 한두 가지 단점이 더 있더라도 난관 몇 가지 정도는 극복할 수 있고 행동의 완주 가능성이 올라간다. 어느 정도 목적을 달성하고 나서 돌아보면 비로소 "아, 그때 이 결정이 최선이었구나"라고 말할 가능성이 커진다. 출발선에 서 있는 상태에서 우리는 최선이 무엇인지 알 수 없다. 최선이었다는 판단은 처음 출발선이 아니라 목적지에 도달한 후에야 비로소 할 수 있고, 그것이 가장 정확하다.

하지만 이런 것이 성격적으로 잘 안 되는 사람도 있는데, '최상주의자maximizer'라 불리는 사람이다. 가장 좋은 것, 더 좋은 것이 있을 것이라 여기고 내 선택과 결정이 반드시 최고이기를 바란다. 그래서 피곤하다. 고민을 멈추지도 못한다. 애써 결정한 다음에도 끝없이 후회한다. 대안의 수가 늘어날수록 부담은 커질 수밖에 없다.

이에 반대되는 성격은 '만족주의자satisficer'다. 이들은 한번 선택하면 충분하다고 받아들이고, 더 좋은 것이 있을 수 있다는 가능성에 대해서는 걱정하지 않는다. 노벨상을 수상한 경제학자이자 심리학자인 허버트 사이먼Herbert Simon은 이를 '만족하기satisficing'라 말하며 모든 대안들에 대한 정보 수집에 수반되는 시간, 돈, 고민을 고려할 때 '만족하기 전략'이 좋다고 조언한다.

이 세상에 100퍼센트 최상주의자, 100퍼센트 만족주의자는 없다. 우리는 각 성향을 적당히 나눠서 가지고 있다. 성격 유형으로 최상주의자라면 60퍼센트 이상의 확률로 최상주의자적 선택을 한다는 것을 의미한다. 그러므로 삶의 포트폴리오에서 선택의 기질적 우선권을 조정할 필요가 있다. 최상주의 90퍼센트로 살던 사람이 고민의 늪에 빠져 있다면 이를 20~30퍼센트 줄여서 만족주의자적 태도로 바꾸려고 노력하는 것이다. 그렇게 해도 큰일은 벌어지지 않는다.

"이 정도면 충분해.That's enough."

나는 이 말을 참 좋아한다. 더 만족하려고 노력하고 덜 완벽한 선택을 하려는 만족주의자적 태도다. 효율적인 고민을 위해서는 이런 태도가 필요하다. 100점을 찾기보다, 각 사안마다 컷오프를 정해놓는 것이다. '70점 이상이면 패스'라는 마음으로 넘어가면 더 이상 고민할 필요가 없다. 운전면허 필기 시험에서 100점을 받으려는 사람은 없다. 김밥집에 가서 인생에 길이 남을 김밥을 먹을 수 있으리라고 기대하지 않는다.

이렇듯 우리는 대부분의 선택에서 만족주의자적 태도를 가져야 한다. 그러기 위해서는 각각의 삶의 고민이 될 것에 대해서 나름대로 "이 정도면 패스!"라고 할 만한 기준점을 만들어두는 연습을 해야 한다. 그러고 나서는 더 이상 고민하지 말고, 돌이켜보거나 더 알아보려는 노력도 하지 말자.

고민으로 머리가 복잡할 때마다 "이 정도면 충분해!"라고 되뇌어보자. 그럴수록 결정은 단순해지고 만족할 가능성은 높아진다. 대세에 지장이 없다면, 최악을 피한 게 확실하다면 '이 정도면 됐다'는 마음이 주는 여유의 공간과 에너지의 잔고는 삶의 전체적 만족도를 올려준다. 실제 세상은 모호할 수밖에 없고 내가 통제할 수 있는 것, 예측할 수 있는 것은 그리 많지 않다. 이 정도면 됐다는 마음은 불확실성을 안고 살아가는 우리에게 반드시 필요한 것이다. 나에게 관대해져야 완벽을 추구하고 최선의 선택을 해야 한다는 고민의 늪에 빠지지 않을 수 있다.

당장 해결하지 않아도 좋다

————————— 해변을 산책하는 중에 저 멀리 바다에 빠져 허우적거리는 사람을 발견했다. 급하게 휴대전화와 지갑을 꺼내고 신발을 벗었지만, 사실 수영을 할 줄 모른다. 물론 모범답안은 주변에 큰 소리로 도움을 요청하고 119에 신고하는 것이다. 그러나 촌각을 다투는 상황에서 당장이라도 물에 빠진 사람에게 도움을 주고 싶고, 이 곤란한 상황이 처음 발견한 내 책임 같다. 게다가 주변에서 발을 동동거리며 안타까워하는 시선에 괜히 압박감을 느껴 나중 일은 어찌 됐든 물속으로 뛰어들어야 할 것 같다.

마찬가지로 갑자기 급박한 상황이 닥치면 합리적으로 고민하기보다 빨리 결정을 내려야 한다는 강한 압박감이 온다. 그러면 눈앞의 상황이 '당장 해결해야 하는' '매우 중요한' '실재하고 있음'으로 느껴진다. 착각하게 되는 것이다. 그 압박감에서 잠시 떨어져서 이 상황이 당장 해결해야 할 일인지, 중요한 일인지, 실재하는 것인지부터 파악해야 한다. 그리고 '내 능력을 아는 것knowing of knowing'이 중요하다. 그런 후에 결정을 내려야 한다. 눈앞에 닥쳤다고 해서 내 능력이 미치지 못하는데도 바로 행동하는 것은 마치 수영 초심자가 물에 빠진 사람을 보고 물속으로 뛰어드는 것과 같다. 실패할 가능성이 높을 뿐 아니라 위험한 일이다.

물론 물에 빠진 사람을 목격하는 것같이 진짜 시급한 일은 현실에서는 많이 벌어지지 않는다. 마음 안에서만 그렇게 느낄 뿐이다. 특히나 시간의 압박감은 제대로 고민을 할 수 없게 하고 섣부른 결정을 하게 한다.

큰 결심일수록 한 템포 쉼으로써 조바심 때문에 시야가 좁아지는 현상에서 벗어날 필요가 있다. 사회심리학자 압 데이크스테르하위스 교수팀은 네덜란드 암스테르담 대학에서 학생들을 대상으로 가상의 자동차 4종에 대해 각각 네 가지 특성이 담긴 설명서를 읽고 4분간 고민 후 모델을 선택하게 했다. 대부분 가장 좋은 모델을 선택했다. 이번에는 특성을 12개로 늘렸더니 최선의 모델을 선택한 비율이 25퍼센트로 줄어들었다. 다음으로 연구팀은 설명서를 읽고 난 다음 4분간 퍼즐 게임을 하면서 이 고민에서 벗어나게 도왔다. 그러자 최선의 선택을 하는 비율이 60퍼센트로 올라갔다.

이에 반해 마트에서 고무장갑과 같은 생활용품을 살 때에는 오래 고민할수록 만족도가 높았다. 이는 가격과 브랜드, 품질과 같은 단순한 요소만 고려해도 되고, 큰돈이 들지 않아 실수를 해도 크게 문제가 되지 않았기 때문이었다. 따라서 자동차, 집을 구매하는 것과 같이 목돈이 드는 일은 여러 요인을 검토한 후 그 사안

에서 일정 시간 거리를 두는 것이 현명한 결정에 도움이 된다.[51]

연구팀은 이에 대해 시간을 주면 한곳에만 몰두했던 무의식이 해방되고, 오히려 다양한 정보를 취합하고 통합해서 내 의식 밖에서 가장 나은 판단을 할 수 있기 때문이라고 설명한다.

기다리는 시간은 낭비가 아니라 생각을 통합하는 과정이다. 미국의 신경과학자 마커스 레이클Marcus Raichle 교수는 뇌의 이런 특성을 '디폴트 모드 네트워크default mode network, DMN'의 역할로 설명했다. 뇌는 쉬고 있을 때에도 항상 작동하고 있다. 안쪽 전전두엽, 중앙 상부의 두정엽, 바깥 측두엽temporal lobe이 활동하며 신호를 주고받음으로써 문제를 해결하는 것이다. 의식적 작업을 할 때는 서로 연결되지 않던 것들이 상호 신호를 주고받고, 가장 최적의 결정을 내린다.[52] 그러므로 지식과 대화가 투입된 후에는 침묵과 몽상, 멍때리기, 잠시 휴식의 구간이 있어야 최선의 선택을 할 수 있다.

사실 시간에 쫓기면 시간이 더 길게 느껴진다. 조바심을 낼수록 더 그렇다. 여기에 '공포'와 '분노' 같은 감정이 개입되면, 시간이 멈춘 것같이 느껴질 정도다. 그럼에도 내 조급함은 실제 시간의 흐름에는 단 1초도 영향을 못 미친다. 내 마음속의 주관적 시계를 늦추거나 빠르게 할 수 있을 뿐이다.

쌀을 씻어 전기밥솥에 넣고 '백미쾌속' 버튼을 눌렀다고 해보자. 17분이 걸린다고 안내한다. 아무리 배가 고파도 이 시간은 기다려야 한다. 밥솥 앞에서 헤어드라이어를 돌린다고 해서 밥이 더 빨리 되지는 않는다.

부정적 감정이 덧붙여지면 정해진 17분이라는 시간이 더디게 느껴진다. 출근 시간, 지각이 아슬아슬한 타이밍에 전철이 안 온다고 짜증이 나는 것도 같은 이유다. 전철은 시간대로 움직이고 있는 중이다. 내 마음 안의 시간만 더디 흐를 뿐이다. 조바심이라는 감정의 착시 현상이다. 시간이 내 손아귀 밖으로 빠져나가면 감정에 따라 시간의 길이가 널을 뛴다.

개입할 수 없는 절대적 시간의 흐름에 개입하려고 애를 태우다가는 에너지만 소모된다. 시간을 분 단위, 초 단위로 쪼개려고 할수록 우리 뇌에서 시간은 늘어진다. 차라리 넓혀라. 시간 단위, 반나절, 일 단위, 아니 아예 주 단위로 생각해보자. 그러면 세상과 시간을 보는 스케일이 커지고 지금의 시간은 아주 짧고 간단한 단계로 여겨진다. 조바심은 가라앉고 비로소 진짜 내 고민을 할 시간을 벌 수 있다.

특히 상황이 안 좋을 때에는 빠른 결정을 내리는 데 급급하기보다는 애매한 상황을 견디고 그대로 두는 것이 좋다. 나는 그런 능력을 '마음의 내공'이라고 부른다. 종결 심리와 조바심이 등 떠미는 것을 참아내고 견뎌보자. 의외로 외부의 상황 변수가 바뀌면서 고민이 쉽게 풀려버리기도 한다.

너무 먼 미래는 생각하지 말자

──────── 한 달에 200만 원을 번다고 생각해보자. 그런데 사망했을 때 지급받는 종신보험, 은퇴 후에 돌려받을 수 있는 연금보험 등에 매달 150만 원씩 납입하고 있다. 50만 원으로 한 달을 살아야 한다. 현실적으로 불가능한 삶이다. 미래에 대한 과도한 불안이 현재의 삶을 오히려 위태롭게 만드는 것이다. 이럴 때 재무전문가는 일반적으로 미래에 언제 닥칠지 모르는 사건을 대비하는 보험금은 건강보험이나 국민연금을 제외하고 수입의 7~8퍼센트 이내가 적당하다고 조언한다. 미래를 향하고 있는 고민도 그래야 하지 않을까?

불안이 큰 사람일수록 미래에 대한 걱정 때문에 현재의 행복을 포기한다. 런던 정경대학교의 얀 엠마누엘 드 네브Jan-Emmanuel De Neve 와 워릭 대학의 앤드루 오스왈드Andrew Oswald는 1만 5000명의 청소년을 10년에 걸쳐 추적했다. 그랬더니 당시 느꼈던 긍정적 정서, 자기 만족감 등 '오늘에 만족하며 행복하게 느끼는 정도'가 성인이 된 다음의 경제적 수입과 가장 연관성이 높았다.

흔히 가장 중요한 요인이 될 것이라 생각하는 지표인 10대 때의 지능, 교육 수준, 신체적 건강 여부는 큰 관련성이 없었다. 청소년들에게 0~5점으로 현재의 행복도를 체크하게 했는데, 22세에 자신에게 매긴 행복 점수가 1점 높을수록 29세에 버는 연봉이 2000달러 더 많았다. 현재 행복하다고 느낄수록 낙관적이고 진취적인 생각을 하며 미래에 대한 걱정을 덜 하기 때문에 현재의 과업에 더 몰입할 수 있었고, 그 결과 취업이나 승진 같은 직업적 성취도 더 얻을 수 있었던 것이다.[53]

인공지능이 체스에서 인간을 이기고 훨씬 어려운 바둑을 익히는 데 수십 년이 걸렸다. 그러나 이세돌 9단이 알파고를 상대로 인간의 처음이자 마지막 1승을 거둔 후 커제 9단이 알파고에게 속수무책으로 패배하기까지 채 1년이 걸리지 않았다. 이렇듯 우리가 먼 미래에나 가능할 거라 여기던 일이 겨우 1년만에 벌어지는 세상이 되었다. 익숙한 공식으로는 앞날을 예측하기 힘든 시대가 된 것이다.

지금과 같이 불확실성이 커진 시대에는 한 개인이 5년 후나 10년 후를 예측하는 것이 불가능하다. 그러므로 미래에 대한 고민을 할 때 몇 년 후를 바라보며 모든 변수를 완벽하게 고려해서 통제하려는 노력은 그 자체가 에너지만 축내는 일이 되어버릴 수 있다. 지금 아무리 애써서 예측해도 세상은 어떻게 변해버릴지 모른다.

환경 변수가 매우 안정적이고 변화할 가능성이 별로 없는 시대에 살고 있다면 이런 장기적 예측을 하는 것은 가치 있는 일이다. 19세기 말, 20세기 초반만 해도 그랬고, 20세기 중반 이후 산업화가 진행될 시기에는 어느 정도 변수가 결정되면 최소 20년 정도는 그 방향으로 가면 되었다. 더욱이 농경사회나 봉건사회에는 한번 정해진 계급과 계층, 살고 있는 지역을 바꾸는 것이 거의 불가능했다. 90퍼센트는 정해진 대로 살아가면 됐다. 우리가 지금 배우는 미래 예측과 준비, 고민의 필요성에 대한 담론은 이 시기부터 20세기 중반까지 만들어진 틀이다.

지금은 세상이 달라지기 시작해서 아주 급격한 변동이 올 것이 분명한 분위기다. 외부 환경의 변수가 이렇게 변동이 클 때에는 먼 미래에 대한 예측은 정보로서의 가치가 그에 반비례해서 떨어진다.

그러므로 시간과 관련한 고민이 불안을 만나 커지면서 점점 더 먼 시간을 향해 가고, 그때까지 가장 안전해지기 위해 노력하는 방향으로 생각이 미치기 시작한다면 바로 멈춰야 한다. "이건 쓸데없는 일이야"라고 스스로에게 말하기 바란다. 일단 비관적이고 부정적인 결과부터 떠올리는 태도에서 '어쨌든 잘되겠지'라는 낙관적 태도를 가지려는 의도적 노력이 필요하다.

최종적인 인생 평가, 죽기 전까지 이룰 일, 버킷리스트와 같은 너무 먼 미래의 성취나 결과물로 내 인생을 평가하겠다는 마음보다는 지금 내게 주어진 현재와 오늘의 경험이 소중하고 더 값질 수 있다는 생각을 떠올리려고 노력해보자. 이런 현재주의적 태도는 고민을 너무 멀리까지 확장시키지 않도록 제한해주는 효과가 있다.

머리가 복잡하면 오늘 닥칠 일만 생각한다. 그리고 오늘 잘 해낸 것들을 중심으로 평가한다. 오늘, 오늘, 오늘을 되뇌어보자. 닥치는 대로 오늘만 대충 살라는 것이 아니다. 일단 오늘 하루를 잘 해내자는 마음들이 모여서 자존감을 만들고, 그 자존감의 조각들이 쌓여서 실제로 내일 닥칠지도 모르는 전혀 예상하지 못했던 사건들로부터 나를 막아줄 방어벽이 된다. 알코올 의존자들의 모임인 단주회alcohol anonymous, AA의 슬로건 중에 이런 말이 있다.

한 번에 하루씩.

One day at a time.

그런 하루들이 쌓여서 1년의 단주를 만들고 10년의 단주를 만들어낸다. 처음부터 1년을 각오하고 시작하는 것이 아니다. 알코올 의존자에게 하루는 그만큼 수많은 고비를 만나게 하는 어렵고 긴 시간이다. 고민도 그러하다. 오늘을 중심으로 하루를 살겠다는 마음이 고민의 시간 축을 짧게 잡게 하여 고민의 필요성을 줄이고, 눈앞에 닥친 오늘의 일부터 하나씩 해나가도 충분하다고 다독여준다.

가치와 의미 생각하기

─────── 이것을 선택할까 말까, 이 일을 할까 말까 고민하다 보면 나도 모르게 작은 차이를 놓고 저울질을 하고 있기 쉽다. 그러나 지엽적인 것에 매달릴수록 선택에 도움이 되는 결정적인 요인들은 보이지 않고 오히려 진짜 중요한 것을 놓치게 될 수도 있다. 나중에 보면 아주 사소해서 아무 차이도 없는 일이 마치 엄청난 불이익, 불공평, 억울함의 원인으로 보이기도 한다. 이럴 때에는 도리어 아주 원칙적인 질문을 던져보자. 문제의 관점을 바꾸는 것이다.

'이 일이 나에게 어떤 의미가 있는가?'

이 일을 하는 이유를 스스로가 납득할 수 있어야 한다. 내가 나를 설득할 수 있으면 그 다음은 쉽게 풀린다. 방향이 결정되면 그 방향에 맞춰 나머지 디테일들을 정하면 되니, 쉽게 고민이 해결된다. 그런데 스스로 설명할 수 없는 상황이라면 난감하다. 왜 하는지 모르는 일을 선택하려니 모든 과정마다 갈팡질팡하거나 쉽게 포기해버린다. 방향을 알려주는 나침반이 없으니 벽에 부딪혀도 다른 길을 찾을 수 없기 때문이다. 이를 뒷받침해주는 것이 바로 '가치'와 '의미'이다. 이는 인생의 큰 가치관을 말하는 것이 아니라, 내가 고민하고 있는 문제에 대한 것이다.

우선 알아둬야 할 것이 있다. 현대사회를 살아가는 우리는 한 가지 가치관만 추구하면서 살아갈 수 없고, 또 그래서도 안 된다.

맥락과 상황에 따라 다양한 포트폴리오의 구성 비율이 조금씩 달라지는 삶을 살아가는 것이 좋다. 한 가지 가치관만 추구하는 것은 도리어 위험한 일이다. 21세기의 삶은 10년 후의 목적지를 찍어 놓고 가장 빠르고 효율적인 계획을 세워 그대로 살아가는 것이 불가능한, 불확실성의 시대이기 때문이다.

이런 모습은 한국 사회에서도 관찰된다. 《내리막 세상에서 일하는 노마드를 위한 안내서》에서 제현주 작가는 요즘 청년 세대의 흔한 고민을 소개한다.[54] '돈을 잘 벌고 싶지만 의미 없는 일을 하고 싶지 않다' '배울 만한 일에 관심 있지만 너무 어려워 실패가 뻔한 일은 하기 싫다' 같은 고민들이다.

모순투성이처럼 보이지만 내가 보기에는 너무나 당연한 생각이다. 돈도 잘 벌고 싶고, 의미 있는 일도 하고 싶다. 나를 잃을 정도로 몰입해서 조직에서 인정받고 싶지만 동시에 완전히 나를 갈아 넣고 싶지는 않다. 성공은 좋지만 위험을 안고 살고 싶지는 않다. 밥벌이지만 그 이상의 의미가 있기를 바란다. 한편으로는 뭐가 좋은지 모르겠다고 생각한다. 좋아하는 일을 찾지 못해, 좋아하는 일을 더 잘하지 못해 슬퍼지고, 의미까지는 모르겠으나 일이 곧 자기 자신인 사람 앞에서 초라함을 느끼기도 한다. 이런 상황에서 우리가 눈앞의 고민이 가지는 가치와 의미에 대해서 생각할 수 있을까?

철학자 강상중 교수는 《나를 지키며 일하는 법》에서 이 사회 전체가 불확실하기 때문에 아무리 안정적인 일이라 해도 불확실함을 완전히 배제하는 것은 100퍼센트 불가능하다고 진단한다. 그러므로 한두 세대 전과 달리 지금을 살아가는 세대는 적당한 불안은 이 사회에서 일하면서 내야 하는 기본 요금이라는 점을 받아들이는 것이 건강한 마음가짐이라고 조언한다. 적당히 불확실함을 받아들이고 이를 불안이 아니라 흥미로 여기면서 지내야 한다는 것이다.[55]

이런 면에서 청년세대의 모순된 면은 우리의 지금 실체다. 10년을 지켜나갈 엄청난 신념을 만들라는 것이 아니다. 지금의 불확실한 시대에는 이렇게 모순되고 부유하는 듯한 여러 가치를 모두 갖고 싶기도 하고 회피하고 싶기도 한 마음이 정상이라는 점을 받아들이라는 것이다. 다만 무엇을 앞에 둘지는 맥락에 따라, 상황에 따라, 조건에 따라 생각하고 판단하자는 마음을 가지면 그것으로 족하다. 이와 같이 매일의 선택에서 주로 판단하고 채택한 것들이 쌓이면, 바로 그것이 '나의 본질적 모습'을 구성하게 된다. 나의 실체는 머릿속으로만 상상해서 만들어내는 것이 아니다. 내가 내린 선택들이 쌓여 나를 구성하는 것이고, 그것은 그 선택의 의미를 설명할 수 있을 때 비로소 구체화된다. 내 고민과 선택들이 일관되지 못하다고 자책하지 말자. 상황에 따라, 맥락에 따라 달라질 수 있고, 지금 같은 세상에는 당연한 일이다.

팟캐스트 〈일상기술연구소〉에서 제현주 작가와 금정연 작가가

프리랜서의 삶에 대한 대화를 나누고 있었는데, 인상적인 내용이 내 귀에 들어왔다. "일이 들어오면 이 일은 재미없지만 돈이 되는 일, 돈은 안 될지 모르지만 내가 한번 해보고 싶었던 일로 나누고는 해요. 그렇게 정하고 나면 싫은 일도 할 만해지고, 금전적 보상이 적은 일이지만 재미있게 하게 됩니다." 선택의 기준을 돈과 재미, 혹은 돈과 의미로 단순화시켜서 매번 해야 하는 고민의 과정을 확 줄여버린 것이다.

나에게도 비슷한 경우가 있다. 책 출간을 준비하며 원고를 쓰고 있을 때는 잡지나 사보의 짧은 원고 청탁은 거절하는 편이다. 진료, 강의, 독서 등을 제외하고 현재 쓰고 있는 원고에 내 에너지를 집중하고 싶기 때문이다. 그런데 상황에 따라 예외가 생긴다. 예를 들면 후배들과 모임을 했다가 기분이 좋은 나머지 음식값, 술값을 모두 내버린 다음 날이다. 아침에 술이 깨서 영수증을 보고 깜짝 놀랐는데 마침 원고 청탁이 들어오면, 그 순간의 우선순위는 원고료가 되고 좋은 책을 만들겠다는 나의 큰 가치와 의미는 잠시 뒤로 밀린다. 물론 그 다음 날 또다른 원고 청탁이 들어왔을 때는 원래의 우선순위로 돌아갈 것이다.

이렇듯 우리는 자신만의 가치와 의미라는 큰 흐름을 가지고 살아가지만, 그때그때 맨 앞에 나서는 의미는 달라진다. 이를 받아들이지 못하면 해결되지 않는 큰 문제에만 골몰하게 되고, 이 흐름을 찾지 못하는 사람은 모든 문제를 출발선에서부터 다시 고민하고 사소한 고민들에만 매달린 채 수동적 인생을 살 수밖에 없다.

더 나아가 가치를 생각해야 희망을 이야기할 수 있다. 희망이란 앞날에 대한 기대다. 불안이 미래에 대해 부정적 감정으로 다가가는 것이라면 희망은 긍정적 기대를 안고 다가가는 것이다. 희망이 중요한 것은 고민의 과정에서 맞닥뜨리는 힘겨운 문제들을 넘어가는 원동력이 되어주기 때문이다. 바라던 것을 얻지 못한다고 해도, 헛된 희망이었다고 자책할 이유는 없다. 과정을 끌고 가준 힘이 되어주고, 다음 단계로 나아갈 방향을 제시해주었기 때문이다.

모든 희망은 즐겁다. 절망과 다르다. 희망을 중심으로 생각하는 것은 가슴이 두근거리고 즐거운 상상이 된다. 의미와 가치도 가능하면 그런 방향이 좋다. 우울한 것, 재미없는 것, 꼭 해야만 하는 것을 억지로 하기보다는 재미있는 것, 신나는 것, 가슴이 두근거리는 것, 언젠가는 꼭 하고 싶었던 것을 하는 것이 좋지 않을까? 가능하면 나를 중심으로 감정에 충실하게 선택의 기준을 잡아보자. 그것이 미래를 위한 기반이 된다. 그리고 그것이 삶의 동기가 된다. 여러 가지 부정적 감정, 불안과 두려움, 복잡한 일처리로 뇌의 부하가 왔을 때 현실을 견뎌내고 난관을 넘어서게 하는 힘이 되어준다. 즐거운 고민을 할 수 있게 하고, 괴로운 고민을 견디고 넘어가게 하는 것, 바로 가치와 의미에서 오는 희망이다.

욕망의 한계선 긋기

───────── 정장이 필요해서 아내와 백화점에 간 적이 있다. 마침 명품 브랜드 세일을 해서 눈에 들어오는 수트 한 벌을 입어보았다. 가볍고 몸에 맞는 느낌이 마음에 들었다. 하지만 할인을 해도 가격대가 높아 망설여졌다. 사고 싶어하는 내 마음을 눈치챈 아내는 "당신도 이제 이런 옷 한 벌쯤은 있어야 해"라고 하며 내 죄책감을 덜어주었다.

고민의 어떤 부분은 '욕망'에서 비롯된다. 내가 원하는 것, 원하지 않는 것이 있기 때문에 결국 고민도 생기는 것이다. 뭔가를 갖고 싶고 성취하고 싶은 강한 염원인 욕망은 인간 행동의 기본 동기다. 우리에게 밥을 먹는 욕구의 충족은 안전하다는 마음을 들게 하고 살아 있음을 확인시켜준다. 그러나 욕망은 욕구가 충족되어 생존에 대해 안심하는 것 이상의 쾌락과 흥분을 제공한다. 여기에 제동을 거는 것이 도덕과 죄의식이다. 강한 초자아를 가진 사람일수록 자신의 욕망을 죄책감의 잣대로 바라본다. 그러면서도 본능적으로 올라오는 욕망을 참기 어려워하고 매 순간 불편해하며 고민의 늪에 빠진다.

욕망을 갖는 것은 자연스러운 것이다. 당연한 일로 받아들이자. 문화와 문명의 발달, 과학기술의 발달, 더 나은 방향으로의 성장과 변화는 모두 '욕망'이 있기에 가능한 것이었다. 욕망은 동기 부여의 액셀러레이터와 같다. 여기에 윤리와 죄책감이라는 브레이크는 과속일 때만 사용하면 된다. 그런데 한국의 문화는 브레이크가 우위에 있고, 욕망을 갖고 있으면서도 이를 드러내는 것을 못난 사람이라고 보는 경향이 있다. 더 좋은 집에 살고 싶고, 더 멋진 옷을 입고 싶고, 안 가본 곳에 여행을 가고 싶고, 더 나은 자동차를 타고 싶은 마음은 자연스러운 욕망의 발현일 뿐인데, '샴페인을 너무 일찍 터뜨린다'는 진부한 클리셰로 단죄부터 하려고 한다. 그러나 욕망을 '나쁜 것'이라고 선험적으로 인식하며 무조건 처벌하고 억제하는 것은 별 효과가 없다.

다만 욕망의 노예가 되어 타인의 삶에 해를 끼치면서 나의 이익을 추구하거나 공동체의 가치를 훼손하는 일만 하지 않으면 된다. 한 방향으로만 욕망을 추구하다 보면 어느새 죄의식이라는 브레이크가 전혀 작동하지 않는 수가 있다. 그것만 피하면 된다. 자칫하면 큰 파멸로 이어질 수 있기 때문이다.

그러기 위해서는 마음 안에 나름의 윤리적인 선을 확실히 그어놓는 것이 중요하다. 그 선 안에서는 자유롭게 욕망을 추구하고, 욕망을 표현하는 것에 죄의식을 갖지 않아도 된다. 고민은 욕망이 이 선 근처에 도달했을 때 그 선을 넘어갈 것이냐 말 것이냐의 문제가 생길 때만 하면 된다.

물론 이때도 답은 분명하다. 선을 넘지 않으면 된다. 그 정도만 지켜도 충분히 괜찮은 사람이다. 선을 지키는 문제에 대해서 내면의 확고한 결심이 있다면 망설일 필요도 없는 일이니 사실은 이역시 고민의 대상이 아니다. 우리는 공공의 선을 다같이 추구하려는 공동체 정신과 사적 이익을 추구하고 싶은 이기적 욕망 사이에서 시소 게임을 하고 있다. 많은 고민은 이 둘 사이의 갈등에서 비롯되곤 한다. 이때 내가 마음속에 그어놓은 선 안쪽은 바로 사적이익을 추구하되 공공의 선을 넘어서지 않는 공간이어야 한다.

내 욕망을 더 적극적으로 실현하지 못해 고민이 생길 수도 있다. 이때는 욕구와 욕망을 일단 구별해야 한다. 생존과 안전을 보장하는 욕구와 쾌락을 주는 욕망은 하나로 뭉쳐 있기 쉽다. 이 경우 욕망이라는 목표를 달성하지 못하면 안전함조차 없어질 것이라는 두려움이 본능적으로 올라오기 쉽다. 그래서 고민이 커지고 조바심이 나기 때문에 바로 어떻게든 해결하려고 달려들거나, 무리수를 두거나, 에너지를 과잉 투자하게 되는 것이다.

그러므로 이때에는 지금 내 기본적 욕구가 충족되고 있는지를 먼저 점검해보자. 그러고 나서 욕망은 플러스 알파라는 마음으로 바라보면 좋겠다. 플러스 알파는 되면 좋고, 안 되어도 삶의 근간이 흔들리는 일은 아니다. 아쉬움은 남지만, 이것이 없다고 해서 인생이 망가지거나 생존의 위협이 될 만한 일은 벌어지지 않는다. 그러면 한결 마음이 편해진다. 고민이 될 때 욕망과 욕구를 구별해서 단계별로 풀면 불안은 줄어들고, 한결 쉽고 간결하게 문제를 정리할 수 있다.

일단 결정하면 뒤돌아보지 말자

———————— 과거를 돌아보는 것은 너무 먼 미래를 생각하는 것과 마찬가지로 합리적인 행동으로 볼 수 없다. 자신이 한 일을 적당히 돌이켜보는 것을 반성이라고 하고, 거기에 부정적 감정이 들어가면 후회라고 한다. 반성하는 것은 같은 실수를 반복하지 않기위한 필수적 단계다. 그러므로 반성은 행동의 변화와 짝지어질 때비로소 의미를 갖는다.

반성만 하면서 어떤 실천도 하지 않는 것은 의미 없는 행위이다. 감정이 개입하면 후회가 된다. 후회는 가슴이 아프다. 후회를 뜻하는 영어 'regret' 'remorse'는 모두 '다시^{re}'라는 뜻을 포함한다. 마치 영화 〈박하사탕〉의 주인공이 "나 다시 돌아갈래!"라고 소리쳤듯이, 후회는 처음 그 판단을 했던 그 시점으로 돌아가서 다시 결정하고 싶다는 비현실적 생각과 감정을 포함하고 있다. 그러나 아무리 반성이 필요한 일이고 후회는 썩 좋은 것이 아니라 해도, 우리에게는 적당한 반성보다 후회가 더 많을 수밖에 없다.

일단 후회의 늪에 빠지면 쉽게 빠져나오기 힘들다. 다 내 탓인것만 같고, 잘한 것은 하나도 없으며, 내가 한 실수는 모두 치명적오류이자 고칠 수 없는 결함으로 보인다. 상황은 내게 불리하게 돌아가고 있는 것 같다. 내 사정을 이런 식으로 파악하고 나니, 합리적인 뇌는 다음과 같이 판단한다. "아, 이렇게 나는 무능력하고, 제대로 판단하지 못하고, 상황은 내게 불리할 뿐이다. 남아 있는 한 줌의 자존심은 그걸 받아들이기 힘들다." 다시 반성 모드로 돌입해보지만 이미 후회의 선글라스를 쓴 나는 다시 후회의 늪에 빠지고 고민은 계속된다. 한없는 도돌이표가 반복되는 것이다.

이럴 때는 어떻게 해야 할까? 원인을 찾는다고 그 고리를 끊을 수는 없다. 많은 사람들이 치열하게 고민해서 후회의 원인을 찾아내면 문제가 해결될 수 있으리라 생각하지만, 착각일 뿐이다. 행동의 변화를 수반한 현실적 반성이 아닌 한 어려운 일이다.

나는 이렇게 조언하고 싶다. 한번 결정한 것은 치명적인 문제가 발견되거나 누군가의 지적이 없는 한, 다시 생각하지 않는 버릇을 들이는 것이다. 자기 확신이 적은 사람일수록 애써 결정하고 난 다음에도 망설이고 곱씹어보기 일쑤다. 그래서는 안 된다. 자기 결정이 맞다는 강력한 믿음의 주문을 외워야 한다.

실제로 우리는 보통 때 자신의 결정을 믿는 경향이 비합리적일 정도로 강하다. 경마장에서 돈을 건 사람은 돈을 걸지 않은 사람에 비해 자신이 선택한 마권의 말이 우승할 것이라는 믿음이 강하다.[56] 또 여론 조사에 참여한 사람은 참여하기 전에 비해서 자신이 당선할 거라고 대답한 후보가 당선될 가능성을 훨씬 높게 예상한다.[57]

이렇게 어떤 걸 미리 결정하고 나면, 그 결정이 옳다고 믿고 싶고 그게 잘되기를 바란다. 내 결정이 옳았다는 걸 확인하는 것은 자존감을 올릴 좋은 기회이기도 하다. 사람들은 한번 결정하고 난 다음에도 망설이고 뒤를 돌아보고는 한다. 이상한 양가감정 속에 머뭇거리는 것이다. 한쪽에서는 망설임이, 그리고 한쪽으로는 자기 결정이 옳을 것이란 믿음이 동시에 양쪽에서 강하게 끌어당긴다. 어떤 방향이 옳을까?

나는 일단 결정한 다음에는 내 결정의 장점을 열거해보라고 권하고 싶다. 후회하기 전에 말이다. 그래야 내 선택과 망설임 사이의 부조화가 줄어든다. 존재하지 않을지도 모를 단점을 찾으려고 눈을 부릅뜨기보다 장점을 찾으려는 노력은 후회하기에 앞서서 내가 내린 결정을 사랑하는 마음을 키워준다. 그리고 그것이 내 결정에 대한 애착을 갖게 하고, 만족도를 높인다.

하버드 대학의 대니얼 길버트와 제인 에버트Jane Ebert는 이런 재미있는 실험을 했다. 사진가들에게 열두 장의 사진을 찍게 한 후 그중 가장 마음에 드는 두 장만 인화를 하라고 지시했다. 인화한 두 장은 집으로 가져 가고, 인화하지 않은 열 장은 필름째 연구실에 두고 가도록 했다. 사진가를 두 그룹으로 나눠서 한 그룹에게는 "마음이 바뀌면 언제든지 와서 다른 두 장을 인화하십시오"라고 말해주고, 두 번째 그룹에게는 "번복할 수 없는 결정입니다"라고 말했다. 그러고 나서 만일 선택한 사진을 바꿀 기회를 준다면 혹시 사진에 대한 애착이 바뀔 것 같냐고 하자 사진가들 모두 전혀 그렇지 않다고 대답했다.

나중에 다시 그 질문을 하니 결정을 바꿀 수 없다고 통보한 사진가들이 그 두 장에 대해서 갖는 애착이 바꿀 수 있다고 한 사진가에 비해서 훨씬 높았다. 번복할 수 없었던 경우에 자신의 선택에 대한 만족도와 애착이 더 컸던 것이다. 즉, 한번 선택하고 나면 최종 결정이라고 믿고 이를 나 자신에게 강제하는 것은 결정에 대한 애착을 증가시킨다. 또한 장점을 더 보려고 하고, 최종적으로 그 결정에 대한 만족도가 올라간다. 무엇보다 후회와 망설임에 들이는 고민의 비용이 확 줄어든다.[58]

후회를 줄이고 나면 내 삶에 만족할 가능성이 커지고, 결정하기 전에 고려할 가짓수가 많이 줄어든다. 더욱이 내 결정에 대한 확신이 커지고, 장점을 더 잘 보게 되고, 단점으로 실망하는 일이 줄어든다. 그러니 고민을 할 심리적 이유도 자연히 적어진다.

뇌의 효율성이라는 측면에서 이 문제를 다시 생각해보자. 후회를 덜 하면, 현재 해야 하는 선택에 더 집중할 수 있다. 돌아보고 점검하는 데 전에 비해 에너지를 덜 쓴다. 여러모로 에너지를 절약할 수 있으니, 고민이라는 비용이 덜 투여된 선택이 더 효율적인 선택이다.

점점 별것 아닌 듯 무심하게 선택할 수 있게 되고, 하나의 선택이 주는 마음의 부담이 줄어든다. 엄청 마음 졸이면서 한 선택이 옳았을 때 느끼는 스릴 있는 기쁨보다 비용을 줄여서 무심하고 편하게 한 선택이 주는 편안함이 주도적 마음의 흐름이 된다. 이렇게 절약된 에너지는 선택과 망설임이 아니라, 결정한 것을 가지고 환경에 적응하고 적용하는 데 투자하면 된다. 자연히 만족도는 올라간다. 이런 선순환을 만드는 중요한 첫걸음이 바로 감정을 실어서 끝없이 원인을 찾아보려는 후회를 줄이려는 마음의 각오다.

전문가란 특정 분야, 자기 주제에 관해서 저지를 수 있는 모든 잘못을 이미 저지른 사람이라는 말이 있다. 후회를 많이 한 사람이 아니라 실패에 대한 반성을 통해 성장한 사람이라는 의미다. 반성과 후회를 구분하고, 반성은 치열하게 하되 후회를 줄이는 것이 내가 전문가로 성장할 수 있는 가장 중요한 팁이다. 그리고 고민에 드는 에너지를 최소화하는 최고의 전략이기도 하다.

결정과 책임은 오로지 나의 일이다

───────── 어떤 일에 대해 고민을 시작하게 되었다면, 다른 사람의 조언을 충분히 듣거나 집단의 흐름과 추이를 잘 관찰하는 것 모두가 중요하다. 우리는 타인의 영향과 집단의 압력에서 자유롭지 않다. 또 집단에 적응하고 맞추기 위해 나를 내려놓는 일이 비일비재하다. 이것이 꼭 나쁜 것만은 아니다. 중요한 결정일수록 믿을 만한 사람에게 의지하고 싶은 마음은 더 커진다. 그러나 그 믿을 만한 사람도 그 결정에 책임은 져주지 않는다. 마지막에 버튼을 누를지 말지를 결정하는 것은 나의 일이라고 여길 수 있어야 한다.

바로 '이건 내가 한 결정이야'라고 마음먹는 것이다. 그렇게 마음먹기만 해도 놀라운 변화가 온다. 신경심리학자 베티나 스투더 Bettina Studer 는 영국 캠브리지 대학에서 다음과 같은 실험을 했다. 먼저 20대의 건강한 참여자 40명을 두 그룹으로 나누고 룰렛 게임을 시켰다. 한 그룹은 베팅할 번호를 직접 고를 수 있었고, 다른 그룹은 컴퓨터가 정해준 번호에 돈을 걸어야 했다. 그리고 이들이 이 도박 게임에서 이기거나 질 때 fMRI를 찍어서 뇌의 활동 변화를 보았다. 그러자 게임에서 이겼을 때 주도적으로 결정한 집단의 보상 회로가 더 크게 활성화되었으며, 승리할 가능성에 더 민감했다. 또한 감정적으로 개입하고, 행동 변화의 가능성을 높일 수 있게 기억력이 향상되었다.[59] 이 실험으로 알 수 있듯이 내가 주체적으로 결정했다는 것만으로도 실행력, 보상에 대한 기쁨과 성취, 기억력의 향상이 온다.

그러나 상담하러 온 많은 사람들은 이렇게 항변한다.

"알아요. 내가 결정하면 좋겠죠. 그렇지만 나는 무엇 하나 제대로 아는 게 없다고요."

그럴 때마다 나는 이렇게 말해주곤 한다.

"자기 자신을 믿어야 해요. 내가 나를 믿어주지 않으면 누가 믿어주겠어요? 이건 누가 나를 좋아해주기를 바라면서 아무도 좋아하는 사람이 없다고 낙담하는 사람에게도 하는 말입니다. 내가 나를 믿어주고 좋아하는 것에서부터 시작해야 합니다."

이것이 바로 자존감의 시작이다. 낮아진 자존감을 올려달라고 진료실을 찾는 사람들에게도, 결정을 할 때마다 너무 힘들어하는 사람에게도 나는 진단과 동시에 당신 자신을 믿고 결정하라고 조언한다. 사소한 일이라도 자신의 결정에서 성취감을 얻고 그 결정이 옳았다고 확인함으로써 자존감이 플러스 1이 된다고 말해준다. 자존감은 내 삶의 원인이 아니라 결과에 가깝다.

이때 자존감을 받쳐주는 두 가지 개념이 있다. 자기 효능감과 자존심이다. 자기 효능감은 '특정한 상황에서 요구되는 행동이나 목표를 자신이 달성할 수 있다고 믿는 것'이고 자존심은 '타인과의 비교를 통해 자신의 가치를 판단하는 것'이다.

남과 비교를 통해 전체적 분위기와 레벨을 파악한 후 자기 효능감을 갖고 구체적인 목표를 세워 해낼 수 있다고 자신에게 확인을 해준다. 실제 그 행동을 하고 난 후 목표와 결과가 유사할수록 자존감, 자기 효능감, 자기 확신감은 강화될 것이다. 이때부터는 고민거리가 생기는 게 즐거워지는 황당한 일도 벌어진다. 고민을 한 단계 성장하기 위한 도전으로 받아들이고, 평온한 삶을 방해하는 장애물이 아니라 신선한 자극으로 여기게 된 것이다.

반면 자기 효능감이 낮을수록 자신을 믿지 못하니, 주어진 과제를 난제로 여긴다. 또 실패했을 때 생길 일에 초점을 맞춰 방어적 태도를 갖고 결정한다.[60]

나는 국가대표 축구 경기 중계를 볼 때마다 망설여진다. 내가 경기를 보려고 늦게라도 텔레비전을 켜면 이기던 경기도 꼭 지기 때문이다. 이건 프로야구도 예외는 아니다. 일찍 귀가하는 날이면 내가 응원하는 팀의 경기를 생중계로 보려고 노력하는 편이다. 미리 이기고 있는 것을 확인하고 가벼운 마음으로 텔레비전을 틀면, 그날따라 대역전패로 끝이 난다. 내가 좋아하는 팀은 내가 보지 않아야 이긴다는 말인가. 내 사소한 결정이 우리 팀의 패배에 영향을 미친 것인가.

이런 말도 안 되는 생각을 나만 하는 것은 아닐 것이다. 내가 결정한 일이 만일 나쁜 결과로 돌아온다면 위에서 얘기한 내 망상적 생각같이 잘못 확대되는 일도 분명히 있다. 학교에서 시험을 볼 때 찍은 답은 맞고 고민 끝에 고친 답은 언제나 틀렸던 아픈 기억, 여러분에게도 있지 않은가? 이 문제에 대해 실제로 연구한 사람이 있다.

일리노이 대학의 저스틴 크루거와 스탠퍼드 대학의 데일 밀러^{Dale Miiler}는 이 문제를 학생들에게 물어보았다. 미국 대학생들도 예외가 아니었다. 55퍼센트의 학생이 처음의 답을 고치면 오답이 될 것이라 믿었고, 오직 16퍼센트만 답을 고치면 성적이 오른다고 여겼다. 이들의 답안지를 분석했더니, 학생들이 답을 고치면 오답에서 정답, 정답에서 오답으로 바뀐 비율은 모두 50퍼센트로 거의 비슷했다. 그런데도 학생들은 정답을 고쳤더니 오답으로 바뀐 것만 기억한 것이다.[61]

오답의 기억은 뼈아프게 후회스럽고, 그래서 기억에 오래 남는다. 더욱이 '만일 내가 그때 그대로 뒀다면'이라며 자꾸 후회가 되어 장기 기억화된다. 아픔을 싫어하고 아픔에 예민한 뇌는 여기에서도 예외가 아니다. 그러므로 '중요한 경기를 보면 진다' '답을 고치면 더 잘 틀린다'는 것은 모두 실패에 대한 아픔이 준 오랜 기억 때문에 생긴 생각이다. 필요하면 고쳐야 하고, 텔레비전으로 역전승을 관전한 날도 사실은 많았을 것이다. 그런 기억은 쉽게 잊혔을 뿐이다.

"맞아. 잘했어. 네가 결정한 대로 해."

우리는 이런 말을 듣고 싶어 한다. 그래야 안심이 된다. 관계 속에서 확인받고 인정받고 싶은 욕구가 크다. 하지만 내 문제에 관한 한, 우리의 결정이 아니라 내 결정이라는 점을 명심해야 한다. 결정은 고독하고 외로운 일이다. 따뜻하고 행복하며 모두 함께 어깨를 얼싸안는 결정은 마음만은 함께여서 좋겠지만, 함께 침몰하는 일이 되기 쉽다. 그 누구도 책임지지 않은 채 말이다. 삶에서 선택의 순간이 왔을 때에는 결정적 외로움을 견뎌낼 수밖에 없다는 것을 인정하고 받아들이자. 큰 결정을 해야 할수록 많은 사람의 의견을 최대한 듣고, 많은 정보를 수집하는 과정이 필요한 것은 맞다. 그러나 결정의 마지막 순서는 오로지 내가 되어야 하고, 그에 대해 믿음을 가져야 한다.

소아과 의사이자 정신분석가인 도널드 위니코트Donald Winnicott는 "정상적인 사람은 어린 시절 부모로부터 받은 보살핌의 기억을 되살려 외로움과 불안을 해소한다. 홀로 있는 능력의 토대는 패러독스다"라고 말했다. 부모와 좋은 기억을 가진 사람일수록 압박감이 있는 상황에서도 주도적으로 혼자 결정할 때 힘들지 않을 수 있고, 외로움의 압박을 견뎌낼 수 있다. 좋은 부모는 어른이 된 자식에게 끝까지 최선의 답을 찾아주는 사람이 아니다. 어릴 때 좋은 보살핌의 기억을 선물해서 마음의 기초공사로 삼게 하고, 나중에 그 위에 고층빌딩을 지어도 전혀 흔들리지 않고 올라갈 수 있게 하는 사람이다.

나를 믿어야 한다. 현재 내가 타인의 도움이 필요한지 판단하는 것도 내 결정이 되어야 한다. 내 결정이라고 믿고, 나를 믿을 수 있을 때 고민은 진짜 내 고민이 되고, 역설적으로 가벼워지고 견뎌낼 만해진다.

의지가 약하다는 말은 흘려들어라

───────── 혼자서 고민을 하다가 답이 나오지 않을 때 부모나 선배에게 의논하면 꼭 듣게 되는 소리가 있다. "네가 충분히 노력을 하지 않아서 그런 거야. 강한 의지를 가지고 네 한계를 뛰어넘어야 해. 노력하면 언젠가 이룰 거야"라는 대답이다. 그렇다고 "어쨌든 오늘도 수고했어" "네가 최고야, 네가 어디서 뭘 하든 난 널 응원할게. 파이팅!" 같은 말을 듣는 건 위로는 되지만 인생에 실질적 도움은 되지 않는다.

물론 '의지意志'는 아주 중요한 요소다. 그러나 의지로 모든 걸 다 할 수는 없다. 내가 아무리 의지가 충만해도 자동차와 달리기 경주를 해서 이길 수 없고, 컴퓨터와 연산 대결을 해서 이기는 것도 불가능하다.

옛날 《논어》나 《맹자》 같은 고전을 읽던 시대에는 기계 문명이 없었다. 그러니 의지력으로 40년쯤 하면 태산을 옮길 수도 있었을 것이다. 그때 나온 책이 의지 만능론을 설파한다. 당시 현인의 눈으로 보면 '하면 결국 된다'는 게 진실이었다.

이제는 아니다. 에너지의 분배가 중요하고, 확실하고 효율적인 방법론이 있으면 가져다 잘 쓰는 것이 더 현명하다. 더 중요한 것은 나아가고자 하는 방향에 대한 의지와 지속 가능력이지 의지를 한없이 강화할 수 있을 것이라는 믿음이 아니다. 의지는 어느 정도는 강해지지만 결국은 소진되는 에너지의 개념으로 보는 게 맞다. 의지는 어떻게 보면 고급 능력의 종합이다. 집중한 상태를 유지하는 능력, 일시적 자율신경계 강화를 통해 아드레날린을 분출하는 능력, 외부 자극에 흔들리지 않고 내가 원하는 방향을 고수하는 능력이 필요하다. 현실에서는 이 능력들 중 한 가지도 얻기 힘들다.

고민을 하다가 벽에 부딪히는 순간이 있다. 이때 의지가 중요한 것은 사실이다. 힘을 더 내서 밀어붙여야 할 때가 있다. 그러나 그보다 더 많은 순간, 거기서 멈추는 의지력이 더 중요하다.

관성의 힘을 받아서 앞으로 나아가다가 벽을 만나서 멈추면 '의지력이 부족해서 그래'라고 해석하고 더 나아가자고 채찍질한다. 그런데 이게 옳지 않을 때가 현대사회에서는 점점 더 많이 관찰된다. 벽을 만나면 그 벽이 넘을 만한 것인지 확인하고, 차라리 돌아가는 게 나은지, 돌아서 다른 길을 찾는 게 맞는 것인지 생각해보는 과정을 거쳐야 한다. 그런데 그건 하려고 하지 않고 오직 '의지박약' 구호만 되뇔 뿐이다. 이는 사회문화적으로 내재화된 죄의식에서 나오는 것이며, 남들이 나를 어떻게 평가할 것인가라는 '평판의 문제'와 이로 인한 '자존심의 상처'가 먼저 본능적으로 떠오른 덕분이다. 먼저 그걸 버릴 용기가 필요하다. 앞으로 나아갈 용기보다 과감히 버릴 용기가 더 큰일이다.

《미녀는 괴로워》《광해》《신과 함께》 등 여러 편의 히트작을 제작한 원동연 대표는 이 '버리는 용기'를 잘 아는 사람이다. 이미 영화 여러 편을 성공시켰지만, 그 전에 실패한 영화도 있고, 기획 단계에서 무산된 경우도 많다. 다섯 편을 기획하면 그중 한 편을 제작할 수 있는데, 어떤 경우에는 시나리오는 물론 캐스팅, 스태프 구성까지 마치고도 접어야 할 때도 있었다. 몇 년의 시간, 수백 억의 제작비, 수백 명의 생계가 걸린 일이지만, 무작정 의지로 밀고 나간다고 해서 꼭 성공하는 것이 아니다. 오히려 더 큰 피해를 입힐 수 있다. 원 대표는 여러 차례의 실패를 바탕으로 자신의 의지를 믿지 않고 용감하게 버릴 수 있었기 때문에 지금의 성공을 이룰 수 있었던 것이 아닐까?

의지로 밀고 나가면 된다는 생각은 그래서 위험하다. 특히 조직에서 지위가 높아져 자신의 결정이 많은 이에게 영향을 준다면 더욱 더 신중해져야 할 영역이 '의지에 대한 믿음'이다.

과거 인생의 큰 난관에 부딪혔을 때 의지로 버티고 결국 성공한 사람이 있다. 이런 사람은 성공의 경험이 인생의 큰 자산이다. 그러나 여기서 운이나 타인의 도움도 분명히 작동했을 터인데 성공한 사람일수록 '나의 굳은 의지' 덕분이라고 여기는 경향이 일반적으로 강하다. 그래서 이들은 일상에서 생기는 갈등과 고민들은 하찮은 일로 생각하고 의지가 있으면 못할 게 없다고 본다. 그러니 타인의 노력을 과소평가하고 '그건 네가 의지가 약해서 그래'라고 말하기 쉽다. 실제로는 꽤 중요한 일상의 고민을 대수롭지 않게 여기고 방치하고, '내가 확 나서면 모든 것을 단번에 해결할 수 있어'라고 생각하며 뒤로 미루거나 대강 결정해서 큰 낭패를 보는 수가 있다.

일단 벽에 부딪혀서 난관이라고 여겨진다면 '의지의 문제'란 요소는 떼고 봐야 한다. 그래야 현실적으로 판단할 수 있다. 그 후에는 거리를 두고 바라보자. 그러면 실체를 볼 수 있다. 그리고 얽힌 감정과 조바심을 줄인다. 마지막으로 결정하기 전에 하루 정도 묵힌다. 충분히 주변 요소를 고려하고 정보를 입력한 다음, 최소 반나절이라도 그에 대해 생각하지 않는 것이다. 이제 뇌가 일을 할 것이다. 열심히 연산을 해서 다음 날 아침 내 의지에서 자유로운 마음 가는 답이 떠오른다. 그러면 그게 정답이다.

'그래도 조금 더 해보자'라는 생각이 떠오른다면 더 버티면서 밀고 나갈 만한 상황이다. 의지 박약 문제가 아니라 주변의 여건이 해볼 만한 상황이고 내 안의 에너지와 현실적 자원이 여유가 있다는 것이니, 하면 된다. 만일 '이제 멈추자. 여기서 퇴각하는 게 맞아'라는 생각이 떠오르면? 자존심도 상하고, 수습하는 것이 힘들 수 있지만 결국 맞는 방향일 가능성이 높다. 당장은 괴롭겠지만 그 순간의 결정을 믿어주자. 시간이 흐르고 나면 '더 해볼걸' 하는 미련의 마음이 생기기도 하겠지만 '안 하기를 잘했어'라는 후련한 마음이 더 많을 것이다.

5장

고민을
잘한다는 것

• • •

    우리는 모두 매일 계속되는 고민의 계단 앞에 서 있고, 하루하루 다양한 종류의 판단과 결정, 그리고 행동을 하면서 그 계단을 오른다. 어떤 선택은 성공하고, 어떤 선택은 실패로 끝나서 가슴 아프기도 하다. 지금 우리는 개인이 혼자 고민해야 할 것들은 엄청나게 늘어나고 있고, 그 선택에 대한 책임도 혼자 져야 하는 시대를 살고 있다. 원래 고민이란 좋은 결정을 내리고 실행력 있게 행동하기 전의 준비 운동과 같은 것인데, 세 단계 중 맨 앞에 있는 고민의 총량이 너무 늘어난 것이다. 그러다 보니 뒤의 두 단계로 전진할 마음의 여유도 없고, 실행 단계로 가기 전에 지쳐버리기 일쑤다.

    지금까지 우리는 고민이 많을 수밖에 없는 세상에서 고민을 어렵게 하고 우리를 힘들게 하는 감정과 인지적 요소들을 알아보았다. 또한 진짜 해야 할 고민에 집중하기 위해서 고민의 늪에 빠지지 않고 하지 않아도 될 고민을 비켜가는 전략들을 살펴보았다.

아는 것과 실천하는 것은 분명히 매우 다른 일이다. 하지만 모르는 채 계속 고민하는 것과 문제를 알고 조금씩 바꿔보려고 노력하는 것은 질적으로 다른 일이다. 우리는 당장 바뀌는 서프라이즈 같은 변신을 원하지만 그것은 이상일 뿐이다. 현실적인 태도는 '언젠가는 마침내'라는 마음을 갖는 것이다. 한순간에 180도 다른 사람이 되기는 어렵다. 그러나 10도씩 조금씩 바꾸어 나선형으로 올라가면 언젠가는 마침내 360도 회전해서, 같은 사람이지만 한 단계 업그레이드가 된다. 그래야 오래 지속되고 미끄러져 내려오지 않는다.

정신치료에서 '훈습working through'이라는 용어가 있다. 치료자와 내담자가 상담 과정에 깊이 들어가서 내담자의 무의식 중 어떤 부분에 대해서 해석을 한다. 그러면 그동안 머릿속을 간질이며 떠오를락 말락 했던 심리적 걸림돌이 치료 공간 안에서 큰 깨달음으로 와닿는다. 하지만 진료실을 나와 현실로 돌아오면 그때 느꼈던 울림이 지속되지도 않고, 행동으로 바로 이어지기도 어렵다. 깨닫는 것과 행동으로 옮기는 것은 굉장히 먼 거리에 있기 때문이다.

이때 필요한 것이 훈습이다. 해석을 통해 깨달은 문제들을 치료 시간 이외에 적용해서 훈련하고 내 것으로 만들기 위해 습득과 내재화의 과정을 거치는 것이다. 한 번의 해석으로 변화는 오지 않는다. 이후의 수백 시간 동안 수십 번, 비슷한 맥락에서 같은 요지의 해석을 반복한다. 그 해석이 조금씩 내담자의 마음 안에서 내재화되면 '선생님이 이렇게 말했지'에서 시작해서 '이건 당연히 이렇게 결정해야지'라는 식으로 변화하고, 나도 모르게 다른 방식으로 느끼고 판단하고 행동하게 된다. 이때 훈습이 이루어졌다고 말한다. 진정한 변화는 그렇게 온다.

이런 변화를 위해서는 4장에서 펼쳐놓은, 좋은 고민을 위한 전략만으로는 조금 부족한 것 같다. 여기에서는 넓은 관점에서 우리가 고민을 대하는 마음의 태도를 소개하려고 한다. 매 상황마다 뇌와 마음을 효율적으로 관리하는 것도 필요하지만 더 넓은 스펙트럼에서 어떻게 삶을 바라봐야 할지도 중요한 문제다. 그 관점에서 보면 고민을 대하는 좋지 못한 태도들이 훈습을 거쳐 내재화된 변화로 이어질 수 있으리라 믿기 때문이다.

힘을 줄 때와 뺄 때 구분하기

───────── 한 대기업의 CEO가 스트레스로 인한 불면으로 진료를 받으러 온 적이 있다.

"교수님, 주변에는 뭘 해달라는 사람으로만 가득 차 있고, 눈을 뜨면 결정할 일이 100가지는 됩니다. 침대에 누우면 내일 아침부터 해야 할 일이 떠올라서 잠을 잘 수 없어요. 이 무거운 짐을 다 벗어던지고 싶어요. 어제 신문을 보니 세계일주 크루즈 여행 기사가 있던데요. 1년쯤 아내와 함께 크루즈를 타고 여행을 하면 이 불면증이 바로 낫지 않을까요?"

나도 그 기사를 인상 깊게 보았다. 어릴 때 즐겨보던 미국 드라마 〈사랑의 유람선〉이 떠올라서 죽기 전의 버킷 리스트에 넣고 싶기도 했다. 그 상담자는 1억이 넘는 비용을 충분히 감당할 수 있는 분이어서 실행을 하려면 할 수도 있었다. 하지만 놓치고 있는 것이 있었다.

"크루즈 여행? 좋지요. 저도 그 기사 봤어요. 진짜 좋겠더라고요. 그런데 이런 생각을 해보세요. 사모님과 두 분이 선실에 들어가요. 꽤 좁을 겁니다. 돈을 아낀다고 생각하면 창이 없는 방을 쓸수도 있죠. 거기 종일 같이 계시는 거예요. 영어로 의사소통을 하고, 저녁은 정장을 입고 정해진 테이블에서 모두 함께 먹어요. 답답해서 바람을 쐬고 싶어도 10분이면 갑판 위를 한 바퀴 돌 겁니다. 어떨까요?"

내 말을 들으면서 상상을 하던 그는 고개를 푹 숙이며 한숨을 쉬었다.

"어휴……."

"그래요. 어디든 마찬가지 같아요. 다른 곳으로 가면 거기는 거기만의 또 다른 스트레스가 기다리고 있지 않을까요? 고민도 마찬가지고요. CEO로서의 책임은 줄어들지 모르지만, 혼자서 해야 하는 고민은 없어지지 않을 겁니다."

그렇다. 어디를 가든 고민은 사라지지 않는다. 스트레스 없는 곳에서 살기를 바라는 것은 마치 무균실로 가는 것과 같아서, 나중에는 가벼운 감기만 걸려도 생사가 오락가락할 수 있다. 마찬가지로 고민이 없는 세상을 바라는 것은 뇌를 면역력 제로의 무균실로 만들고 싶다는 마음과 비슷하다. 좋을 것 같지만, 쓰지 않는 근육이 퇴화하듯 고민을 위한 마음도 사용하지 않으면 녹슬고 약해진다. 또한 나에게 고민을 많이 던져주는 곳을 피해 다른 곳으로 옮긴다 하더라도, 그곳에서는 그곳 나름대로의 고민이 생긴다. 새로운 곳에서 적응하면서 생기는 고민이 있고, 익숙해지면 또 익숙한 대로 그곳의 상황에 따른 새로운 고민이 생긴다. 그러므로 고민은 지구의 중력과 같이, 우리가 안고 가야 하는 것이다. 의식하지 못하지만 늘 하고 있다.

어차피 해야 할 고민이라면, 더 잘, 더 효율적으로 하는 편이 좋을 것이다. 다시 말해 모든 고민을 '인생을 건 중요한 고민'으로 받아들이며 '생각과 사유, 치열한 고민이 필요한 일'로 보지 말자. 사실 고민의 종류로만 보면 아주 소소한 일들이 90퍼센트 이상이다. 힘을 줄 때와 뺄 때를 구분해야 불필요한 고민에 매몰되지 않고 집중해야 할 고민에 집중할 수 있다.

사소한 일이나 불안에 흔들리지 않고 단단하게 마음의 닻을 내린 후에 고민할 때 만족할 만한 결정을 할 수 있고, 행동으로 옮겨 실천할 각오와 동기가 생긴다. 그러면 고단한 인생은 좀 더 가벼워지고, 고민을 비운 자리가 다른 일들로 채워져 삶이 더 풍요로워질 것이다.

고민 없이 산다고 믿는 태도의 힘

──────── 내가 한 북토크나 강의에 대한 후기를 볼 때가 있다. 인터넷에 자기 이름을 검색해보는 것을 '에고 서핑egosurfing'이라고 하는데, 부끄럽지만 나도 가끔씩 해본다. 그런데 이런 후기가 있었다. 강연이 끝나고 청중과 대화 시간에 한 분이 내게 "요새 어떤 고민을 하세요?"라고 질문했는데, 내가 "저는 요새 고민을 하지 않습니다"라고 대답했다는 내용이었다.

솔직히 그 대화 장면은 기억이 나지 않는다. 그러나 내 개인적인 사고의 맥락을 보면 그랬을 것 같다. 처음 보는 사람들 앞에서 모르는 분이 던지는 공개적 질문에 내 개인적 고민을 말해야 한다고 생각하지 않았을 것이다. 아마도 차선의 답으로 특별히 말씀드릴 만한 고민은 없다고 했을 것 같다. 고민을 들어주고 문제를 해결할 조언을 해주는 게 일인 사람이 정작 자신은 고민이 없다니 실망스러웠을 수도 있을 것 같다. 하지만 또 이런 생각도 든다.

치열하게 고민을 하면서 살아야만 잘 사는 것일까? 고민을 해야 열심히 사는 사람일까? 아주 근본적 고민이 아닐 수 없다. 앞서도 말했지만 고민은 중력과 같이 언제 어디서든 존재하고 고민은 우리 삶에서 완전히 사라질 수 없다. 최선의 선택, 삶의 방향, 사회의 변화를 위한 비전, 작게는 오늘 점심 메뉴를 정하는 것까지 인생은 고민의 연속이다. 누구나 고민은 갖고 있다. 고민이 없는 사람은 없다. 고민이 없는 것이 고민일 수도 있으니까. 하지만 언제나 모든 고민을 다 짊어지고 다닐 수는 없다. 그러니 청중의 질문에 내가 고민을 안 한다고 했을 때 그 의미는 사실은 '별일도, 별 큰 고민도 없습니다. 감사할 일이죠'라는 뜻이었을 것이다.

눈앞에 다가온 어떤 큰 문제를 지금 당장 해결해야 한다는 강박적 조바심이 '치열한 고민'으로 합리화되고 있다면, 나는 차라리 '고민 없는 나날'에 서 있다고 선언하고 싶다. 그리고 치열하게 고민하느라 막상 아무것도 못하면서 현재에 머물지 못하는 것이 아니라, 현실 속에 다가온 작고 구체적인 일들, 고민이라고 이름 붙이기도 민망한 일들을 하나씩 클리어해나가면서 뚜벅뚜벅 내 길을 만들어 나아갈 것이다. 그러면서 말할 것이다. '전 별 고민이 없습니다'라고.

나는 평소에 덜 고민하고, 큰 화두에 덜 휘둘리고, 우직하게 내 갈 길을 가고 싶다. 그래야 큰 고민을 해야 할 상황이 되었을 때 여유 있는 에너지와 마음의 공간을 확보할 수 있고 갑작스럽거나 압도되는 상황에도 당황하지 않고 담대하게 받아들일 수 있을 테니 말이다. 그게 현명한 태도다.

'평소에도 치열하게 고민하며 살아'라는 전투적 태도보다는 유유자적, 안빈낙도, 별 생각 없음이 에너지의 효율성 측면에서는 더 나은 마음의 태도이다. 고민의 존재는 인정하되, 고민 없이 산다고, 아무 생각 없이 산다고 겸손하게 말할 수 있는 이중적 존재가 되었으면 한다. 이 모순적 상태를 인식하고, 고민에 풍덩 빠지고 싶은 마음과 고민을 멀리 하고 싶은 양가감정 안에서 밸런스를 잘 잡으며 서핑하는 것이 건강한 정상성이다.

과정이 옳았다면 결과는 2차적인 일이다

─────── 깊은 고민 끝에 결정을 내렸다. 하지만 결과가 기대에 미치지 못하거나, 실패로 판명이 될 때가 있다. 이때 '내가 고민을 제대로 하지 못해서 그런가 보다'라는 방향으로 생각이 흐르기 쉽다. 결과를 중심으로 고민을 돌아보면 결과의 성공과 실패로 고민의 질과 올바름을 판단하는 이상한 모양새가 되어버린다.

고민과 결정은 구분해서 봐야 한다. 결과를 놓고 고민의 과정을 보면, 잘되면 고민을 제대로 한 덕분으로 여기기 쉽고, 실패하면 고민을 제대로 못해서 그런 것으로 여긴다. 그러나 결과가 고민의 과정에 영향을 미쳐서는 안 된다.

결과가 좋건 나쁘건 고민의 과정에 별 문제가 없었다면 그 결과는 어쩔 수 없는 일이었다고 받아들이는 것이 좋다. 리뷰하고 반성하는 것은 고민의 과정에 혹시 실수나 빠트린 것, 프로세스에서 오류가 있는지 확인하는 것으로 충분하다.

그것을 위해서 결과는 참고 사항으로 여기면 된다. 그렇기 때문에 좋은 결과가 왔다고 하더라도 시간을 충분히 두지 않았거나 감정적으로 사안을 해석하는 등 고민의 방법이 잘못되었다는 점이 발견되면 다음에는 수정해야 한다. 과정이 잘못되었는데 결과가 좋았다고 해서 그것을 밀어붙이면, 다음번의 중요한 문제 앞에서 다시 제대로 된 고민을 하지 못할 것이기 때문이다.

축구대표팀 선수 선발 때마다 논란이 벌어지곤 한다. 대표팀 감독이 유명하지 않은 선수를 뽑았을 때다. 거기에 감독과 같은 팀에서 뛰었던 경력 등 감독과의 연이 부각되면 사심에 의한 선발이라는 의혹을 받게 된다. 대표팀이 부진하면 이런 비난은 더욱 거세어진다. 하지만 그 선수가 맹활약을 하여 좋은 성적을 내면 상황은 대반전이 된다. 감독은 진흙 속에 묻혀 있던 진주를 찾아낸 눈 밝은 명장으로 불리게 된다.

결과에 의해 과정을 보는 눈이 180도 달라지는 대표적인 사례다. 우리가 눈여겨봐야 할 것은 선수 선발 과정이 공정했는지, 유명도나 감독과의 친분에 따라서가 아니라 적재적소에 꼭 필요한 실력을 가진 선수를 선발했는지 여부다. 그런데 결과가 나쁠 때에는 그 과정에 부정적 선글라스를 끼고 보고 싶어진다.

텔레비전으로 야구나 축구 경기를 보면서 해설을 듣다 보면 고개를 갸우뚱하게 될 때가 있다. 해설가들은 모르는 게 없다. 모든 것을 알고 있었다는 듯이 해설한다. 그러나 그것은 상황이 벌어진 다음에 설명하는 것이기에 가능한 일일 뿐, 그들이 앞을 내다볼 수 있는 것은 아니다. 어차피 해설은 '풀어서 설명해서 이해를 시키는 것'이다. 상황이 좋으면 잘된 이유를, 나쁜 결과에 대해서는 나쁜 이유를 찾아내서 설명하는 것이다.

그러나 듣다 보면 해설가들은 한 경기에서도 모순된 말을 여러 번 한다. 달리는 속도는 빠르지만 볼 키핑 능력은 떨어지는 선수가 있다고 치자. 50미터 정도를 단독 드리블을 해서 골로 연결시키면 "역시 달리는 능력은 탁월해요. 저런 선수가 팀에 꼭 필요한 선수죠. 수비진을 완전히 궤멸시키니까요"라고 해설한다. 반면, 그가 혼자 달려 공을 몰고 갔는데 매번 최종 수비에 걸려 뺏기고, 도리어 역습의 빌미를 제공해서 결국 골을 주게 되면, "저렇게 달리기만 잘하면 뭐 합니까. 주변을 둘러보는 시야가 좁은데. 감독이 선수를 선발할 때 신중했어야 해요"라고 해설하는 것이다.

이런 식으로 결과에 따라 해석을 다르게 하는 것은 이유를 알아야 안심이 되는 인간의 본능 덕분이다. 그러나 현명한 고민을 위해서는 그런 방식은 과감히 버려야 한다. 해설가는 과거를 현재에 맞춰서 설명할 수 있을 뿐, 미래를 예측하지는 못한다. 현재도 결과에 맞춰 낙관과 비관의 방향으로 재구성하기 쉽다. 이렇게 결과에 따라 과거를 재구성하고 설명하는 습관은 객관적이고 합리적인 '다음'을 위한 고민을 방해하는 나쁜 습관이다.

더불어 더 위험한 방식은 선택한 일이 잘 풀렸다고 해서 별 고민 없이 즉흥적이고 감정적으로 그 일을 반복하는 것이다. 예를 들어, 술을 몇 잔 정도 마시고 난 다음에 대리운전을 부르지 않고 그냥 차를 몰고 갔는데 사고도 나지 않고 음주단속에도 걸리지 않았다. 그 결정이 옳았다고 여긴다면? 또 그 행동을 반복한다면? 더 큰 사고가 날 확률이 올라갈 것이다. 그러므로 좋은 결과가 왔다고 즉흥적이고 충동적으로 고민 없이 한 행동을 합리화해서는 안 된다. 결과가 좋았다는 것이 내 고민의 방식이 옳았다는 것과 같은 의미는 아니다.

운의 영역을 인정하자

──────── 2021년 4월, 영화 〈미나리〉에 출연한 배우 윤여정은 한국 영화사에서 처음으로 미국 아카데미 시상식에서 여우 조연상을 수상했다. 수상을 하고 난 다음에 함께 후보에 올랐던 다른 배우들을 향해 "나는 경쟁을 믿지 않는다. 내가 어찌 글렌 클

로즈를 이길 수 있겠나. 그녀의 연기를 아주 많이 봐왔다. 다섯 명의 후보는 다른 영화에서 각자 다른 역할을 했고, 서로 경쟁 상대가 될 수 없다. 나는 그저 조금 더 운이 좋아서 이 자리에 있는 것 같다"라고 수상 소감을 말했다.

이 수상 소감은 한국뿐만 아니라 미국에서도 큰 화제가 되었다. 한국인 배우가 세계 영화계의 중심 할리우드의 아카데미 시상식에서 상을 받게 되어 겸손하게 말했기 때문이었을까. 물론 그런 이유도 있겠지만, 나는 다른 이유를 들고 싶다. 반세기 넘게 연기자 생활을 한 윤여정 배우는 수십 편의 영화와 드라마에 출연해왔다. 이 작품들이 모두 흥행하거나 주목받았던 것은 아니다. 작품성이 좋아도 인기가 없었던 경우도 있었고, 기대했던 것보다 더 성공했던 작품도 있었을 것이다. 만일 비슷한 시기에 들어온 다른 영화를 선택했다면? 〈미나리〉를 브래드 피트가 제작하지 않았더라면? 캐스팅된 다른 배우들이나 스태프들에게 문제가 생겼다면? 다른 비슷한 영화에 묻혀서 생각보다 흥행이 안 되었다면? 배우 한 명이 고민한다고 해서 해결할 수 없는 수많은 일들이 작동하는데, 그 모든 것들을 넘어서서 이루어진 좋은 결과는 '운'의 영역으로밖에 설명할 길이 없다. 실력도 중요하지만 운도 무시하지 못하게 작동하고 있다는 것을 오랫동안 경험해온 것이다. 이를 너무나 잘 알기에 윤여정 배우는 수상 소감에서 운이 좋았을 뿐이라고 한 것이었고, 노장 배우 글렌 클로즈를 비롯해 함께 후보에 오른 배우들이나 그 소감을 들었던 모든 사람들이 공감하며 환호했던 것이다.

고민의 방법에 대한 책에서 생뚱맞게 수상 소감을 이야기하는 이유는 바로 '운'이 우리 인생에서 차지하는 부분이 은근히 크다는 말을 하기 위해서다. 노력, 재능, 환경만큼이나 중요하게 인생에서 영향을 미치는 것은 우리가 통제할 수 없이 랜덤으로 작동하는 운이다.

하지만 우리가 지금까지 받아온 교육에 따르면 운의 존재를 인정하는 것은 비도덕적인 일이다. 정현 선수의 승리를 피땀 어린 노력과 그로 인한 실력 상승의 결과물로 해석하고, 성장의 서사로 읽어야만 마음이 놓인다. 다른 경우에도 그렇게 되어야 한다고, 정현 선수를 롤모델이 되도록 해야 마음이 편하다. 이런 해설을 들으면서 자란 우리는 재능 1퍼센트와 노력 99퍼센트로 빚어진 인간이 성공하고, 그래야만 인정받는다고 여기고 있다. 고민도 그런 맥락에서 이해한다. 머리가 좋은 사람이 있을 수 있지만, 최선을 다해서 완벽한 솔루션을 찾을 때까지 치열하게 고민한 사람을 이기지 못하고, 또 그래서도 안 되며, 그런 사람들을 인정했다가는 사회의 질서와 성실성의 피라미드로 쌓은 안정성이 무너져버릴 것이라고 굳게 믿는다.

하지만 많은 연구에서 '운'의 영역이 존재함을 입증하고 있다. 미국의 경영학자 마커스 피차Markus Fitza는 1500개 대기업의 1993년부터 2012년 사이의 경영 자료를 분석해서 회사의 유지와 성공에 경영진의 능력과 우연 중 어떤 부분이 더 큰 영향을 미치는지를 수학적으로 분석했다. 그리고 성공에는 능력도 중요하지만 우연이 더 큰 비중을 차지한다는 결론을 내렸다.[62]

이런 연구 결과에도 불구하고 우리는 운의 영역을 과소평가하곤 한다. 내 노력과 성실성이 상대적으로 과소평가되는 상황을 피하고 싶기 때문이다. 지금의 영광은 오롯이 내 능력으로 이루어진 것으로 상찬을 받고 싶다. 이런 마음가짐은 선택과 결정을 앞둔 고민에 대한 부담을 너무 크게 만드는 부작용을 낳는다. 모든 변수를 통제하고 결정을 내린 후 가장 효율적인 전략을 짜서 거기에 맞춰서 성실하게 노력하면 100퍼센트 내가 원하던 것을 얻어야 한다. 만일 실패한다면 그것은 내 고민 과정에 빠진 요소가 있거나, 계획대로 딱 맞춰서 진행하지 못한 '내 탓'이 99퍼센트라고 여기게 된다.

이는 잘못된 생각이다. 실업자가 무조건 운만 바라면서 돈이 생길 때마다 로또를 사는 것이 좋다는 뜻이 아니다. 일정 수준 이상의 실력을 갖추고 난 다음에는 내 주변 사람과 나 사이의 경쟁력 차이는 아주 미미하다. 여기에 이제 결정적 요소로 작용하는 것은 '운'이다. 사람이 할 수 있는 일을 다하고서 하늘의 뜻을 기다린다는 '진인사대천명盡人事待天命'이라는 옛말처럼 말이다. 내가 통제할 수 없는 것들이 결국 결정적 차이를 만들어내는 셈이다.

적절한 수준 이상의 능력을 갖췄고 나쁘지 않은 방식으로 제대로 고민한 후 결정을 내렸다면, 그 다음의 일에는 운의 영역이 많은 부분을 차지한다는 것을 인정하자. 적당한 성공과 큰 성공의 차이는 운이 가른다.

육상에서 경이적인 세계 신기록을 세운 우사인 볼트는 9.58초라는, 인간으로서는 불가능으로 여겨지는 기록을 세웠다. 2009년 8월 16일 제12회 세계육상선수권대회 100미터 경기에서였다. 그 이후에도 그의 우승 기록은 이어졌지만, 그날 세운 기록을 깨지는 못했다. 그날이 그의 전성기였던 것일까?

아니다. 그날의 엄청난 기록은 그의 뒤에서 앞으로 적당히 순풍이 불고 있었던 덕분이었다. 조사해보니 남녀 100미터, 110미터 허들, 멀리뛰기, 삼단뛰기에서 세계신기록이 여덟 개가 나왔는데 그중 일곱 개가 순풍, 한 개는 바람이 없는 상태에서 나온 기록이었다. 역풍이 불 때는 없었다. 모두가 같은 환경에서 하는 것이기는 하지만, 아주 잘하는 선수들이 실력을 겨룰 때, 또 그 사람의 실력의 베스트를 낼 때는 이러한 아주 작은 환경의 차이가 금과 은을, 영원히 남을 기록과 평범하게 잘한 기록을 가른다.

이날 뛴 모든 선수는 같은 바람을 등에 업고 달렸고, 우사인 볼트도 그 후에 여러 번 바람을 앞에서 받기도 하고, 등에 업고 달리기도 했지만, 그날의 몸 컨디션, 바람, 트랙의 상태 등이 가장 잘 맞아떨어진 것은 우사인 볼트의 2009년 8월 16일 경기였다. 이걸 노력과 성실의 결실로 해석하는 것보다 '운이 좋았다'라고 생각하자는 것이다.

그래야 숨통이 트인다. 어느 정도 고민을 하고 난 다음 결정을 내리고 나면 이런 마음을 갖자.

"주사위는 던져졌다. 내가 통제할 수 없는 일들이 많이 벌어질 것이다. 그게 내게 도움이 되는 방향으로 일어났으면 좋겠다."

이 정도면 충분하다. 그래야 결과에 대한 조바심을 가라앉히고, 결정한 다음에 미련을 갖고 망설이느라 실행에 온 정신을 집중하지 못하는 불상사를 막을 수 있다. 또 일이 잘 풀렸을 때 성공에 도취되지 않고, 실패를 능력에 대한 파산 선고로 받아들이는 자아의 붕괴를 예방할 수 있다. 더 나아가 삶의 가치관적 측면에서도 도움이 된다. 성공과 실패에 운의 영역이 존재할 수밖에 없고 그것이 의외로 많은 영향을 미친다는 것을 인정해야 타인의 아픔과 실패에도 공감과 연민을 갖고, 내 성취와 성공에 대해 겸손한 마음을 가질 수 있다.

세상은 불확실하고, 우리는 모든 변수를 통제할 수 없다. 특히 앞으로 10년은 과거의 20년과 사뭇 다를 수밖에 없다. 4차 산업혁명으로 인해 꽤 큰 환경의 변화가 일어날 것이 예상되기 때문이다. 이렇게 불확실성이 증가하면 과거의 데이터의 유용성은 거기에 반비례해서 급속히 줄어든다. 이럴 때에는 과거의 경험과 정보에 의존한 고민과 결정은 오히려 위험할 수 있다. 방대한 정보로 무장할

수록 결정은 고치기 어려워지고 유연성은 떨어진다. 하지만 이 정보는 시대의 단절점 이전에서 가져온 과거의 정보들로, 상당수는 변화한 상황에 적용할 수 없는 것들이다.

그럴 때에는 차라리 최악의 상황을 막는 방어막을 쳐둔 채 모든 가능성에 대해 마음을 열어두는 유연한 자세를 갖고, 유동적 사회에서 파도를 타며 서핑하는 마음으로 운에 맡기겠다는 태도가 절실히 필요하다. 낯선 문제에 부딪쳤을 때에는 비합리적인 편견이 과거의 경험을 왜곡하기 때문에 경험에 기반한 결정이 오히려 바른 결정을 방해할 수도 있다.

운에 맡길 수 있다는 마음이 이런 뇌의 편견을 피해 가게 하는 또 다른 방법이다. 고민의 부담 없이 편하게 결정했으니 그 결과를 받아들이는 마음도 한결 가벼워진다. 이런 태도는 과거의 봉건사회나 산업사회에 권장되던 태도와는 정반대일 수 있지만, 불확실성이 증가하는 시대의 생존 확률은 과거의 정보와 단절하고 운이라는 불확실성에 긍정적이고 낙관적인 열린 마음을 가질 때 높아진다.

고민의 정보 압박을 줄이고, 여유 공간을 만들고, 실패에 대한 부담을 줄이는 길은 바로 이런 불확실한 세상과 통제 불가능성, 운의 영역을 인정하는 것에서 온다.

"잘 모르겠지만, 방향은 이게 맞는 것 같아. 일단 해보지 뭐."

이 정도가 딱 맞다. 고민—결정—실행의 프로세스에서 가운데에 있는 결정의 앞과 뒤를 볼 때, 고민에 너무 많은 비중을 두지 않으려 노력하는 자세가 필요하다. 3대 7 정도가 좋지 않을까? 서론이 너무 긴 책은 재미없지 않은가?

작은 물결을
큰 파도로 오해하지 않기를

정신분석을 하다 보면 치료 중에 '아, 이런 것이었군' 하는 깨달음의 순간을 경험할 때가 있다. 하지만 상담실을 나와서 현실로 돌아갔을 때는 잊어버리기 쉽고, 또 기억한다고 해도 그 깨달음을 내 삶에 적용해서 내 것으로 만들기도 어렵다.

깨달음과 변화는 한 번에 이루어지지 않는다. 상담실에서도 같은 해석을 여러 번 들어야 하고, 길게는 몇 년에 걸쳐서 반복해 듣고 깨닫는 과정이 이어진다. 더 나아가 치료실 밖에 현실에 적용하려면 의식적으로 노력하고 실패를 반복하면서 습득할 수밖에 없다. '훈습'이라는 이 지난한 과정은 정신분석의 가장 중요한 실천 과정이다. 한 번의 멋진 해석과 '아하!' 하는 각성만으로는 살아오면서 굳어진 습관이나 버릇이 바뀌지 않는다. 이 과정은 정신분석뿐 아니라 우리의 삶 전반에서 필요한 개념이다.

이제 책을 덮고 나면, 내 인생에서 고민은 아주 쉬운 일이 될까? 안타깝지만 그렇지 않을 것이다. 지금까지 살아온 내 감정과 뇌의 운용 방법은 관성적으로 굳어져 나름 잘 돌아가고 있었기 때문이다. 마음은 아픈 것을 싫어하고, 또 그런 일이 일어나지 않기를 바란다. 뇌는 효율성을 추구하고, 손해와 고통을 피하며, 안전을 선택하도록 세팅되어 있다. 이미 고정된 뇌와 마음의 습관을 버리기란 쉽지 않다. 그럼에도 불구하고 변화를 위해 노력하는 것이 훈습이다. 여기에 소개된 것들을 하나씩 내 것으로 만들어 내재화하면서 다른 방식으로 고민하고 결정할 수 있도록 습관 자체를 바꾸는 것이다.

책을 보고 괜찮아 보이는 방법을 실제로 적용해보면 어딘지 모르게 어색하고 나답지 않다고 느껴질 것이다. 그 어색함과 낯설음은 반복적 노력을 통해 점차 익숙함으로 바뀌고, 더 나아가 익숙하다는 인식조차 들지 않도록 내재화될 수 있다. 한 번에 다 바꾸려고 하기보다 조금씩 서서히 변해나가면 비로소 어느 순간 고민에 압도당하지 않고 좀 더 합리적으로 선택하며 불필요한 고민을 하지 않는 자신을 발견할 수 있을 것이다.

많은 사람들이 인생의 큰 파도가 와서 나를 휩쓸어버릴까 두려워한다. 그러나 정작 우리를 괴롭히는 것은 큰 파도가 아니라 일상의 작은 파도들이다. 큰 파도는 피할 수 없는 운명과도 같은 영역이고, 다행스럽게도 자주 있는 일이 아니다. 그보다 자잘한 파도에 넘어가지 않고 작은 물결을 큰 파도로 오해하지 않기만 해도, 사는 게 훨씬 편안해진다. 고민이 없어지기를 바라기보다, 우리의 삶이 고민에 휘둘리지 않도록 하자. 불가피한 고민의 존재를 인정하고 내 마음의 코어 근육을 튼튼하게 키우면서 꼭 필요한 고민에 집중하는 것이 바로 그 길이다. 이 책이 그 길을 가는 과정의 내비게이션이 되었으면 한다. 지금부터가 시작이다.

독자들의 질문
─ 정신과 의사의 답

《고민이 고민입니다》를 읽고 나니 그동안 제가 불필요한 고민들을 많이 하고 있었고, 피로가 누적되어 오히려 정작 중요한 결정을 할 때는 대충 하게 된다는 것을 깨닫게 되었습니다. 그런 결정의 순간들이 늘 있는 것은 아니지만, 중요한 결정을 잘하기 위해서 평소에도 우리가 준비할 수 있는 것은 무엇일까요?

─ 좋은 습관을 많이 만들도록 노력해보세요. 좋은 습관이 많아질수록 뇌는 편해집니다. 뇌가 아주 적은 에너지로 움직일 수 있기 때문입니다. 습관적 행동에는 자극이 영향을 줍니다. 자극에 대해 같은 방식으로 반응하는 것이 바로 습관입니다. 한 번 길이 나면 되돌리기가 무척 어렵습니다. 손톱을 물어뜯거나 담배를 피는 등의 나쁜 습관을 생각해보세요. 나쁜 버릇이 들면 그 버릇을 깨기가 쉽지 않습니다. 그러나 반대로 좋은 습관이 들면 망설이지 않고 하

게 됩니다. 일찍 일어나기, 조깅하기, 소식하기 등 몸에 익으면 저절로 하게 되고, 못하게 되면 오히려 불편하기까지 합니다. 우리에게 어떤 상황이 주어지면 그 상황에 맞춰 반응하고, 반응에 따른 루틴이 생기면 결국 실행하게 됩니다. 그리고 '실행' 했다는 사실이 우리에게 보상을 줍니다. 스스로의 자극과 반응을 잘 살펴보면서 좋은 습관을 만들어 보세요.

고민의 우선순위를 정해야 한다고 하셨는데요. 그렇다면 급한 일과 중요한 일 중에서 무엇을 먼저 해결해야 할까요?

— '급하다'라는 말과 '중요하다'라는 말은 우선 머리속에서 알람이 울리는 말입니다. 급한 일과 중요한 일 둘 다 빨리 해결해야 될 것 같아서 이도 저도 못 하고 발만 동동 구르게 됩니다. 하지만 가만히 생각해보면 중요한 것이 항상 급한 것은 아니고 급한 것이 항상 중요한 것도 아닙니다. 이두 가지가 상호배타적인 것은 아닙니다. 그러니 마음을 가다듬고 이 일이 정말 급한 것인지, 정말 중요한 것인지 먼저 평가를 해야 합니다. 그러면 저절로 우선순위가 가려집니다. 보통 데드라인이 있는 일들은 데드라인을 중심으로 중요해집니다. 중요하다는 맥락을 살펴봐야 하는 것입니다.

또한 장기적으로 중요한 일인지, 시급히 처리해야 하기 때문에 중요해 보이는 것인지도 구별해봐야 합니다. 그러면 먼저 처리할 것과 조금 시간을 두고 처리해도 될 일들이 알아서 가려집니다.

살아가면서 큰 결정을 내려야 할 때가 있습니다. 그 중요성이나 무게감에 압도되지 않고 더 좋은 결정을 내리려면 어떻게 해야 하나요?

— 이직, 결혼, 이사 등등 인생의 중요한 결정을 내려야 할 때는 아마도 최선의 선택을 하고 싶은 마음에 오랫동안 고민을 하는 경우가 많지요. 각각의 장점과 단점을 비교해가면서 무엇이 나에게 가장 좋을지 치열하게 생각하게 됩니다. 살아가면서 이런 고민을 안 할 수 없고, 다른 사람이 나를 대신해서 어떤 것이 최선의 선택인지 골라줄 수는 없습니다. 그만큼 부담감이 커지겠지요. 하지만 저는 이런 큰 일을 결정하기 전에 딱 5분만 시간을 두라고 말합니다.

최선의 답을 얻어내겠다는 조바심이 직진형 사고를 만듭니다. 생각의 폭이 좁아지고 한 방향으로만 생각하다 보면 가속도가 붙어 중간에 멈출 수가 없습니다. 이럴 때 잠깐의 환기가 필요합니다. 농구 경기에서 우왕좌왕 밀리는 팀의 감독이 갑자기 타임아웃을 부를 때가 있습니다. 1분 정도

쉬면서 숨을 고르고 재정비를 하기 위해서입니다. 눈앞의 공에만 몰두했던 선수들이 전체 흐름을 볼 수 있는 시간입니다. 그리고 자신이 그 흐름에서 무엇을 해야 할지도 생각해보는 시간이기도 하고요. 고민을 할 때도 이런 시간이 필요합니다. 잘 시간이라면 고민을 멈추고 그냥 자버리는 것도 방법입니다. 과부하된 전전두엽의 스위치가 꺼지고 쓸모없는 것들이 정리되어 있을 것입니다. 직관과 무의식이 작동할 여유를 만들어주면, 그때 답이 더욱 잘 보일 수 있습니다.

저는 결정하기까지 굉장히 오래 고민하는 타입입니다. 그런데 결정한 후에도 후회를 하거나, 그때 다른 결정을 했다면 어땠을까 계속 생각하게 됩니다. 후회를 안 할 수는 없을까요?

— 많은 사람들이 자신의 선택을 돌이켜보는 일들을 합니다. '괜히 그랬어', '그렇게 했더라면', '하마터면' 같은 생각들입니다. 결코 일어나지 않은 가상의 대안적 생각들이고, 이를 '사후가정적 사고'라고 말합니다. 일종의 결정에 대한 피드백 과정이라고 말할 수 있겠네요. 이는 다시 두 가지로 나눠볼 수 있습니다. '그때 로또를 살 걸', '집을 살 걸', '이직을 해버릴 걸' 같은 긍정적인 결과를 상상하는 '상향적

사고'와 '거절하길 잘했어', '큰일날 뻔했어' 같은 부정적인
결과를 상상하는 '하향적 사고'가 있습니다. 마음의 건강
을 위해서는 하향적 사고를 하는 게 좋을 것 같지만, 놀랍
게도 사람들은 상향적 사고를 더 많이 합니다. 일어나지 않
은 기회를 놓쳤다고 생각하는 것입니다. 하지만 이렇게 후
회를 하는 이유는 결국, 다음에 또다른 후회를 하지 않기
위해서라고 할 수 있습니다. 지금의 아픔과 후회를 곱씹으
면서 다음을 기약하고 더 나은 미래를 꿈꾸기 때문입니다.

저는 고민이 너무 많은데 딱히 결정을 내리지도 못하고 애매하게 머
리속만 복잡한 상황이 계속되고 있습니다. 마음이 불편하고 힘들어
서 어떻게 해야 할지 모르겠습니다.

― 마음이 잘 다스려지지 않을 때 저는 세 가지를 생각하
라고 이야기합니다.
첫 번째, 바꿀 수 없는 것은 바꿀 수 없습니다. 내가 원한다
고 해서, 열심히 노력한다고 해서 모든 일이 이루어지지 않
습니다. 아무리 바위에 계란을 던져도 바위를 깰 수 없습니
다. 나의 기본적인 능력이 안 되는 것이 아니라 나와 안 맞
는 것입니다. 해보고 아니다 싶으면, 나와 잘 안 맞는다는
것을 깨닫는다면 멈출 줄도 알아야 합니다.

두 번째, 그냥 운이 없는 날도 있습니다. 내가 완벽한 선택하거나 더 열심히 노력한다고 해서 더 좋은 결과가 나오는 것은 아닙니다. 잘 안 풀리는 상황이 있을 수도 있어요. 나만 불행한 것 같다고 느껴지기도 합니다. 그러나 영원히 지속되는 것은 없습니다. 불행이 영원하지 않은 것처럼 행복도 영원하지 않습니다. 그러니 뭔가 잘 안 풀릴 때는 '다만 오늘은 운이 없었을 뿐이야'라고 생각해보세요.

세 번째, 사람들은 의외로 호의적입니다. 우리가 약하다고 느낄 때 외부를 더 위협적으로 느낍니다. 타인을 악하고 이용하려는 존재로 생각하면 사는 게 너무 힘들고 괴롭게 느껴집니다. 타인의 잠재적인 선함과 괜찮음을 인정해보세요. 도움을 청했을 때 기꺼이 손을 내밀어주는 사람들도 있을 것입니다.

1 Dijksterhuis, A., Bos, M. W., Nordgren, L. F. & van Baaren, R. B. (2006). On making the right choice: the deliberation-without-attention effect. *Science, 311(5763),* 1005-1007.

2 쉬나 아이젠가. (2010). 쉬나의 선택실험실: 선택에 대한 통념을 뒤엎는 100가지 심리실험. (오혜경 역). 21세기북스. 321-327.

3 Hoehn-Saric, R., Lee, J. S., McLeod, D. R. & Wong, D. F. (2005). Effect of worry on regional cerebral blood flow in nonanxious subjects. *Psychiatry Research, 140(3),* 259-269.

4 Steel, P. (2007). The nature of procrastination: A meta-analytic and theoretical review of quintessential self-regulatory failure. *Psychological Bulletin, 133(1),* 65-94.

5 샤먼 앱트 러셀. (2016). 배고픔에 관하여. (곽명단 역). 돌베개.

6 Smith, J. M. & Alloy, L. B. (2009). A roadmap to rumination: A review of the definition, assessment, and conceptualization of this multifaceted construct. *Clinical Psychology Review, 29(2),* 116-128.

7 Darley, J. M. & Latané, B. (1968). Bystander intervention in emergencies: Diffusion of responsibility. *Journal of Personality and Social Psychology, 8(4),* 377-383.

8 조엘 딤스데일. (2017). 악의 해부: 나치 전범들의 심리분석. (박경선 역). 에이도스.

9 Eisenberger, N. I. (2012). The neural bases of social pain: Evidence for shared representations with physical pain. *Psychosomatic Medicine, 74(2),* 126-135.

10 뉴 사이언티스트 기획, 마이클 브룩스 편. (2017). 우연의 설계: 종의 탄생과 인공지능, 행운까지 불러들이는 우연의 과학. (김성훈 역). 반니.

11 조나 레러. (2009). 탁월한 결정의 비밀: 뇌신경과학의 최전방에서 밝혀낸 결정의 메커니즘. (강미경 역). 위즈덤하우스.

12 Macnamara, B. N., Hambrick, D. Z. & Oswald, F. L. (2014). Deliberate practice and performance in music, games, sports, education, and professions: A meta-analysis. *Psychological Science, 25(8),* 1608-1618.

13 Kruger, J. & Dunning, D. (1999). Unskilled and unaware of it: How difficulties in recognizing one's own incompetence lead to inflated self-assessments. *Journal of Personality and Social Psychology, 77(6),* 1121-1134.

14 마거릿 헤퍼넌. (2013). 의도적 눈감기: 비겁한 뇌와 어떻게 함께 살 것인가. (김학

영 역), 푸른숲. 111-115.

15 Repetti, R. L. (1994). Short-term and long-term processes linking job stressors to father-child interaction. *Social Development, 3(1)*, 1-15.

16 Gazzaley, A., Cooney, J. W., Rissman, J. & D'Esposito, M. (2005). Top-down suppression deficit underlies working memory impairment in normal aging, *Nature Neuroscience., 8(10)*, 1298-1300.

17 Catt, M. (2014). Hungry workers feel more entitled, research suggests. *Cornell Chronicle*. Retrived from http://news.cornell.edu/stories/2014/08/hungry-workers-feel-more-entitled-research-suggests.

18 Gillbert, D. T., Gill, M. J. & Willison, T. D. (2002). The future is now: Temporal correction in affective forecasting. *Organizational Behavior and Human Decision Processes, 88(1)*, 430-444.

19 Mani, A., Mullainathan, S., Shafir, E. & Zhao, J. (2013). Poverty impedes cognitive function. *Science, 341(6149)*, 976-980.

20 센딜 멀레이너선, 엘다 샤퍼. (2014). 결핍의 경제학: 왜 부족할수록 마음은 더 끌리는가. (이경식 역). 알에이치코리아(RHK).

21 Gennetian, L. A., Duncan, G., Knox, V., Vargas, W., Clark-Kauffman, E. & London, A. S. (2004). How welfare policies affect adolescents' school outcomes: A synthesis of evidence from experimental studies. *Journal of Research on Adolescence, 14(4)*, 399-423.

22 Callan, M. J., Shead, N. W. & Olson, J. M. (2011) Personal relative deprivation, delay discounting, and gambling. *Journal of Personality and Social Psychology, 101(5)*, 955-973.

23 Shiv, B. & Fedorikhin, A. (1999). Heart and mind in conflict: The interplay of affect and cognition in consumer decision making. *Journal of Consumer Research, 26(3)*, 278-292.

24 Watson, J, M. & Strayer, D. L. (2010). Supertaskers: Profiles in extraordinary multitasking ability. *Psychonomic Bulletin and Review, 17(4)*, 479-485.

25 Whitney, P., Rinehart, C. A. & Hinson, J. M. (2008). Framing effects under cognitive load: The role of working memory in risky decisions. *Psychonomic Bulletin and Review, 15(6)*, 1179-1184.

26 저드슨 브루어. (2018). 크레이빙 마인드: 중독과 산만함, 몰입과 회복력의 비밀. (안진이 역). 어크로스.

27 Walton, G. M., Cohen, G. L., Cwir, D. & Spencer, S. J. (2012). Mere belonging: The power of social connections. *Journal of Personality and Social Psychology,*

102(3), 513-532.

28 Asch, S. E. (1951). Effects of group pressure upon the modification and distortion of judgments. In: ed. Guetzkow, H. S. *Groups, Leadership and Men Research in Human Relations*. Pittsburgh: Carnegie Press, 177-190.

29 'conformity'는 맥락에 따라 동조와 순응 두 가지로 번역되는데, 여기서는 집단의 규준을 따른다는 면에서 'compliance'의 의미가 들어가 있다.

30 Berns, G. S., Chappelow, J., Zink, C. F., Pagnoni, G., Martin-Skurski, M. E. & Richards, J. (2005). Neurobiological correlates of social conformity and independence during mental rotation. *Biological Psychiatry, 58(3)*, 245-253.

31 Iannello, P., Mottini, A., Tirelli, S., Riva, S. & Antonietti, A. (2017). Ambiguity and uncertainty tolerance, need for cognition, and their association with stress. A study among Italian practicing physicians. *Medical Education Online, 22(1)*, 1270009.

32 Keren, G. & Teigen, K. H. (2001). Why is p = .90 better than p = .70? Preference for definitive predictions by lay consumers of probability judgements. *Psychonomic Bulletin and Review, 8(2)*, 191-202.

33 Ellsberg, D. (1961). Risk, ambiguity, and the Savage axioms. *Quarterly Journal of Economics, 75(4)*, 643-649.

34 Hsu, M., Bhatt, M., Adolphs, R., Tranel, D. & Camerer, C. F. (2005). Neural systems responding to degrees of uncertainty in human decision-making. *Science, 310(5754)*, 1680-1683.

35 Kuo, W. J., Sjöström, T., Chen, Y. P., Wang, Y. H. & Huang, C. Y. (2009). Intuition and deliberation: Two systems for strategizing in the brain. *Science, 324(5926)*, 519-522.

36 아트 마크먼. (2017). 스마트 체인지: 습관을 만드는 생각 작동법. (김태훈 역). 한국경제신문사.

37 Pinho, A. L., de Manzano, Ö., Fransson, P., Eriksson, H. & Ullén, F. (2014). Connecting to create: Expertise in musical improvisation is associated with increased functional connectivity between premotor and prefrontal areas. *Journal of Neuroscience, 34(18)*, 6156-6163.

38 Kahneman, D. & Tversky, A. (1974). Judgment under uncertainty: Heuristic and biases. *Science, 185(4157)*, 1124-1131.

39 스튜어트 서덜랜드. (2008). 비합리성의 심리학: 왜 인간은 어처구니없는 실수를 반복하는가. (이세진 역). 교양인.

40 Sanchez, C. A. (2011). Working through the pain: Working memory capacity and

differences in processing and storage under physical pain. *Memory, 19*, 226-232.

41 노먼 도이지. (2018). 스스로 치유하는 뇌: 신경가소성 임상연구를 통해 밝혀낸 놀라운 발견과 회복 이야기. (장호연 역). 동아시아.

42 Berman M. G., Jonides, J. & Kaplan, S. (2008). The cognitive benefits of interacting with nature. *Psychological Science, 19(12)*, 1207-1212.

43 센딜 멀레이너선, 엘다 샤퍼. (2014). 결핍의 경제학: 왜 부족할수록 마음은 더 끌리는가. (이경식 역). 알에이치코리아(RHK).

44 브라이언 크리스천, 톰 그리피스. (2018). 알고리즘, 인생을 계산하다. (이한음 역). 청림출판. 166-173.

45 Andrade, J. (2010). What does doodling do? *Applied Cognitive Psychology, 24(1)*, 100-106.

46 마크 쉔, 크리스틴 로버그. (2014). 편안함의 배신: 편리한 것들은 어떻게 내 삶을 마비시키는가. (김성훈 역). 위즈덤하우스.

47 애니 듀크. (2018). 결정, 흔들리지 않고 마음먹은 대로: 그들에겐 이미 습관이 되어버린 결정에 관한 실전 수업. (구세희 역). 8.0(에이트 포인트).

48 Centola, D., Becker, J., Brackbill, D. & Baronchelli, A. (2018). Experimental evidence for tipping points in social convention. *Science, 360(6393)*, 1116-1119.

49 Lieberman, M. D., Eisenberger, N. I., Crockett, M. J., Tom, S. M., Pfeifer, J. H. & Way, B. M. (2007). Putting feelings into words: Affect labeling disrupts amygdala activity in response to affective stimuli. *Psychological Science, 18(5)*, 421-428.

50 McMorris, T. (2014). *Acquisition and Performance of Sports Skills (2nd Edition)*. Wiley.

51 Dijksterhuis, A., Bos, M. A., Nordgren, L. F. & van Baaren, R. B. (2006). On making the right choice: The deliberation-without-attention effect. *Science, 311(5763)*, 1005-1007.

52 Raichle, M. E., MacLeod, A. M., Snyder, A. Z., Powers, W. J., Gusnard, D. A. & Shulman G. L. (2001). A default mode of brain function. *Proceedings of the National Academy of Sciences of the United States of America, 98(2)*, 676-682.

53 De Neve, J. E. & Oswald, A. J. (2012). Estimating the influence of life satisfaction and positive affect on later income using sibling fixed effects. *Proceedings of the National Academy of Sciences of the United States of America, 109(49)*, 19953-19958.

54 제현주. (2014). 내리막 세상에서 일하는 노마드를 위한 안내서: 누구와, 어떻게, 무엇을 위해 일할 것인 것인가? 어크로스.

55 강상중. (2017). 나를 지키며 일하는 법. (노수경 역). 사계절.

56 Knox, R. E. & Inkster, J. A. (1968). Postdecision dissonance at post time. *Journal of Personality and Social Psychology, 8(4)*, 319-323.

57 Regan, D. T. & Kilduff, M. (1988). Optimism about elections: Dissonance reduction at the ballot box. *Political Psychology, 9(1)*, 101-107.

58 Gilbert, D. T. & Ebert, J. (2002). Decisions and revisions: The affective forecasting of changeable outcomes. *Journal of Personality and social psychology, 82*, 503-514.

59 Studer, B., Apergis-Schoute, A. M., Robbins, T. M. & Clark, L. (2012). What are the Odds? The Neural Correlates of Active Choice during Gambling. *Frontiers in Neuroscience, 6, 46.*

60 2장의 '타인의 평가가 무엇보다도 중요해지면'에서 말하는 자기 확신-자존심-자존감은 일종의 연속선상에서 설명하는 것이다. 자기 확신감 위에 자존심이 만들어지고, 외부 평가와 비교를 통해 자존심이 갖춰지고 난 다음에 비로소 자존감이 주관적으로 형성된다. 이에 반해 자기 효능감은 '내가 잘해낼 것이라는 믿음'으로 자존감의 구성 요소로 본 것이다. 그러므로 서로 질적으로 다른 개념이다. 자기 확신은 요가를 잘하면 내 몸을 마음대로 잘 다룰 것 같은 긍정적 마인드가 생기는 것과 같이 육체적인 데서 시작하는 것에 가까운 개념으로 이해할 수 있다.

61 Kruger, J., Wirtz, D. & Miller, D. T. (2005). Counterfactual thinking and the first instinct fallacy. *Journal of Personality and Social Psychology, 88(5)*, 725-735.

62 Fitza, M. A. (2014). The use of variance decomposition in the investigation of CEO effects: How large must the CEO effect be to rule out chance? *Strategic Management Journal, 35(12)*, 1839-1852.

고민이 고민입니다

일상의 고민을 절반으로 줄이는 뇌과학과 심리학의 힘

1판 1쇄 2019년 2월 20일
2판 1쇄 2023년 2월 20일
2판 2쇄 2024년 4월 15일

지은이 하지현
펴낸이 박은영

펴낸곳 마티스블루
주소 서울시 마포구 토정로 222 한국출판콘텐츠센터 402호
등록 2022년 5월 26일 제2022-000147
홈페이지 www.matissebluebooks.co.kr   **인스타그램** @matisseblue_books
이메일 matisseblue23@gmail.com
디자인 Chestnut   **제작** 357제작소

ⓒ하지현, 2023

ISBN 979-11-979934-0-4 (03180)

• 이 책은 저작권법에 따라 보호받는 저작물이므로 무단전재와 무단복제를 금지하며,
  이 책 내용의 전부 또는 일부를 이용하려면 반드시 저작권자와 출판사의 서면동의를 받아야 합니다.
• 잘못된 책은 구입하신 서점에서 바꿔 드립니다.